过程→生成

——指向素质与创新的教学理念

教学要"要基于学生，在适当的情境中由学生或者教师构建具有整体性、连续性、创造性的知识生成过程，获得具有思想性、思维性、应用性的知识结构"。

王积社　张　磊　著

暨南大学出版社
JINAN UNIVERSITY PRESS

中国·广州

图书在版编目（CIP）数据

过程→生成：指向素质与创新的教学理念/王积社，张磊著．—广州：暨南大学出版社，2023.1

ISBN 978 - 7 - 5668 - 3559 - 8

Ⅰ.① 过…　Ⅱ.① 王…② 张…　Ⅲ.① 素质教育—教学研究　Ⅳ.① G40 - 012

中国版本图书馆 CIP 数据核字（2022）第 237475 号

过程→生成——指向素质与创新的教学理念
GUOCHENG→SHENGCHENG——ZHIXIANG SUZHI YU CHUANGXIN DE JIAOXUE LINIAN
著　者：王积社　张　磊

....

出 版 人：张晋升
统　　筹：周玉宏
责任编辑：陈绪泉　邓家昭
责任校对：刘舜怡　林玉翠　黄亦秋
责任印制：周一丹　郑玉婷

出版发行：暨南大学出版社（511443）
电　　话：总编室（8620）37332601
　　　　　营销部（8620）37332680　37332681　37332682　37332683
传　　真：（8620）37332660（办公室）　37332684（营销部）
网　　址：http：//www. jnupress. com
排　　版：广州良弓广告有限公司
印　　刷：佛山市浩文彩色印刷有限公司
开　　本：787mm×1092mm　1/16
印　　张：16. 25
字　　数：340 千
版　　次：2023 年 1 月第 1 版
印　　次：2023 年 1 月第 1 次
定　　价：59. 80 元

　　广东省教育科学"十一五"规划课题"基于三维目标的高师数学过程教学模式研究"（项目号 2009XM00322）自 2010 年 3 月启动以来，经过努力，完成了预设的研究任务，提出了面向素质与创新的"过程→生成"教学理念，取得了有价值的教学成果，积累了宝贵的教育改革经验，获得了 2019 年广东省教育教学成果奖一等奖。本书详细综述了课题研究的主要内容、研究过程及研究成果。

前　言

发展，需要不同层次的高素质人才；强国，更需要勇于开拓的创新型人才！于是"培养不同层次的高素质人才，培养勇于开拓的创新型人才"是当代教育的历史使命，更是今后教育永远的目标，我们称之为**新型目标**。

1999 年，中共中央国务院发布了关于深化教育改革、全面推进素质教育的决定，拉开了指向新型目标的教育改革的序幕。迄今为止，在教育改革取得可喜成绩的同时，指向新型目标的教学改革也取得了可喜的成绩：不仅构建出多种面向新型目标的教学方法，而且也引进了多种国外类似的教学方法，我们不妨称如此构建或引进的教学方法为**新型教法**，相应地也就有**新型教学**或**新型课堂**等说法。

然而，纵观当前的一些"新型课堂"——比如各种网络平台上发布的各种形式、各种级别的教学比赛视频，其中有自主、有合作、有引导、有探究，形式上热热闹闹，但实际上大多数并不是真正意义上的新型课堂。

此状，何因何从？我们认为：

第一，目前，新型教法仍处于实验与提高阶段，这个阶段必存在混乱或迷惘，所以新型教法的践行中必然存在简单模仿、不得要领、操作不当等现象，也就是不知道如何做才为好。因此就需要搞清楚：何谓"好"的新型课堂？

第二，传统的教学理念代代相传、根深蒂固，因此大多数老师都难以摆脱传统理念的束缚，在实际教学中，势必会有意或无意地使用传统理念去阐释新型教法，因此弘扬新型教法，就必须摆脱传统教学理念的束缚，而摆脱传统教学理念的束缚，就必须构建适用于新型教法的教学理念。

第三，新型教法的践行存在着探究难、用时多等困难，并且这些困难随着学习层次①的提高而剧增。因此，学习层次越高，探究难与任务重、用时多与课时少的矛盾所导致的困难就越大，并且这些困难又因其客观性而很难解决，即便在建构主义占优的西方国家，生成性教学贯彻得较为彻底的也主要在幼儿及学前教育领域。② 所以学习层次越高，传统教法的使用就越霸道是不争的事实。然而仅在低年级接受新型教法的洗礼远不能满足高素质、创新型人才培养的需要也是不争的事实，此事实从皮亚杰的儿童认知发展阶段论也可获证：因为皮亚杰认为儿

---

① 这里的学习层次是以学生的修业年限而论，例如，六年级的学习层次高于五年级的学习层次。
② 李祎. 生成性教学研究述评 [J]. 宁波大学学报（教育科学版），2006（4）：19－23.

童认知的最高阶段（约 12 岁至 15 岁）为形式运算阶段，而形式运算仅涉及逻辑思维，所以在儿童阶段不可能获得抽象性思维以及更高境界的创造性思维（当然会存在特殊情况）。因此，欲达新型目标，就必须使新型教学覆盖**学习全程**①。

那么，好的新型课堂、构建适应于新型教法的教学理念、使新型教学覆盖教学全程如何解释或者如何做到？下面我们做简单的分析与思考：

首先，何为好的新型课堂？似乎难有定论，因为是非曲直各有其论，不过环境造就人却是一个难以批驳的基本共识（孟母三迁就是一个很好的例子），因此，不同的育人目标就需要不同的教学环境。那么，新型目标需何种环境？似乎有点麻烦，因为新型目标中包含着高素质、创新型两个分目标。不过，仔细斟酌却能想到：因为要达成创新型目标，就需有充满创造性能量的环境，而充满创造性能量的环境，必蕴含丰富的素养与能量，所以，如果有了充满创造性能量的学习环境，学生即可在自己的认知基础上，汲取自己能够感悟的素养与能量，从而衍生出自己的素质与能量，进而在自己未来的生活、工作中，就有可能展现出自己的素质与能力，更有可能在某种条件或际遇下，突现出自己的创造能力（需要注意，创造是有层次的，不同人可能有不同层次的创造），这样即可达到新型目标的要求。因此，充满创造性能量即应是好的**新型课堂的本质特征**。

其次，如何构建适应于新型教法的教学理念？根据新型课堂的本质特征，只要构建能够营造充满创造性能量的教学环境的教学理念即可，本书的研究就是做了这样的工作。本书以笔者的教学经验及思考为实践基础，以系统科学、过程哲学、意会哲学为理论基础，经过系统研究认为：知识就是其生成过程，所以"教"就应该模拟、展现知识的生成过程，"学"就应该感受、理解知识的生成过程，因此教与学就应该统一在知识的生成过程中。在此基础上，我们提出了"过程→生成"教学理念：教学，要基于学生，在适当的情境中由学生或者教师构建具有整体性、连续性、创造性的知识生成过程，从而获得具有思想性、思维性、应用性的知识结构。显然，"过程→生成"理念足以营造充满创造性能量的教学环境。

最后，寻求突破客观屏障的小法。我们注意到客观困难导致的结果是：随着学习层次的提高，传统讲授法的使用频率也就越高——不得不讲啊！因此问题的解决就只能在"讲授"上面做文章。于是根据新型课堂的本质特征，这个文章就只能做在使讲授法具有营造充满创造性能量教学环境的功能这一主题上。

要知道，讲授法只是一种教学工具，所以问题的本质不在于讲授法，而在于讲授者的理念：在结论式教学理念指导下的讲授法，所展现的就是宣读知识的结论；而"过程→生成"教学理念作用下的讲授法，所营造的必然是充满创造性能量知识的生成过程。如果教师又有高超的讲授技巧，学生更能在声情并茂、跌

---

① 学生从小学到大学所有课程的学习过程称为**学习全程**，亦可谓**教学全程**。

宕起伏的视听过程中与教师思维共鸣，从而在耳濡目染中潜移默化地提升自己的素质与能力。

　　根据上面讨论，我们将教学方式归纳为四类（见图1），其中，①、②、③都能适应新型目标，从能量大小或难度大小来看都应是①＞②＞③。在具体实践中，可根据内容（重要性、可能性）与课时全盘考虑，有目的、有计划地预设授课课型，预设的基本原则是既要争取做到最好，又要保证课时够用。具体说也就是，在确保课时够用的前提下，根据内容的易难度，适量选用课型①，尽量使用课型②，余者使用课型③。如此做，教学全程必充满创造性能量。

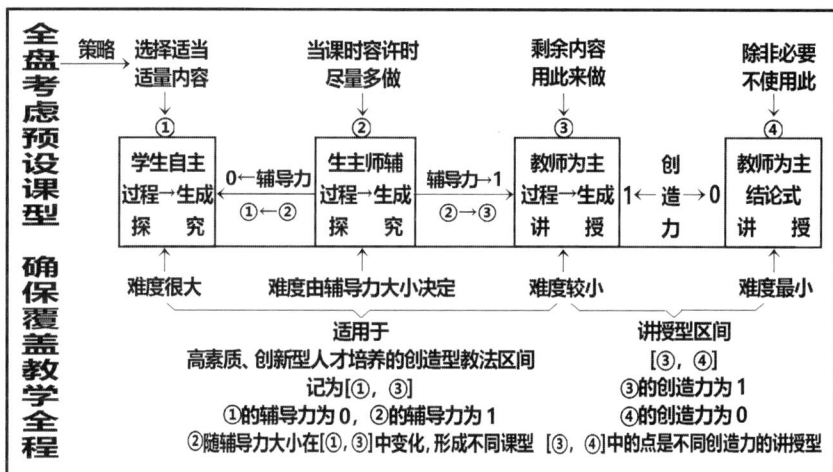

图1　全盘考虑预设课型

　　实际上，极致的建构主义的确有益于高素质、创新型人才的培养，却不能全程实现；纯粹的结论式讲授容易全程实现，却不利于高素质、创新型人才的培养，这是相互对立的两个极端，而"过程→生成"理念则期望二者能良性融合。

　　原本，前言已经结束，但在校稿过程中，一起涉及笔者的交通事故促使笔者忍不住再多说几句。事情是这样的：那天，笔者行车中正常地从2道变到了1道，然而一辆网约车从后面超速而至且也从2道变到了1道，接着撞上了笔者的车尾。交警队事故处理中心三名交警从事故现场附近的摄像影像中观看了现场结果，一致认定笔者全责，理由是从现场结果看是"前车变道没顾及后车"。笔者拿出行车记录仪的影像记录，交警看都不看，一口咬定"前车变道引发的追尾肯定是前车的责任"（可谓预设性思维，亦可谓结论式思维）。后来在笔者坚持两个多小时、强烈要求观看追尾过程录像的情况下，负责的交警才将笔者的视频交于专家鉴定，经过多位专家半个多小时的论证，得出了"后车超速且变道晚于前车"的结论，才判定后车全责。

　　此例说明，"预设性""结论式""不顾事件发生过程"的思维严重影响着社会的进步与人们的生活。如本次事故，若非笔者坚持过程性、整体性思维去维护自己的合法权益，经济受损是小，重要的是影响到法律的公正性！因为此例并非个例，现实中"只看结果不顾过程"处理问题的思维、方法及结果屡见不鲜。

如此即充分说明，"过程→生成"理念强调"具有整体性、连续性、创造性的生成过程"，规避"轻过程、重结论"的静态的结论式思维，它不仅是教育教学中的必要思维，而且也是推动社会进步、创建和谐社会的必要思维。实际上"过程→生成"理念可谓系统科学思想的一种具体的载体，既然急剧变幻的信息科技时代需要系统科学思想，那么也就需要"过程→生成"理念。

最后做几点说明：

（1）因为本书的内容是在广东省教育科学"十一五"规划课题"基于三维目标的高师数学过程教学模式研究"的结题报告的基础上修改而成的，所以仍然保留了原结题报告的主要内容和结构。之所以如此，是因为该结题报告已真实地反映了作者的思考与研究过程，原汁原味更有味道！如果重新整理为冷冰冰的理论化的东西，反而失去了原有的价值，或者说书的自身就违背了"过程→生成"理念。

（2）尽管课题"基于三维目标的高师数学过程教学模式研究"的研究以第一作者为主，但第二作者张磊老师在研究中做了许多工作：一是查找资料、分析资料等，因为课题的研究查阅了大量的资料，尤其是怀特海的哲学著作非常晦涩难懂，需要反反复复地琢磨才能领会其意；二是设计了"'过程→生成'式基克问题解决教学""'过程→生成'式奥苏贝尔问题解决教学""'过程→生成'教学的学业评价"三部分内容。

（3）重申"过程→生成"不是具体的教学方法，而是对立于"结论式"的教学理念。因此，**已有的各种教学方法都可在"过程→生成"教学理念指导下得以实现**。

（4）有人可能会说，"过程→生成"教学只适用于数学教学（因为笔者是数学教师），其实不然，**"过程→生成"教学理念适用于各科教学**。

（5）因为笔者不是哲学专业，所以书中的哲学论述难免言辞有误，不妥之处敬请谅解。

本书的研究尚未完善，未尽的问题将另做讨论。期待专家、同行们批评赐教，期望"过程→生成"教学理念能够对新时代的教学改革有所贡献。

王积社
2022 年 10 月于重庆大学城

目　录

1 课题研究的背景及意义

1.1 严峻的杰出人才培养问题

我国教育改革中亟待解决的问题是如何提高学生的基本素质与创新能力。钱老在 2005 年就痛心地发出"为什么我们的学校总是培养不出杰出人才"（温家宝，2009）的"钱学森之问"，他临终前仍在思考中国的教育问题。

今天，党和国家都很重视科技创新问题，投了不少钱搞什么"创新工程""创新计划"等等，这是必要的。但我觉得更重要的是要具有创新思想的人才。问题在于，中国还没有一所大学能够按照培养科学技术发明创造人才的模式去办学，都是些人云亦云、一般化的，没有自己独特的创新东西，受封建思想的影响，一直是这个样子。我看，这是中国当前的一个很大问题。（涂元季、顾吉环、李明，2009）

中国孩子的计算能力排名世界第一，而创造力却排名倒数第五。（孙武臣，2009）——这是来自《光明日报》的报道。

两院院士、国家最高科学技术奖得主师昌绪也说：

我看到一项国际评估组织对 21 个国家进行的调查，中国孩子计算能力排名第一，想象力倒数第一，创造力倒数第五。这是为什么？如果我们的孩子全都争着当官当企业家挣大钱，我们的国家很难实现大国到强国的转变。①

2010 年，38 岁的越南数学家、曾经的国际奥数金牌获得者（1989 年、1990 年）吴宝珠，获得了国际数学界大奖——菲尔茨奖。（王丹红、季理真，2011）然而，我国从 1985 年开始参加国际奥数竞赛，至 2013 年获得 17 次团体第一名、100 多枚金牌，但不仅无人获得菲尔茨奖，而且我们的金牌选手成才的比例和速率都不高。（佚名，2009；蔡文清，2011）②

中南大学教授蔡言厚带领中国校友会网大学评价课题组发表的《中国高考状

---

① 余晓洁. 为什么中国孩子计算能力第一创新能力倒数？[EB/OL]. [2012-4-10]. http://news.xinhuanet.com/tech/2012-03/30/c_122908168.htm.

② 又可参考卢荻秋. 15 次国际奥数冠军何以换不回一个菲尔兹奖？[EB/OL].（2009-07-26）[2012-05-09]. http://lu-diqiu.blog.sohu.com/124647617.html.

元调查报告》显示：1977 年至 2008 年 32 年间的高考状元，几乎没有一个成为做学问、经商、从政等方面的顶尖人才，他们的职业成就远低于社会预期。（邢婷，2010）

面对如此态势，我们岂不汗颜？

1.2   教学的现状

培养不出杰出人才、创造力倒数第五等状况，教育和教学难辞其咎！

1.2.1   高等数学：结论式教学模式

翻开高数教材、走进高数课堂、查阅高数精品课件，基本都是先下定义后解释，先给结论后证明的模式。这种模式，看起来有条有理，思维缜密，推理严谨，确实体现了数学的高尚与美妙，却没想过是否适合于素质与能力的培养。

比如，一元多项式的定义，某《高等代数》教材是这样直接定义的：

数环 R 上一个文字 x 的多项式或一元多项式指的是形式表达式

$$a_0 + a_1 x + a_2 x^2 + \cdots + a_n x^n$$

这里的 n 是非负整数，而 a_0，a_1，a_2，$\cdots$，a_n 都是 R 中的数，$\cdots$

定义本身是严谨的，但对于教学来说首先是缺少了数学思想，其次对于刚入学的大学一年级学生[①]来说却是难以理解、难以接受的，如：为何称 x 为文字？为何要在数环上？为何 n 是非负整数？等等。

图 1.1 是笔者在 2005 年关于多项式授课教案的截图，授课时也是类似生成的。

实际上，数学内容可归结为概念、性质、定理、应用四类，并且以此为基础来组织数学体系，可有两种方式。一种是过程化方式：形成概念→发现性质→发明定理→探索应用。另一种是系统化方式：定义概念→性

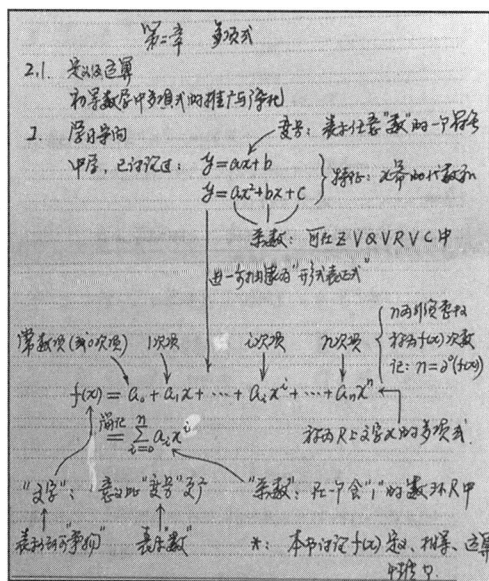

图 1.1   笔者关于多项式定义的教案截图

————————

[①]   此教材，第一章是基本概念，第二章就是多项式，一般都在大学一年级第一学期学习。

质证明→定理证明→应用举例。

尽管过程化方式与系统化方式都是数学知识的组织结构，但实际意义与价值却大不相同，因为过程化方式既说明了有这样的概念，又说明了这些概念的形成过程；既说明了有这样的性质，又说明了这些性质的发现过程；既说明了有这样的定理，又说明了这些定理的创造过程；既说明了有这样的应用，又说明了这些应用的探索过程，显然如此做能达到"知其然又知其所以然"的目的，所以即使是从常识性视角来看亦可确定：用过程化方式来组织教学、编写教材适应于素质与能力的培养。因为过程化方式的本质是揭示知识的生成过程，是动态的，所以称由过程化方式得到的数学结构为**过程结构**或**动态结构**。然而，因为系统化方式是直接定义、直叙结论、直接证明、直接举例，至于这些东西如何生成则一概不理，所以系统化方式的本质是"仅说其然而不理其所以然"，是静态的，因此称由系统化方式得到的数学结构为**系统结构**或**静态结构**。显然用系统结构组织教学或编写教材无益于素质与能力的培养，却适用于撰写论文或陈述理论。曾经，在系统结构的影响下，数学教学及教材形成了"定义→性质→定理→例题"的系统化模式，现行的高数教材、高数课堂、高数课件仍然如此，并且现行的中小学教学、教材也没有真正摆脱。

其实，不仅是数学，其他学科的教材、教学也存在同样的问题。如语文中的"识字"教学，一般都是直接告诉学生：这是个"人"字，学生就只能"死"记着这个"人"。但若学生经历了图 1.2 的学习过程，这个"人"就"活跃"在学生的大脑中，并且抽象、简化、优化、创造等思想方法也会滋养学生的心神。如若识字教学都尽可能如此来做，那么不仅可加深学生对汉字的理解，而且能提高学生的创造意识。

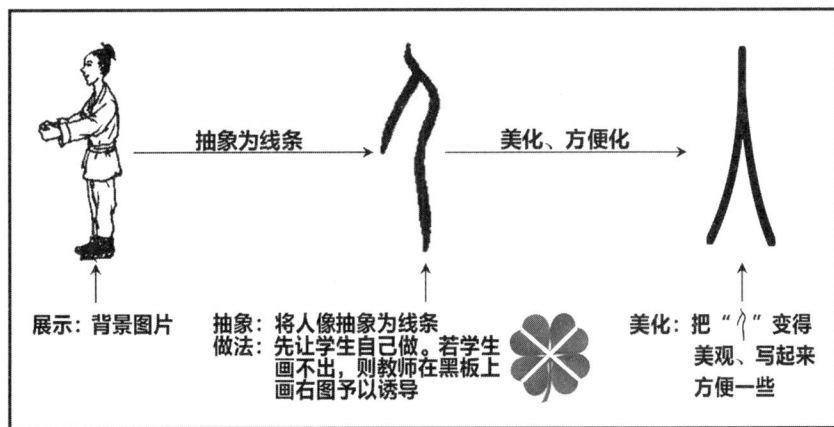

图 1.2 "人"字生成过程

我们称"只叙结论，不讲过程"的教学或教材为结论式教学或结论式教材，统称为**结论式**。

因为结论式教学的基本状态是"师授生受"，将学生封闭在记忆的圈子中，学生很难有自己的发展与突破，于是结论式亦可称为**封闭式**，这样即可把与结论式相对立的教学称为**开放式**。如建构主义教学、研究性学习、自主、合作、探究等，都可谓开放式。

说到开放，我们认为不仅是行为上的开放，更是思维上的开放，因为素质与能力更需要思维，尤其是需要创造性思维。教师通过生动活泼的开放式讲授将学生的思维带入意趣盎然的开放型思维空间，学生的思维即可随着教师在此空间中得到潜移默化的发展。

另外，践行极致型开放的困难性无法否认，所以往往使用**半开放式**。

我们说结论式无益于素质与能力的培养，但并不能彻底否定结论式，因为结论式在生活、工作、某种条件或场合下还是非常必要的。

说到结构，自然想到知识结构、认知结构。图 1.3 就是英语名词的知识结构，不过它是静态的，然而我们希望知识结构或认知结构应该是动态的，所谓动态，亦即是它所表现的不仅是部分间的关系与排列，而且要有部分间的逻辑关系，使之具有"动"的感觉。笔者在 20 世纪 90 年代提出了**逻辑图表**并将其应用于教学中（王峰，1993），逻辑图表是动态的。图 1.4 就是笔者在《高等代数典型问题精讲》[①] 一书中设计的逻辑图表之一，该书大多数内容都采用了逻辑图表的方式来表述，也是突破结论式教材的一种尝试。该书的前身是笔者为本科生开设的考研辅导课程"高等代数选讲"的讲义，在该课程教学中，笔者不用 PPT，板书尽可能使用逻辑图表，并且图表都是动态生成的。

总之，数学的系统化结构作为数学理论的陈述堪为精湛，但作为数学的教学设计或教材编写，却无益于素质与创新意识的培养。因为如此教学，学生看到的仅仅是庞大而复杂的数学机器，却不知道发明这台机器的真谛，结果就只会书云我云、师说我说，只会做从已知到求证的游戏，不会做从已知到未知的探索，更不想追求从未知到未知的创造。

---

① 王积社，杨晓鹏. 高等代数典型问题精讲 [M]. 北京：科学出版社，2010：113.

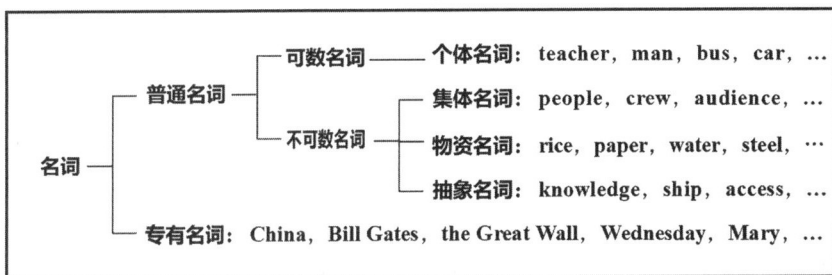

图 1.3 英语名词知识结构图

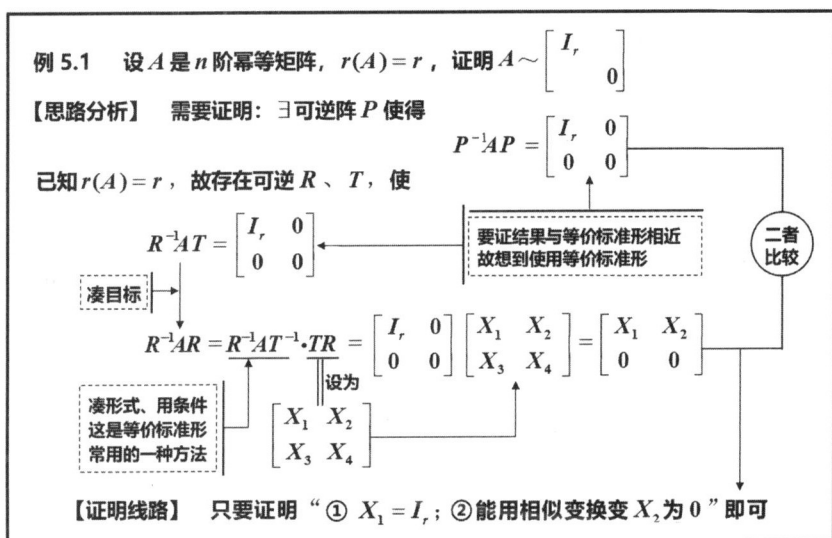

图 1.4 解题思路分析图例

1.2.2 基础教育：难却的传统观念

以广东为例，作为首批高中课程改革试点之一，2004 年至 2012 年已历经 8 年，从培养学生创造能力而论，效果不尽如人意。

如 2009 年广东省高中教师网上培训，参训的高中数学教师在关于"'提高学生的数学思维能力'理念的反思与改进参考意见"的专题讨论中，总发帖 657 人次，其中能用新课改理念思考问题的仅 5 人次（未排除拷贝的内容），与新课改理念有点儿接近的 156 人次（未排除拷贝的内容），坚持传统观念的 496 人次，甚至辅导教师也说："提高学生的数学思维能力应是一个历经勤思苦练而达从量变到质变的循序渐进的过程。"如此，真的可以吗？

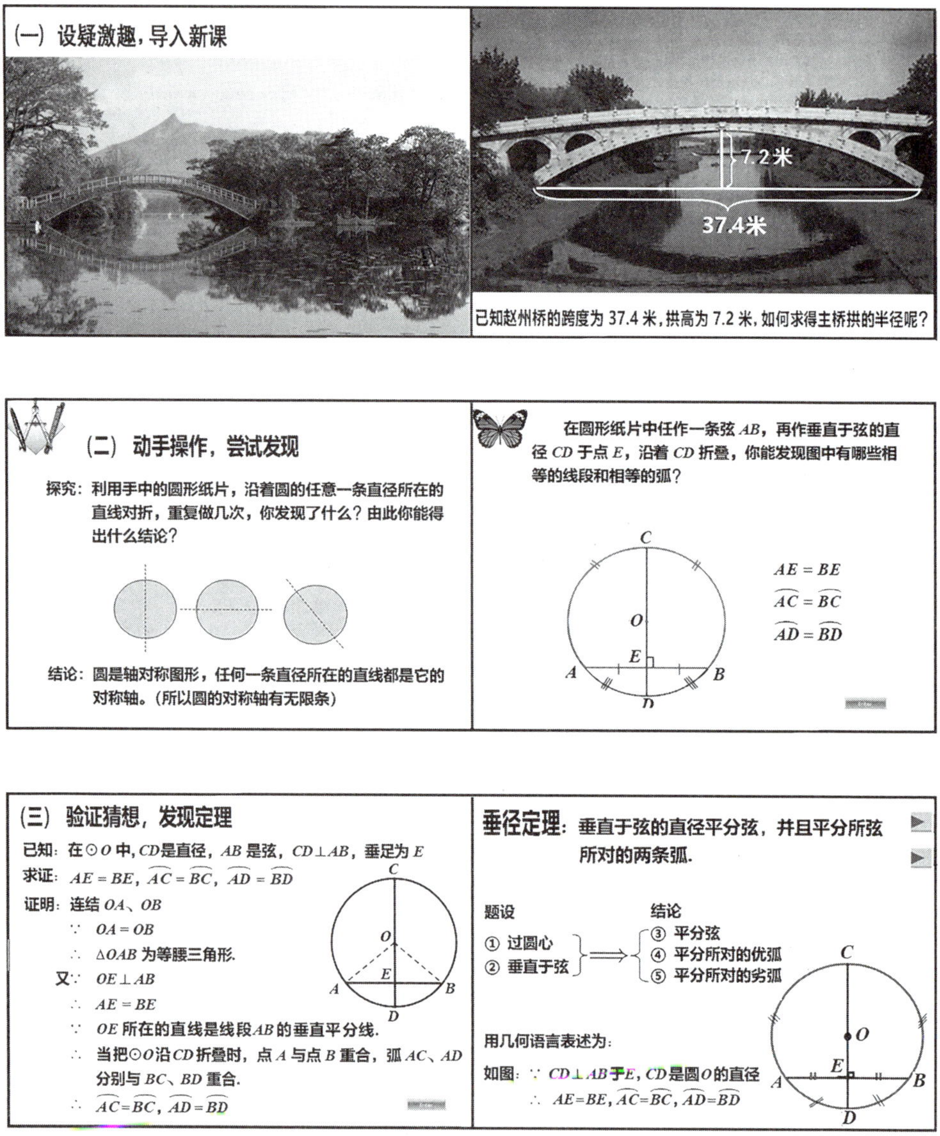

图 1.5 某"垂径定理"说课比赛主要环节 PPT 图片

又如笔者观摩了广东某市某区组织的初中数学教师说课比赛，尽管 15 位参赛选手都响亮地喊出了"三维目标"的口号，且其教学过程都可归结为"情境，定义→性质→定理→例题，解答情境问题"的形式。此形式看起来有"情境"，但"情境"却只是"为情境而情境"，而不是"为探究而情境"。譬如本次比赛的冠军得主关于"垂径定理"教学设计的主要部分如图 1.5 所示，可将其归结为三个环节：① 赵州桥背景→提出求主桥拱半径问题；② 折纸探索→垂径定理及相关结论；③ 计算背景问题。乍一看，设计中既有"情境"，又有"探究"，堪为"教改的楷模",但具体看却易见:尽管说给出了"赵州桥背景图片",但"背景"与"折纸"未建立任何关系,而"探究"也只是证明了一个"已知、求证"问题后总结出了"垂径定理",没有"探"更无"究"。如此设计中的"情境""探究"都只是形式上的浮华,而其本质却仍然被结论式所主宰。但若修改为:

赵州桥背景→学生发现,或经诱导链促使学生发现:需求桥拱半径
　　　　　→建模(进行特征抽象、拓扑思考,建立几何模型)
　　　　　　→学生发现,或经诱导链促使学生发现:折纸探索方法→折纸探索
⇒垂径定理→计算半径→综合应用

那么效果也就完全不同了,因为此过程使学生:① 具有发现问题过程的感受;② 具有探索问题解决方法的经历;③ 具有成就感;④ 经历了完整的问题探究过程,接受了数学发现、数学思维及创造性思维的熏陶。

　　熏陶,就是熏陶!熏陶是培育学生创新意识的有效方法,甚至可以说只有经过如此过程的熏陶,才能使学生滋生出创造性思维意识,因为创造是不可教的。

　　实际上,我国新一轮教学改革至今,喊得最响的口号是"自主、合作、探究",但实际上却大都是摆摆样子、装装门面,如"垂径定理"的教学设计就是这样。这样的教学存在着种种伪装,不可能真正地提升学生的素质与创新能力,因此可谓之"伪自主/伪合作/伪探究 + 结论式"的变相结论式教学,这种模式在如今甚是流行。

1.3　深层的思考

1.3.1　"钱学森之问"艰深难解吗

　　论及"钱学森之问",大都会说"艰深""难以破解",何出此言?

　　事实上,自 20 世纪 90 年代初倡导素质教育开始,我国学者就从各个角度研究了素质教育的方方面面,《素质教育在美国——留美博士眼里的中美教育》(黄全愈,1999)一书也充分反映出中美教育的本质差别。然而多年后面对"钱学森之问"却总是喋喋不休地指责"注入法、满堂灌",吹捧追求西方教育……很少能客观地认识"应试"的必要性且调整"应试教育"的理念与方法;很少能辩证地评价"注入法"或"满堂灌"且寻找提升"注入法"或"满堂灌"价值的途径或方法;很少能实实在在地思考、认识西方教育而创造更有效的教学理念,使学生在其**学习全程**中时时刻刻都在提升自己的思想、思维、能力与素养。为何如此?可能是为研究而研究的"科研任务观"所致,也可能是重形式、轻实质的"业绩成就观"所致,因此就以"钱学森之问艰深、难以破解"来进行

遮掩、开脱。

实际上，对于"为什么我们的学校总是培养不出杰出人才"的问题，钱老已经深刻地指出：问题在于"中国还没有一所大学能够按照培养科学技术发明创造人才的模式去办学，都是些人云亦云、一般化的，没有自己独特的创新东西，受封建思想的影响，一直是这个样子"。不就如此吗？为何还要"破解"？据钱老之意，培养创新人才、培养杰出人才，教育、教学首先要创新，要冲出传统理念的禁锢，创新出适应素质与创新教育的教学理念才是根本，而一切的感慨、浮躁、形式化，都是不能解决问题的。

【结论】　"钱学森之问"并非艰深，并非难以破解，"钱学森之问"的最好答卷是构建适应于素质与创新教育的教学理念，实实在在地闯出自己的道路。

1.3.2　这样能解决问题吗

为回应"钱学森之问"，2009 年 11 月"珠峰计划"在北大、清华等 11 所名校启动，准备招生 2 000 名左右，旨在培养创新型的领军人物（罗德宏，2009）；2010 年各名校纷纷推出实验班，试图通过中外联合、双语教学、外教教学、本硕博连读等形式培养拔尖创新人才（施剑松，2010）；2011 年 10 月中国人才研究会超常人才专业委员会召开第七届年会暨海峡两岸和香港中学英才教育学术研讨会（孙金鑫，2004）；2011 年 10 月国务院参事室、国家教育咨询委员会（创新人才组）举办"拔尖创新人才培养工作座谈会"，与会代表一致认为：应建立国家英才教育培养体系，出台相关的英才教育政策，为拔尖创新人才的成长提供良好的土壤与环境。（孙金鑫，2004）

诚然，诸多举措皆有益于科学技术发明创造人才的培养，然而，也绝不应忘记曾有不会考试的埃尔米特大师（卢瑞，2007），曾有交不起学费的华罗庚大师（王志军，2005）……人才不是"拔"出来的，而是在一定的环境下"冒"出来的。人才很可能隐藏在一个非常不起眼的、无人问津的角落，请不要忘记最普通的一句话：高手在民间！因此我们应做的是改善学生的"生长土壤"（学习环境），多施"有机肥料"（创造性能量），使所有的幼苗都能茁壮地成长。其实钱老的告诫已经非常诚恳："党和国家都很重视科技创新问题，投了不少钱搞什么'创新工程''创新计划'等等，这是必要的。但我觉得更重要的是要具有创新思想的人才。"

【结论】　回答"钱学森之问"，不能仅靠"工程"造人，而应在所有学校、所有课程、所有教学与学习过程中培育学生的素质与创造性意识，在提高中华民族整体素质的基础上，既可能提升中华民族整体的竞争力，又可能促使某些创造型人才脱颖而出。

1.3.3 新型教法为何萧条

二十多年来，国内关于"培养学生创造能力"的研究成果可谓汗牛充栋。在维普检索，至 2022 年 12 月 6 日，关于研究性学习、自主学习、合作学习、探究学习的研究论文分别有 31 205、270 582、147 383、164 182 篇，而关于讲授法的研究只有 3 597 篇，看起来成果丰硕，但丰硕的成果却没有动摇传统的教学理念。为何如此？可能的原因：一是传统的观念及模式根深蒂固，导致了换汤不换药的局面（如"垂径定理"的教学设计）；二是"为研究而研究"的思想导致了纸上谈兵、坐而论道、空言无补、言不由衷等怪象；三是新教法缺乏高质量的案例设计与研究；四是教材不配套；五是课时紧缺、班容量过大；六是被升学率（中学）、考研率（大学）等压力冲昏了头脑，等等。

【结论】　教学方向要摆正，传统观念要摒弃；教育研究要实在，教材模式要改变。

1.3.4 我们是"基础有余"吗

有论言"美国是在创新有余而基础不足的前提下才以抓基础来补不足。我国的情况却与美国恰恰相反，我们是基础有余而创新缺乏，因而我国教育的完善必须以抓创新来补不足"（中国驻美国大使馆教育处，2007），教育部专家也认为"我国教育是基础有余而创新缺乏"（屈建成、朱建华、杨陈，2009）。真的如此吗？非也！我国的教育根本不是"基础有余、创新缺乏"，而是"基础乏力、创新缺乏"，因为我们教育的根本缺陷是在毫无活力的结论式教学中为学生奠定了毫无活力的基础，这种基础肥力匮乏，在此基础上，纵然是播下了创新种子也难获硕果。所以我们教育改革的任务并非"在已有的基础上加强创新教育"，而应是彻底改变僵化的现状，在创建具有活力基础的进程中加强创新教育。因此宣称我国教育"基础有余，只要在原有基础上添加创新作料即可"的言辞纯属谬论，非常危险！

【结论】　我国的教育现状不是"基础有余而创新缺乏"，而应是"基础乏力且创新缺乏"，所以我国教育改革的基本目标应该是：夯实基础、力求创新。

1.4 课题的提出

教学是教育的主战场，教师是教学的主力军，师范院校是教师的摇篮，所以回答"钱学森之问"，应从师范院校的教学改革开始展开讨论。

1.4.1　高师教育亟待解决的问题

在新世纪、新时代中，高师院校决不能一如既往地培养"教书匠"，而应该培养适应于造就高素质、创新型人才要求的新型教师！亦即是高师院校必须以"思想素质高尚，专业基础扎实，教学技艺精湛，创新意识浓厚"为基本的培养目标。必须反思：我国新一轮基础教育改革已过二十多年，但我们的师范院校培养出了多少能够胜任基础教育新课改的中学教师？如果说我们的学生毕业以后，还需要回炉再造，或者还需要再耗时经过自己摸索后才能适应于新课改、新时代的教学需求，那我们不觉得内心有愧吗？

1.4.1.1　如何与基础教育接轨

1999 年《中共中央国务院关于深化教育改革全面推进素质教育的决定》吹响了我国素质教育的进军号，2001 年《基础教育课程改革纲要（试行）》①启动了新一轮基础教育课程改革。然而二十多年后的今天，高等学校的教学却仍然是我行我素、收效甚微。因此，假如说（实际上基础教育新课改并不理想）经过新课改洗礼的中学生，进入大学后再被"打回原形"，不是非常可怕的事情吗？所以高等教育的教学必须与基础教育教学改革接轨。

接轨，接点何在？《基础教育课程改革纲要（试行）》指出："国家课程标准是教材编写、教学、评估和考试命题的依据，是国家管理和评价课程的基础。应体现国家对不同阶段的学生在知识与技能、过程与方法、情感态度与价值观等方面的基本要求，规定各门课程的性质、目标、内容框架，提出教学和评价建议。"可见三维目标是教材、教学、评估、考试的依据，是基础教育课程改革的方向，所以三维目标应该是高等教育与基础教育教学改革的对接点。

事实上，在科学技术迅猛、爆炸式发展的今天，本科生所学的仍是科学的基础知识，因此本科生教育更可谓"高等的基础教育"，其学习模式与基础教育一致也理所当然。

【结论】　"三维目标"是高等教育与基础教育教学改革的对接点，应基于三维目标研究高等教育的教学改革。

1.4.1.2　如何夯实理论基础、培养创新能力

第一，摒弃旧观念。

传统地看，"师者，所以传道受业解惑也"阐明了教师的职责，所以我国教

---

① 中华人民共和国教育部. 教育部关于印发《基础教育课程改革纲要（试行）》的通知［EB/OL］. (2001 - 6 - 8)［2012 - 5 - 19］. http://www.gov.cn/gongbao/content/2002/content_61386.htm.

师忠实地履行着教会、教好学生的义务，无私地把自己的所知所能"拷贝"给学生。如此师责缔造了中国文化，的确功不可没，但也极大地限制了国人教学理念的发展。

实际上，我国古代教学形式简单，通常是以自修为主、一对一的个别讲解为辅的方式进行，这种教学活动基本上不需要考虑教学的组织形式、技术手段、教学方法。[①]

1919 年 2 月 14 日，陶行知先生在《时报·教育周刊》[②] 上发表《教学合一》一文，提出并论证了教学应该合一的主张：

现在的人叫在学校里做先生的人为教员，叫他所做的事为教书，叫他所用的法子为教授法，好像先生是专门教学生些书本知识的人。他似乎除了教以外，便没有别的本领；除教书之外，便没有别的事做。而在这种学校里的学生除了受教之外，也没有别的功课。先生只管教，学生只管受教，好像是学的事体，都被教的事体打消掉了。

这是陶先生对民国初期的教学方法的评价，然而，尽管过去了百年，"专门教学生些书本知识""先生只管教，学生只管受教"的教学理念却仍然在继续。为何？因为实际上这是我国自古流传下来的教学方式，是一种根深蒂固、难以泯灭的理念。

笔者（为了方便，下文中常以"我"代之）小学一年级在晋城师范附小就读两个月就转回老家——太行山上一个偏远的小山庄，不过，有幸遇到一位从民国时代转过来的祁老先生。当时的农村小学，多为复式教学，所以语文、算术（当时的小学课程中不叫数学而叫算术）都是祁老师任教。祁老非常认真，也非常严厉，完不成作业，打！背不下课文，打！不听话的，打！……学生被打了，家长还要对老师说：该打，必须狠狠地打！

尽管祁老很认真，但他几乎没有教学方法，语文就是读、写、背，然后再讲一下课文的意思；算术，是用"讲、做、背"的方法"教"会数数、写数后，就是掰着指头计算不进位加法，接着就是背诵"加法口诀"：

> 九二十一
> 九三十二　八三十一
> 九四十三　八四十二　七四十一
> 九五十四　八五十三　七五十二　六五十一　二五一十

① 章小谦. 传承与嫁接：中国教育基本概念从传统到现代的转换［D］. 上海：华东师范大学，2004.

② 华中师范学院教育科学研究所. 陶行知全集：第一卷. 长沙：湖南教育出版社，1984：87.

　　　　九六十五　　八六十四　　七六十三　　二六十二

　　　　九七十六　　八七十五　　二七十四

　　　　九八十七　　二八十六

　　　　二九十八

　　这里，涉及是否需要记忆"加法口诀"的问题，此问题大有争论，下面是某文①的观点：

　　江苏省特级教师邱学华老师以"近年来正在讨论中国数学教育的优良传统是什么的问题"为契机，在2012年第1～2期的《中小学数学（小学版)》发表《再论要不要学生熟记加法口诀》一文，提出让学生熟记加法口诀，"在小学数学教学改革中作为一种尝试，指导学生背会加法口诀，使学生多学会一种本领"。但笔者认为，让学生熟记加法口诀，不利于学生数学基本思想的培养，不利于学生课业负担的减轻，与邱学华老师倡导的尝试教学基本观点相悖，"熟记加法口诀的实验案例"论据不足，因此，小学数学教学中还是不要让学生熟记加法口诀好。

　　我们不赞同如此观点。首先，思维能力培养的关键在于如何获得结果而不是是否记住结果，并且学习不可能不记忆，关键是怎么记忆；其次，是否增加课业负担，关键在于教学方法而不是多背了21句加法口诀。实际上如果组织学生"创造出加法口诀并理解地记忆"更有益于思维能力的培养。试想，如果自己的学生上街买菜时掰着指头或者拿着计算器来计算"$9+8=17$"，心里舒服吗？

　　书归正传，话说"有幸遇到"祁老，首先是从祁老身上学到了认真教学、严格要求的精神（当然不包括打，对学生我有"三不原则"：不打骂、不讽刺挖苦、不起绰号）；其次是练好了毛笔字，因为尽管我们是一年级学生，但祁老也要求我们用毛笔做作业，无论是算术还是语文，一年下来，打下了很好的书法基础。

　　可以说，祁老是我国传统教学的代表，因为他历经了清末、民国、中华人民共和国初期三个阶段，他所持有的也就是陶先生所说的"先生只管教，学生只管受教"的教学理念，这种理念代代相传，似乎天经地义，无论是否为老师，都认为理当如此。

　　中华人民共和国成立以后，凯洛夫教育理论流入我国（顾明远，2011），并由于其与我国传统的教育理念具有吻合之处，便轻而易举地与我国的教育融为一体，形成了一套经久不衰的"结论式"教学模式。

————————————

　　① 李国建. 小学数学教学中还是不要让学生熟记加法口诀好：与邱学华老师商榷［J］. 教育教学论坛，2012（21）：49-50.

历史地看，我国，首先是独尊儒术、重农轻工的观念导致了教育上的重文轻理，既影响了工业、科技的发展，又影响了教学理念、教学内容、教学方法的进步。其次是清王朝的衰落，清王朝的衰落使我国经受了鸦片战争、八国联军入侵，然后又经历了民国期间的战乱，因此严重影响了教育教学的发展。而这个阶段却是西方国家工业、科技的发展期，而工业、科技的发展又推动了他们的新教育运动。上述原因就造成了中西教学的差异：中国传统教学内容以文科为主，以培养农业、政治人才为主要目标，形成了重理解、轻实验的教学理念，而近代西方教学内容则以理化为主，以培养适应工业社会人才为目标，形成了重动手、重应用、重创造的教学理念；中国传统教学方法讲究理解、背诵，而近代西方教学方法则注重实证、实验；中国传统的教学研究主要是传承，而近代西方的教学研究则主要是实验。可谓，国情影响观念，观念影响教学。而在新中国，尤其是在改革开放的今天，教学理念已与时代的发展相悖，所以我们必须摒弃传统的教学理念，重构面向素质与能力的教学理念。

第二，确定突破点。

重构面向素质与能力的教学理念，创新是重中之重。那么如何培养创新人才？黄全愈先生认为："创造性只能培养，不能教！创造性就像种子一样，它需要一定的环境：包括土壤、气候、科学的灌溉、施肥、培养才能发芽、生根、开花、结果。"（黄全愈，1999）黄全愈先生把创新人才的培养比喻为植物的生长过程。

笔者在40多年①的教学历程中形成了一种具有整体性、连续性的"过程教学"方法（王峰，2001、2003），可以说效果很好。注意到"过程教学"中有"过程"，"三维目标"中有"过程"，黄全愈先生的论述中也有"过程"，看来"过程"是重点，因此"过程"应该是如何构建新理念的突破点。

【结论】　要"夯实理论基础、培养创新能力"，必须摒弃传统的教学观念，构建适应于素质与能力培养的新理念，而"过程"是构建新理念的突破点。

1.4.1.3　如何培养师范技能

的确，师范院校开设了教育学、心理学、教学论等课程，那么，问题是：是否学生只要学好了这些课程就能讲好课？

面对如此问题，我们不难想到"孟母三迁"的典故：

孟子是战国时期的大学问家。孟子小的时候非常调皮，他的妈妈为了让他受好的教育，花了很多的心血。有一次，他们住在墓地旁边，孟子就和邻居的小孩一起学着大人跪拜、哭号的样子，玩起办理丧事的游戏。孟子的妈妈看到了，皱

---

① 从1969年到2012年，历经43年。

起了眉头："不行！我不能让我的孩子住在这里了！"于是就带着孟子搬到市集旁边去住。到了市集，孟子又和邻居的小孩学起商人做生意的样子：一会儿鞠躬欢迎客人，一会儿招待客人，一会儿和客人讨价还价，表演得像极了。孟子的妈妈知道了，又皱皱眉头："这个地方也不适合我的孩子居住！"于是，又搬了家。这一次，他们搬到了学校附近，孟子即开始变得守秩序、懂礼貌、喜欢读书。这个时候，孟子的妈妈很满意地点着头说："这才是我儿子应该住的地方呀！"

后来，就用"孟母三迁"来表示人应该要接近好的人、事、物，才能学习到好的习惯！

孟母为何三迁？是因为孟母深谙了"近朱者赤，近墨者黑"的哲理。而今，我们的师范生，却每日里都目睹着结论式教学的表演，或者观看着纯粹的 PPT 演示，结果怎样，可想而知！当然我们断然相信会有"出淤泥而不染，濯清涟而不妖"的佼佼者，但师范院校需要为国家输送出大量的优秀教师，而绝不是输送几个佼佼者。这就是说，师范生教学能力的培养，绝不能仅仅依赖于教育学、心理学、教学论课程，因为这些课程的说教，绝对敌不过各科教师结论式教学方法的熏陶。因此，师范生教学能力的培养，更需要各科教师良好教学方法的熏陶。熏陶，《现代汉语词典》释为"长期接触的人对生活习惯、思想行为、品行学问等逐渐产生好的影响"（中国社会科学院语言研究所词典编辑室，2002），《汉典》释为"被一种思想、品行、习惯所濡染而渐趋同化"[①]，可见"熏陶"是中性词，可能被"熏"好，也可能被"熏"坏，关键是用什么材料去熏，红色的烟雾必然熏出红色种子，黑色的烟雾一定熏出黑色魔念，"近朱者赤，近墨者黑"寓意深刻！因此，学生每天身处结论式教学的课堂，不染上结论式教学的方法才怪。所以，只要我们给学生营造出一种良好的学习环境，可以是现实的，也可以是思维的，使学生的学习全程都沉浸在具有创造性思维的教学环境中，那么创造性思维方式、良好的教学理念必然在他们的脑海中深深扎根。

所谓良好的教学环境，就是营造契合于三维目标的教学环境，而契合于三维目标的教学环境就必须充满创造性能量！

【结论】　培养高素质、具有创新意识的教师，师范院校就必须使学生的学习全程都沉浸在有创造性教学（学习）的过程中，为此即需要基于三维目标，为师范生营造充满基础理论、专业思想、创造能量的教学环境，使学生受到良好的熏陶。

1.4.2　课题的提出

原本我们提出的课题是基于三维目标的高数数学过程教学模式研究，但在具

----

① 汉典．［2012 – 05 – 20］．http：//www.zdic.net/cd/ci/14/ZdicE7Zdic86Zdic8F329670.htm.

体的研究过程中，基于上述思考，我们认识到用"模式"去描述我们的思想不够恰当，因为模式具有特殊性，具有限制性，例如，有学者从定性视角将模式表述为：

模式是一种重要的科学操作与科学思维的方法。它是为解决特定的问题，在一定的抽象、简化、假设条件下，再现原型客体的某种本质特性；它是作为中介，从而更好地认识和改造原型客体、构建新型客体的一种科学方法。[①]

【教学案例 1】

环节一：导入课文。

环节二：生字词教学。

出示本课的词语(镢头、妻子、欣赏、脸庞、栽种、姹紫嫣红、顾不上)，然后按照学生自己试读、教师指导读、学生练读、同桌互相读、将词语带到课文中去读的顺序，让学生反复读这些词语。在"教师指导读"时，教师强调"镢头"的"头"和"妻子"的"子"都读轻声，并示范读了两次。

环节三：整体把握课文，并品读部分内容。

环节四：留下本节课的最后三分钟，进行本课生字的写字指导教学。

(1) 师：(出示"妻""庞"两个生字)请同学们用你们那双会发现的眼睛仔细观察一下我们的生字朋友，看看它们分别是什么结构？(生答)……

【教学案例 2】

环节一：导入课文。

环节二：生字词教学。

(1) 师：通过预习，你认识了哪些生字？(生："镢头"的"镢")

师：大家一起把"镢"这个生字所在的那句话读一遍。

师：再请你把这个词语写到黑板上。

(以此类推，学生还说出了"姹紫嫣红"的"姹"和"嫣"，"脸庞"的"庞"等生字，教师的处理方式同上)

(2) 师：这篇课文要求正确、规范地书写两个字："妻""庞"。请同学们翻到课后练习，看准了，给它们描红。(描完后)观察这两个字，怎么写？每一笔怎么记？怎么写才能最端正、美观？仔细地观察。(观察一分钟以后)在刚才描红的旁边，把这两个字各写一遍……

图 1.6　生字教学案例两则

但我们的思考不是针对"特定问题"，而是针对严重影响素质与能力培养且普遍存在于所有学科教学中的结论式教学问题。如图 1.6 关于生字教学的两个片段[②]都是结论式的，只是形式上搞了一些没有实际效果的花样，如此做还不如安排合适的时间让学生自主学习：在阅读课文的过程中若有不认识的字就查字典——学会读音、理解字义、把字写好，等等。这样的设计首先可以提高自学及自我解决问题的能力，其次在字典中查到"生字"不仅可知其读音而且可深刻理解字义。

---

① 查有梁. 什么是模式论？[J]. 社会科学研究，1994（2）：89－92.

② 薛松. 浅谈小学高年级语文生字教学——对两则教学案例的思考 [J]. 新课程学习（中），2012（12）：71－72.

笔者在小学学习时，就不仅使用老师的一本四角号码字典学课文，还用来看小说，当查某个生字时，如果释义中还有生字，就追踪查下去，这样即学到了更多的知识。要明白，搞花样不叫改革而叫浪费时间！难道说一句"用你们那双会发现的眼睛仔细观察一下"，学生就变成了"火眼金睛"？难道让学生把生字在黑板上写一遍、描红后观察一分钟再写一遍，就能把这个生字写得漂亮了？其实想要正确、规范地把字写好，需要思考，需要创造。比如把其做法修改为"诱导学生对比课文或描红字的写法，分析自己在黑板上写的字——从笔画到结构，从部分到整体，肯定优点，改掉缺点，创造自己的书写风格"，不仅会得到良好的效果，而且还具有创造性能量。因此我们认为：教学改革的关键不在于模式，而在于教学理念，因为方法、模式都是工具，被不同的教学理念操控，就有不同的结果。我们的研究所思考的重点应该是"具有整体性的理念问题"。那么，何为理念？

人类以自己的语言形式来诠释现象——事与物时，所归纳或总结的思想、观念、概念与法则，称之为理念。[1]

所以理念是模式的基础，而我们的企图是消除结论式教学所带来的不良影响，属于理念问题，于是将"教学模式"的研究更改为"教学理念"的研究更加贴合。因此修正：

研究目标：构建基于三维目标的创新型教学的基本理念，设计基于基本理念的教学方法并给出案例。

研究目的：期望所建理念能够取代传统的教学理念，此理念能够营造出充满创造性能量的教学环境，达到提高全体学生素养与能力，尤其是创新能力的目的，达到夯实基础、提升素质、力求创新的目的。

研究重点：① 构建全新的教学理念；② 用新理念指导各种不同类型的教学方法的实践活动，尤其是新理念下的讲授法。

其中强调了新理念下的讲授法。之所以强调，是因为当前的教学改革中出现了"谈讲色变"的怪象。那么讲授法真的有罪吗？真的无益于素质与能力的培养吗？为此，需阐述我们的若干观点：

① 传统教学的弊病并非源自教学方法而源自传统的教学理念；

② 传统的教学理念是结论式教学；

③ 讲授法是传统的教学方法，但不能说用讲授法讲课就是传统教学；

④ 结论式讲授是传统教学；

⑤ 不能说讲授法无益于素质与能力的培养，而应说结论式讲授无益于素质与能力的培养；

---

[1] 百度百科. https: //baike. baidu. com/item/%E7%90%86%E5%BF%B5/1189315.

⑥ 开放式教学未必就会有益于素质与能力的培养；

⑦ 基于建构主义理念的讲授（讲授建构过程）有益于素质与能力的培养；

⑧ 教学方法只是工具，使用效果取决于教学理念。

因此，如果讲授的内容满足素质与创新能力培养的需求，并且讲得精彩绝伦、切中要害、醒目入耳、扣人心弦，那么就不能说是传统教学，就不能说无益于素质与能力的培养！反之，形式上热热闹闹的开放式教学未必就有益于素质与能力的培养。所以，教学的"优"与"劣"不在于教学方法而在于教学理念，而教学理念优劣的本质就在于"结论式"与"非结论式"的区别。

当前，看起来关于"合作、自主、探究"式教学、研究性学习、问题解决教学等"新型教法"的研究轰轰烈烈，但遗憾的是研究归研究、教学归教学，形成了教、研脱节的尴尬局面，而实际上结论式教学仍然统治着课堂，尤其是在高校。请不要说现在只是基础教育进行教育改革，而无关高等教学，难道"钱学森之问"还不足以敲响警钟吗？我们急需创新型人才，而创新型人才不是"摇篮"摇出来的，也不是"选拔"拔出来的，而是自我"冒"出来的——只要我们给所有学生的学习全程都提供了具有创造性能量的生态环境，就可能"冒"出各种不同的创造性人才。

现实，为何如此？原因固然很多，但最根本的可能是不知道我们的病根为何，也可能是知道病根但不知道医治方法。

我们认为：病根是结论式教学理念，至于如何医治，正是本书讨论的重点。在此简单地说，注意到美国教育改革的跌宕起伏：新数运动→回到基础→问题解决→课程焦点①，所以我们在"医治"中必须保持清醒的头脑——在追求创新的同时决不能丢掉基础！我们的追求应该是夯实基础、提升素质、力求创新。因此改革就应有基本的思路：首先，构建适应于高素质、创新型人才培养的教学理念。其次，基于新的理念，尽可能进行开放式教学，如若实在无法开放，则可酌情选择教法进行半开放，直到讲授法（注意：这是非结论式的讲授法）达到使学生始终沉浸在充满创造性能量的学习环境中的目的。于是，应该把新理念下的讲授法作为研究的重点，因为讲授不仅可以应对实际困难，而且良好的讲授设计，很容易转化为开放或者半开放教学。实际上，只要理念恰当，任何教法都是好教法，也才是真正的教学。

【结论】　课题的研究重心：构建"有益于素质与创新"的教学理念，研究基于新理念开放型或半开放型教学，重点研究基于新理念的讲授法。

---

① 课程焦点：全美数学教师协会于2006年9月12日发布了《课程焦点》报告，对2000年的《数学课程与评价标准》做了补充说明，力求在保持创造、发展的同时，强调数学基础的重要性，成为美国数学课程改革的新方向。

2 课题研究的方法及过程

2.1 研究方法

经验总结法：总结课题负责人 50 年[①]的小学、中学、大学的教学经验及一生的自学及经验，将感性认识上升为理性认识。

文献研究法：通过文献研究，使经验的理性认识进一步系统化、理论化，从而构建有益于素质与创新的教学理念。

质化研究法：通过对典型教案的剖析，归纳总结出基于新理念的各种不同教学方法的教学案例设计，且给出学习评价方式。

行动研究法：通过行动研究，检验新理念在具体教学中的可行性，发现所存在的问题，找到修正问题的方法或找出解决问题的途径。

2.2 研究过程

2.2.1 总结经验

在此节中，均用第一人称。

2.2.1.1 独特的自学方法：追踪问题

我的自学是从"解决问题"开始的。

2.2.1.1.1 自学的动力：两次难堪

第一次：1966 年秋的某天，我观看一位木工师傅做三条腿的圆木凳[②]，只见他横七竖八画了许多线条，结果凳子的三条腿仍然是间距不等。于是我问他："这三条腿怎么不均匀啊？"他说不会画线，随即就反问我："你都高小[③]毕业了，你会画吗？"我懵了，脸也红了，因为不仅惶恐自己也不会，而且还被"鄙视"

---

① 1969 年登上讲台，2019 年离开讲台。

② 偷艺啊，我想自学木工，所以就经常观看老师傅们做，结果学成了，还是一个好木工。感受：数学是好木工的基础，想什么就能做什么，并且做得很好。

③ 1966 年前，小学 1 – 4 年级称为小学，5、6 年级称为高小，也就是高级小学的意思，那时的高小毕业就是现在的小学毕业。

了，难堪啊！

第二次：还是 1966 年秋，某天劳动休息时，大家一起聊天，但村里一个初中肄业的"狂小子"突然出了一道算题，说要"考考大伙儿"逗个趣儿。算题是：

直田积八百六十四，之云阔不及长一十二步，问阔几何。

他拽文嚼字地说了一通，我感觉，似乎他是针对我来的，因为在场的大多数人可能都没有听懂。果然如此，好一会儿过去了，始终无人吭声。我也在默默思考，开始还雄心勃勃，但越想越沮丧，我的算术学得很好，但就是找不到这个题的计算方法，无奈，只好估算：

因为 $30^2 = 900$，所以宽 < 30。而又 900 与 864 相近，所以就尝试以 $30 - 12/2$ 为宽、$30 + 12/2$ 为长进行估算，如若不行就再调整。不过，巧了，一次性就得到了 $36 \times 24 = 864$。

到这儿，我高兴地说出了结果。然而他却问我，你是用什么方法计算的？我说："我是估算的。"按说事情应该结束了，但是没想到的是他却讽刺我："估算不行！想你也不会算，计算它应该使用方程，懂吗？方程，嘿嘿，你不懂。"顿时，讽刺的目光都盯向了我。霎时，我脸又红了，这次，更是难堪得无地自容！

事后，我更不服气！但"方程"到底是个什么东西我真的不知道，因为那时的小学不讲方程，也正因如此，当时小学的教材不叫数学而叫算术。

两次难堪，两次丢人，不行！必须奋起！怎么做？借书，自学！

不过，当时的书还真难借，因为我们村当时也就只有一个半初中生，其中的半个就是"狂小子"，没能借到。怎么办？只能找自己的老师。首先找教我二至四年级的李晋元老师，当年在他的教导下，我曾用算术方法解出一个其他老师都认为不能用算术方法求解的问题，但李老师的书找不到啦。无奈，就给教我五和六年级算术的韩天锡老师写信求助，还好，韩老师帮我凑了一套初中数理化书，邮寄给了我（因为韩老师在县城），看到这套宝贝我可高兴坏了！从此就踏上了无休止的自学之路——那是 1966 年 12 月。

2.2.1.1.2 自学几何的"第一课"：追踪作图

首先，翻开几何书，就直奔三等分圆周。因为小学曾学过一些简单的几何知识，所以看了一下书上的画法很快就了然啦。然而，我感觉到这个等分圆周很有意思（因为只用圆规和直尺画），并且也很有用（比如做三条腿的凳子）。于是，我就想：如何四等分圆周呢？书上没有说，不过我很自然地想到了"分烙饼"，我们山西人喜欢吃烙饼，如果四个人平均分一个烙饼的话，方法就是首先沿一条直径切一刀，然后再沿着与这条直径垂直的另一条直径再切一刀。所以我就想到了

"切两刀"的四等分圆周的方法。不过却发现了一个问题：如果不用三角板或量角器的话，如何作两条垂直的直径？卡住了！怎么办？再翻书找（跟踪），发现了作线段的垂直平分线的方法，顿时明悟：两条垂直的直径，其中的一条不正好是另一条的垂直平分线吗？这样问题就迎刃而解啦。

三、四等分圆周搞定后，我产生了一种感觉：等分圆周，只要等分顶点在圆心的周角即可，这种感觉为后面的思考提供了很大的帮助。进而，即顺势而下，想五等分圆周，这个问题，在书上找到了，尽管略为复杂，但因为已经知道了线段垂直平分线的作法，很容易就作出来了。接着又想六等分，书上没有，就自己琢磨，结果还是想出来了。当时的想法是这样的：

四等分是在二等分的基础上来作的，现在已有三等分方法，那么能不能在三等分的基础上来作六等分呢？

按此想法，仔细琢磨，想到了如下的作图思路（参见图2.1）：
① 先做三等分圆周，见图2.1（1）；
② 根据"等分圆周只要等分顶点在圆心的周角即可"的经验，由图2.1（1）想到了图2.1（2）。而图2.1（2）中 $\angle AOD = \angle AOC = 60°$，$\angle DON = \angle COM = 30°$，且这四个角的和是180°，所以四边形 $OCAD$ 关于 MN 对称（在小学学过简单的对称知识），于是即想到图2.1（3）。

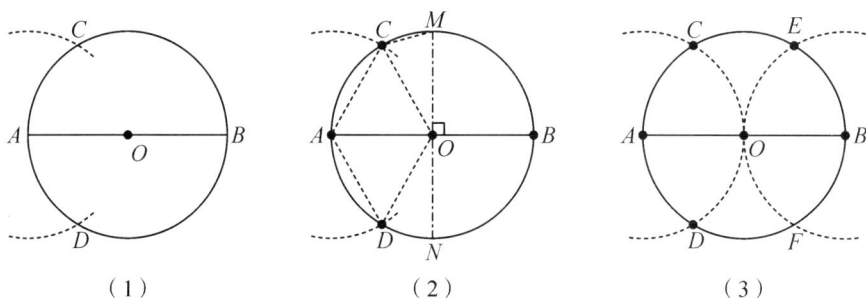

（1）　　　　　　　　　　（2）　　　　　　　　　　（3）

图2.1　六等分圆周方法生成过程

由图2.1（3）即可得六等分圆周的方法：分别以 A、B 为圆心对圆周三等分，则 A、D、F、B、E、C 就是所求的六个分点。

至于七等分，书上没有，自己也想不出来，只好作罢。此外还做了若干特殊的等分圆周，不过都丢失了（记在一个笔记本上，这个笔记本记载着我在20世纪70年代的许多"研究"结果，比如人工开三次方方法、人工开五次方的半成品、多种等分线段的方法、特殊角的三等分方法，等等，那时不知道写论文，只是喜欢琢磨、钻研一些东西，然而痛心的是这个笔记本丢失了）。需要说明的是，等分圆周的学习，首先是一鼓作气地作图，然后才是琢磨作图步骤的写法。

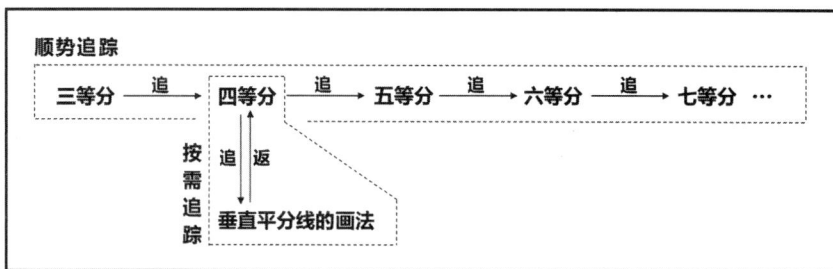

图 2.2　追踪学习法

这个自学过程包含两种"追踪"学习方式（见图 2.2）：一种是**顺势追踪**，三等分→四等分→五等分→六等分→……都是自然的思考：有三必有四，有四必有五……顺势而下，纵向深入，探究未知，亦可谓**纵向追踪**。另一种是**按需追踪**，如追到四等分圆周时，需要作垂直平分线，那么就去追寻垂直平分线的作法，然后再返回到四等分，这是节外生枝，所以亦可谓**横向追踪**。一般地说按需追踪发生在顺势追踪的某个节点上，也就是说认识这个节点，还需要别的知识相助，所以就需要"分叉"追出去，追踪完成后，即要返回去。

追踪学习，是笔者对自己自学方法的总结。

再如，在二等分线段基础上，顺势追踪到多等分线段，不过，多等分线段当时只能做 2^n 等分，到三等分线段就过不去，只好暂时搁置，等时机再做。

同样，从等分线段追踪到等分角、二等分角，好做，然而三等分角又搁浅了。不过有意思的是几年后一位老教师为全公社①的初中数学教师讲公开课，教学内容是二等分角，传统地说讲得挺好！终了，这位老教师即兴而言：我们已经学会了二等分角，但是三等分角却还是一个没有解决的世界难题。是吗？难怪我做不出来！不行，我一定要解决它！然而，搞了两年，消耗了许多时间，特殊角的三等分都能做出来，并总结了很多方法，但一般角的三等分就是不行。直到在大学学习时才知道，这是早已证明了的不可能的问题，悲哀啊！这即证明了"要给学生一碗水，自己须有一桶水"的哲理。

2.2.1.1.3　自学代数的"第一课"：追踪方程

同样！拿起代数书，首先寻找令我难堪的"算题"，因为我想，他那个问题一定就在书本里。然而我失望了，因为找遍了全书，就是没有，恼火！不过，即将爆炸时，在"一元二次方程"某页的角落上，有一行已经模糊不清的手写小字：直田积……这不正是"狂小子"的问题吗，我兴奋不已，基本断定"狂小子"的问题就是"一元二次方程"问题，可以下手了。因为"心急如焚"，故不想从头开始慢慢学习，而仍然是追踪。

---

① 人民公社，当时的行政建制，相当于现在的乡镇。

　　这个追踪，首先是**溯追**：先从一元二次方程概念中找出不明白的知识点，然后从这些知识点开始向前寻找到它们的定义或相关结论，接着再在这些定义或相关结论中找出不明白的知识点，继续往前寻找与其相关的东西……如此下去，直至源头。注意，溯追只求对相关知识点的基本理解，之后即**回追**：也就是返回到最初的出发点。回追的任务有两个，一是深入理解每个涉及的知识点，二是将所涉及的知识点贯通理解。经过这样的操作，一元二次方程的概念也就清楚啦。然后，再用同样的方法追踪学习一元二次方程的解法。我将这种学习方法称为**溯回追踪法**，利用溯回追踪法，可以快速地认识某个概念或掌握某种方法。关于一元二次方程的追踪过程，因为内容较多，此处省略。

　　在"一元二次方程解法"追踪过程中，遭遇到人工开平方方法①，我觉得很有意思，于是就参照此法，研究了人工开三次方、开五次方的方法，开三次方成功了，开五次方因故未做完，遗憾的是所得结果都随着笔记本遗失了。不过有意思的是，本想用方程问题回击"狂小子"，但意外的是自己得到了人工开三次方的利器，就用此回击，结果他目瞪口呆。回击胜利后，同样的人群又竖指称赞：哈哈，小学生打败了初中生……

　　这样的回击，我是赞同的！因为不是泄愤，而是竞争，是学习、研究的动力，更是创造的动力。如果没有回击精神，总是唯唯诺诺、与世无争，那么何谈创新？希望我们的学生都具有回击精神，哪怕是回击教师。

　　我对中学课程的自学，大都是采用追踪学习法，这种追踪过程，方法上大有顺藤摸瓜、逆水寻源之势，精神上必受苦思冥想之苦，身体上必遭含辛茹苦之罪，追踪过程可能是披荆斩棘也可能百般曲折，追踪结果则可能喜出望外也可能大失所望，这么多话的要点是如何面对"大失所望"，需要记住：大失所望的背后往往是喜从天降！

　　到这里，我再多说几句，我自学高中数学是从 1969 年初开始的，找到的第一本高中数学书是 1966 年前的高中代数第四册，内容是"复数"。翻开一看，什么虚的、实的，想不通啊！刚开始确实有点懵，然而冷静下来琢磨：多多少少，是数量的确定，是可见的；是是非非，是意识的判定，未必就对；虚虚实实，是自然的奥秘，许多东西是我们看不见摸不着的。而对于不知道的东西总在假设的基础上进行研究（如匀速运动），因此就想到：既然因为实数的平方都是非负数而导致负数没有平方根，那么为何不能虚设某个东西的平方是负实数来弥补这个不足？于是就把虚数看成一种假设或者一种规定来进行后面的学习，其实，虚数，也只是人类认识自然的手段，结果真与假、是与非，有待于大自然的检验。这样，我高中数学的学习，就始于复数。

---

　　① 以前的教材中，开平方的方法有两种：一是查表法，二是人工开方法。因为第一款掌上科学计算器是惠普于 1972 年推出的 HP－35，所以 20 世纪 70 年代前，计算器根本不可能普及。

实际上，生活、学习、研究，一切的过程中，总会存在许多难以理解的东西，如果没有自己的思想，那么不仅自己始终难以接受，而且可能失去某方面的机会，甚至可能失去创新的机遇。1983 年，因相关部门要求数学系的学生必须学习计算机，但当时根本没有计算机教师，所以系里要求我来开设这门课程。然而，计算机长什么样子我都不知道，并且也买不到计算机书籍，费了好大力气才找到了两本内部资料，然后开始自学，凭着想象理解着计算机的操作方式、工作方式等，直到 1984 年给学生开课，也还没有计算机，还是凭自己想象的结果给学生进行描述……还好，自己的想象与现实并无差别。之后我就在数学、计算机科学两个领域中驰骋多年。

2.2.1.1.4　自学方法及感受

1. 自学方法一：追踪学习法

追踪学习，前面已有介绍，共有三种方式：顺势追踪、按需追踪、溯回追踪。总的来说也就是不是按照课本的次序来学，而是根据实际需要或者自己的需要、感觉、想法来进行追踪学习。

要知道，这样的学法既锻炼思维又理解深刻且节约时间！譬如我 1966 年冬至 1968 年底两年时间，除生活琐事、上地劳动外，自学完了初中数理化课程；1969 年初到 1971 年底，除担任小学五个年级所有课程的复式教学、上地劳动、生活琐事外，又自学完了高中数理化课程。言之，并非为自吹，而是为说明：跟踪学习，确实有效！因此即导致在教学中曾采用讲完"1 + 1 = 2"就势学习"2 − 1 = 1"、讲完乘法公式就势学习因式分解，等等。如此做尽管说打破了常规，但实际效果很好，故称之为**追踪教学**。显然追踪学习或追踪教学实际上是分支探究，如此探究环环相扣，具有整体性、连续性、创造性思维。

2. 自学方法二："粗、精、融"学习法

这也是我自己的自学方法。

粗，即是先粗略地浏览所学内容，不理解的地方也不必纠缠，而是标记后跳过。

精，即是粗浅浏览后，再对不理解的地方做精致的思考、钻研、突破。

融，即是进行系统的总结、融会贯通，形成自己的认知结构。

实际上，许多知识并非有必要的先后顺序，而是纠缠不清，往往前面的可能受到后面的牵制，或者说不了解后面也就难以理解前面，而"粗"恰能解决这个问题。

此方法可用于各种内容的学习。例如我二年级就开始看小说，三年级以后就经常一晚上浏览几百页，然后再凭感觉追踪细读感兴趣的或者不理解的，或者情节优美的章节，最后再综合回味全书。

其实，由此可衍化出一种教学方法：首先让学生粗读某些内容；然后组织学生收集、选择若干问题，再以这些问题为线索展开深入探究；最后指导学生构建认知结构。可谓之**整体教学法**。此教法具有整体论与还原论的辩证统一的思想（参见3.3.1.1），有待深入研究。

3. 自学的感受

第一感受：追踪学习、"粗精融"学习，有价值、有效果，其实，这两种方法是我在小学学习中萌芽，在初中自学中初成雏形，在高中课程自学时别具一格。

前面说过，我开始自学高中数学时，费了很大劲才借到一本代数第四册，乃因为我的家乡是穷乡僻壤，自己又出身寒门，仅有的两位数学老师的书也已不在身边，并且当时不仅买不到书，就是能买到但自己也买不起，结果还是韩老师帮我找了一本破旧的代数第四册。

显然，直接从"虚数"开始，并且是依靠仅有的一本书来学习高中数学真的非常困难。然而，除了上面所讲的"明悟"外，"粗、精、融"自学法起了重大的作用：因为如果开始就从"精"出发，那么仅 $(-i)^2 = 1$ 就成了难于逾越的高山，不要说半年时间，就是三五年恐怕也难跳出那个"虚"圈。正因为突破到虚与实的辩证思维境界，再加上"粗、精、融"的学习行为，才彻底摆脱了"虚"的困扰。因此不仅是学习，甚至是教学，"粗、精、融"行为潜力无限。

第二感受：教材不合口味。首先是教材内容只说其然而不说其所以然的编写方法。尽管当时我还不知道"知其然知其所以然"这句话（真的不知道!），但对教材"只说其然而不说其所以然"的写法却"非常厌烦"，因为它只说"是"而不说"为什么是"的做法造成了我自学的困难。其次是教材内容的编排断断续续、支离破碎。看起来似乎有条有理，却严重影响了能够理解的"问题链"。

如此自学感受，也为我的教学打下了一种"不守常规"的基础，经常是根据自己自学的感受与体会去组织学生学习，进而就形成了后来的教学观念。

2.2.1.2　违规的教学方法：跟感觉走

1969年5月，15岁的我当上了民办教师，担任小学1－5年级全部课程的复式教学工作。第一次给一年级学生讲10以内加法时，童师童心出童招，历经了以下过程：

准备3块"糖"，请出一年级的两位学生来竞猜，结果甲猜得2块，乙猜得1块，然而，乙年纪较小，喜欢撒娇，于是就劝慰甲送给乙1块。然后经过对话，使大家明白了以下道理：

原有1块，又得到1块，共有2块

这句话又可表述为：

原有1块，再加上1块，共有2块

这句话说起来有点麻烦，就想个简单的表示方法（过程略）：

$$1 + 1 = 2$$

至此，可以说关于"1＋1"的教学已经完成。

　　然而，甲突然问："老师，我本来有 2 块，但给了乙 1 块，现只有 1 块了，这个该怎样表示呢？"我先是怔了一下，然后不自觉地冒出了一句话："以后再讲。"

　　课，讲完了，但甲却流泪了……

　　看到了学生的眼泪，我首先想：甲为何要哭？是啊，受委屈了，不仅让他将糖给了乙一块，而且问一个问题却没有得到回答，实在是不应该！**教训**：教学中，必须照顾学生的感受与情绪，教师不能独断专行。其次再想：甲提的问题，不正与自己追踪学习一样吗？为何要拒绝呢？是接受不了吗？这些疑问，我思虑许久，有了一些感受：

　　首先，我之所以不自觉地拒绝，可能是受教材的影响，也可能是受自己老师教学的影响，猛然间违背自己的思维而说出不应该说的话。**教训**：① 追踪学习能被学生接受，教学中可以适当地使用；② 教学既要注重学习、参考他人的经验，更要具有自己的教学思想，不应该随风而倒。

　　其次，在完成 1＋1＝2 的学习之后，追踪学习 2－1＝1 是完全可以且完全合理的，不存在难以接受的问题。因为不仅是一年级学生，就是婴幼儿，多给一个就高兴、拿走一个就哭闹，是天性，是本能。**教训**：教学，首先要分析学生的可接受性，在可接受性范围内，尽可能地进行追踪式教学为好，因为自然而然的追踪符合学生认知的本能。

　　因此就悟出了一个道理：加、减法原本就存在自然关联，所以讲加法就只讲加法（不顾减法）不合认知规律。同样讲乘法就只讲乘法（不管除法，或者不管因式分解）、讲数学就只顾数学（写错字仍得满分）等做法都不合认知规律！

　　于是，后来的教学中，我总是顺其自然地把相关的问题进行连续处理。例如：加法与减法、乘法与除法、乘法公式与因式分解。

　　如此教学，考试成绩并不差。1975 年，全公社初一学生会考，由于出题过难（高中老师出的题），300 多个考生仅有 7 个及格，我的学生占了 6 个。这就要说到所谓的"应试"，古今中外都离不开选拔人才，选拔人才就离不开考试，有考试就必有应试，但题海战术、疲劳战术绝不是应试的好方法，好方法应该是能使学生更聪明的方法。

　　我上大学前的一个学生曾对我说："老师，您走后我到××中学复习，班里的同学都抢着抄我听您讲课时的笔记。"实际上，当时（20 世纪 70 年代）我的教学方法已经是"过程教学"，只不过当时没有系统研究，只是根据自己的感觉尤其是自学的感觉来做。当初为何能如此做？首先，可能因为自己没有过多地受到传统教学的熏染。其次，可能是初生牛犊不怕虎，敢作敢为。最后，当时并没有统一的教学计划，只要完成课本规定内容的教学即可（如此也可见，教学管理的统一计划、统一进度并非好做法，而好的做法应该是只做基本要求，让教师酌情处理，发挥自我）。

【结论】　①传统的教学理念，曾经功不可没，如今却不合时宜；②强行统一规划教学的行为，绝不可取，因为它严重限制了教师的能力。

2.2.1.3　理性的教学思考：过程教学

20世纪90年代初，笔者开始总结经验，考虑素质教育。

首先，根据自己"过程性学习""过程性教学"的实践经验，研究了美国心理学家布鲁纳的教育理论和荷兰数学家弗赖登塔尔及德国数学家克莱因的数学教学思想，于1993年发表《"逻辑图表教学法"及其在高等代数教学中的尝试——逻辑图表在实际教学中的应用》一文（笔者曾用名王峰，见附录B），该文的核心是使用逻辑图表揭示思维过程，从数学来说也就是揭示概念的形成过程、定理的发现过程、证明的思维过程。之后，又继续撰写了若干篇教学改革的论文（参考文献[26]-[31]），其中都涉及了揭示思维过程。

随着进一步的实践与思考，笔者感觉到单纯的"揭示思维过程"存在缺陷，尤其是在计算机程序设计语言的教学中感受更深，因为学生学过计算机程序设计语言后，大都不会设计程序，更不会软件开发。究其原因，主要是学生所学都是一些支离破碎的语句、程序段，缺少完整的程序设计思想与历练。因此，笔者在讲授程序设计语言（如C语言）课程时，采用了单元式"过程教学法"。简单说就是在完整的程序设计过程中学习C语言语句，一个单元设计一个解决某个具体问题的完整程序，或设计一个具有某种功能的小型软件，在程序或软件的设计过程中学习C语言语句或功能。例如教C语言的第一单元时我是这样做的：

提出问题：输入 $x=3$、$y=5$，然后交换 x 与 y 的值使得 $x=5$、$y=3$（注：交换两个变量的值是程序设计中一个基本且常用的功能）。

教学过程大概如下：

（1）解释计算机语言。类比解释：人与人对话需要语言，那么人与计算机对话也需要语言，我们称人与计算机对话的语言为计算机语言。如：把数据交给计算机就需要输入语句，让计算机把计算结果告诉我们就需要输出语句，等等。

（2）解释存储空间。类比解释：旅行团需住旅馆，一个问题中的数据就相当于一个旅行团，将问题中的数据交给计算机后，这些数据在计算机中也需要入住旅馆，我们把计算机中供数据居住的旅馆叫作存储空间，这个存储空间就是硬盘。

（3）解释存储单元。类比解释：一个旅馆有好多个房间，一般地说每个房间住一个客人，并且房间都有编号。同样，计算机的存储空间也需要设计很多房间，每个数据占一个房间，我们把计算机存储空间中的房间叫作存储单元，存储单元也都有编号。

（4）分析计算机解决问题的方法。要计算机解决问题，首先需要设计一套解决问题的方案，然后用计算机语言写出来（即设计程序），接着把程序交给计算机（即输入程序），最后再命令计算机执行，计算机才能按照问题解决的方案（程序）开始解决问题。

而设计问题解决的方案（程序），需要有解决问题的步骤（叫作算法），比如让计算机解决交换变量的值的问题的步骤（算法）可设计为：

①输入数据；②进行交换；③输出结果

（5）根据算法编写程序。

①输入数据：需要介绍输入数据的语句，并说明输入后计算机如何存储（因为是第一次课），写出程序的输入部分。

②分析交换变量值的算法：类比交换醋与酱油①的问题，得到交换两个变量的值的算法思想，并写出相应的程序。

③输出数据：介绍输出数据的语句，并写出程序的输出部分。

④形成程序：说明并添加C语言程序的基本格式，形成完整的C语言程序。

（6）指导上机试验。

（7）修饰、优化程序。

由于是第一课，所以（1）-（3）用类比对计算机语言及存储方式做了必要的说明，（4）-（7）是完整的算法分析及程序设计过程，合起来即形成连续、完整的教学过程，使学生在第一次课就经历C语言程序设计的全过程，就对C语言程序设计有完整的认识，就对C语言程序设计产生较大的兴趣。

之后的教学都是类似的方法：每个教学单元设计一个完整的解决问题的程序，通过程序设计去学习C语言语句、基本结构及基本功能，我称之为**单元式程序设计教学**。如此做比单纯地讲解语句、讲解程序段的效果要好得多，因为每个教学单元都在设计完整的程序。

现行的C语言教材，基本上都是依照某种顺序逐个地学习C语言语句、基本结构及基本功能，然后再举例，如此做学生很难产生用计算机解决具体问题的思维意识，很难做好一个较大的程序或小型的软件，只知道"我学习过C语言"。

事实证明，采用单元式程序设计教学，不仅大学生容易掌握C语言程序设计的精髓，就是初中学生也能充分掌握，并能独立地解决问题。

基于单元式程序设计教学的感悟，我重新审视了"揭示思维过程"，认为：较传统教法，揭示思维过程对培养学生的思维能力大有好处，但仍然不足！因为

---

① 即：一瓶醋、一瓶酱油，如何将酱油换到醋瓶子中且将醋换到酱油瓶子中，可以说这是"三倒油葫芦"问题的特例。

孤立的"揭示"并不能真正地提升学生研究问题、解决问题的能力，更不能很好地提升学生的创造性思维能力；因为孤立的"揭示"具有"支离破碎"的缺陷，缺乏思维的连续性，犹如学生得到了一大堆建筑材料，却不知如何去建筑高楼大厦。因此我认为：教学都应该像单元式程序设计那样，给学生展示一个具有完整性、连续性的思维过程，称为"过程教学"。

1998年初，山西省数学学会秘书长联系我，要我在3月召开的山西省数学学会年会上做个大会报告，我即撰写《关于素质教育的思考》一文，提出了"过程教学法"，此文被收录于《中国当代文论选》。（王峰，2001）其中对"过程教学"描述如下：

打破传统教法的从理论到理论的模式，把学习内容分为若干个单元，每个单元设计一个问题解决的过程（这个问题可以是实际的、数学的或其他学科的），以问题解决过程去统率思维、方法、理论、知识点，通过这个过程的学习达到：既能使学生学习到有关基本知识，又能真正达到提高学生的素质的目的。其核心是"营造一个更大的培养学生创造力的'生态'环境"。

2.2.2 文献研究

1997年至2002年，紧张的计算机专业课程教学中断了过程教学的研究［其间仅写了《素质教育我设计》（王峰，2003）一文］。2003年受聘来到韩山师范学院，研究方又开始。研究的方法及目标暂定是：研读哲学原著，查阅相关文献，为"过程教学"奠定理论基础，提升"过程教学"的理论价值及应用价值。整个研究过程考虑了以下问题：

2.2.2.1 过程的意义及价值——指向夯实基础

既然称"过程教学"，那么什么是"过程"？再者，三维目标中也有"过程"，那么二者中的"过程"关系如何？为此我们研究了"过程哲学"及其相关文献，确立了"过程就是实在、实在就是生成"的"动态实体观"，确认了"过程教学"中的"过程"与"三维目标"中的"过程"均应指向"知识的生成过程"，只有知道了知识的生成过程，才能实现"知其所以然"，因此"过程"是夯实基础的保障。

2.2.2.2 生成与创新的关系——创新必须生成

既然"过程教学"的出发点是"营造培养学生创造力的生态环境"，那么创造力如何培养？通过对"过程哲学"及相关文献的研究，我们认识到：生成是创新的必要条件；生成性思维是创造性思维的基础；创新能力的培养重在生成性思维的养成。

2.2.2.3 过程与生成的抉择——相融合勿分割

既然"过程"是"夯实基础"的保障，"生成"是"力求创新"的基础，那么"过程"与"生成"的关系怎样？首先，文献资料中既有过程教学的讨论，也有生成教学的研究，通过分析，我们认为已有的过程教学存在不足、生成教学存在缺陷（详情请见 3.3.1.5.4），并且二者都与我们的思想有所差别。其次，根据过程哲学，我们认为："过程"与"生成"原本就密不可分，有过程就有生成，有生成就必有过程，于是我们倡导"过程→生成"教学，这样既能区别于过程教学，又能区别于生成教学，还能体现"知识在过程中生成"的认知观念。总之，过程与生成只能融合，不能分割。

2.2.2.4 思维与观念的蜕变——走向系统科学

既然三维目标是高等教育与基础教育教学改革的对接点，也是课题研究的出发点，那么就不能不关注人们对三维目标的困惑与误解，比如：有人说把过程作为目标令人费解（邓友超，2007；魏宏聚，2010）；有人把三维目标分割为 12 个分支进行考究，得到了"一线教师不能理解、不能设计以及不能落实'三维目标'则是理所当然的"的结论（张悦群，2009）；又有人认为三维目标违背了布鲁姆的目标分类学（邓友超，2007；魏宏聚，2010；吴红耘、皮连生，2009），三维目标之每一维都没有亚层级，导致了过程与方法、情感态度与价值观无法测评（邓友超，2007），等等。可见诸多观点的思维核心就是"分"。

分，是还原论思维。所谓还原，是一种把复杂的系统（或现象、过程）层层分解为能够组成其部分的过程。还原论认为，复杂系统可以通过它各个组成部分的行为及其相互作用来加以解释。然而，与"分"相对立的是"合"，合，也就是将事物作为一个整体来考察，从全局出发去思考、认识问题与解决问题的方法，这就是整体论方法。

整体论与还原论的争论原本就很复杂，我们也不打算仔细讨论。不过盲人摸象的典故却予以我们简明而深刻的启示：盲人，对"象"的认知只能是"摸"，而所"摸"到的都是局部的，所以有的说"大象是柱子"，有的说"大象是堵墙"，有的说"大象是蒲扇"，还有的说"大象是大萝卜"。显然，结论都是错误的，之所以会错误，是因为每个人摸到的是大象不同的局部（还原行为），如能摸遍大象全身，对大象有一个全面的了解（整体行为），然后再根据结构性认知分析局部（整体认知下的还原行为），最后勾勒出大象的形象，就不至于发生错误。认知，不要做盲人！由此也得到一种有效的认知方法：整体思考→基于整体分析局部→整体定论。

因为整体性思维是系统科学的思维核心，所以我们研究了系统科学的相关文献，认识到之所以对三维目标存在困惑与误解，主要是"还原论"思维在作怪，既然科学的发展需要系统科学，那么人类的学习也就需要历经系统科学思想方法的研磨，因此21世纪的教学应践行系统科学的方法。总之，思维与观念的嬗变，只能走向系统科学。

2.2.2.5　意会与言传的取舍——重意会善言传

构建"过程→生成"教学理念，则需要认知理论基础。为此我们研究了波兰尼"意会哲学"及其相关文献。根据意会认知理论：知识与能力源于意会知识，而意会知识只能在相关的过程中潜移默化地获得。于是专业素质与创新能力的培养，只有使学生始终沉浸在充满专业思想与知识创新的生态环境中，他们才能够被专业性思想与创新性思维所同化，才能构建良好的意会认知结构，才能提高创新能力。而"过程→生成"教学理念正是要创建洋溢着专业思想与知识生成过程的生态环境，因此将意会认知理论作为"过程→生成"教学理念的认知基础最好不过。

实际上，创造性思维原本就是"妙而又妙、玄而又玄、绝而又绝"的东西，很难用语言表达，因此只能是通过"意会"来感悟、感受。事实上，我国古代哲学家庄子"意之所随者，不可以言传也"的论点就是意会之理。庄子（公元前369—公元前286年）我们祖先在公元前就论述了意会之理，2 000多年后的今天我们若还不明白就愧对祖先了。

我们说要使学生始终沉浸在充满思想与生成的生态环境，这个"始终"指的是学生学习全程的自始至终，要想做到如此确实很难，甚至可能只是一种理想，但是我们的教学却必须努力地去达成，我们的研究就是为了这种达成。

波兰尼认为：意会知识不是不能言传，而是通过"恰当的言辞"也可以言传。其实从教学来说，即便是以身示教也需要恰当的言传，况且大多数情况下都不可能以身示教。

2.2.3　质化研究

在文献研究的同时，我们交替进行了质化研究，所做的工作主要是基于"过程→生成"教学理念对具体的教学内容进行教学设计。具体说共做了三方面的工作：

首先是"过程→生成"式讲授法的研究。为何将讲授法置放于首？因为讲授是最基本的教学方法是不争的事实，即便面对素质与能力也无法放弃（当然要尽可能避免结论式讲授）。美国数学教育从"新数运动"到"回到基础"，从"问题解决"到"课程标准"，从"建构主义"到"课程焦点"的曲折变化已充分说明：夯实基础、系统学习是必要的，但这却是极致的建构主义教学难以做到的。正如钟启泉先生所说："让每一个学科教师指导一班学生开展课题研究，无论在理论、实践还是在技术上，都是不现实的。"（钟启泉，2003）所以我们首先要研究适应于素质与能力提升的讲授法。至于称讲授法是注入式、满堂灌，我们绝不苟同！因为关键不在于讲授，而在于教学理念。请比较下面两例：

讲授A：同学们，今天我们学习等腰三角形。什么是等腰三角形呢？有两条边相等的三角形叫作等腰三角形，其中相等的两边叫作腰，而另外一条边叫作底……

讲授B：同学们，我们知道，房梁的安装需要水平，然而，木工师傅却因走得匆忙而忘记带水平尺了。怎么办？去买？去借？还是回去拿？都不现实。"别急"，一声吆喝，木工师傅不慌不忙地动起手来：先做一个有两边相等的三角形木架（记为△OAB，OA = OB），找出 AB 的中点 D 且做标记，在 AB 的对角的顶点 O 处钉一个钉子，钉子上系一条拴有重物的细线，在安装房梁时，将△OAB 放在房梁上，使 AB 与房梁重合，然后调整房梁两端的高低，当细线经过 D 点时（参见图2.3），师傅就说，好了。

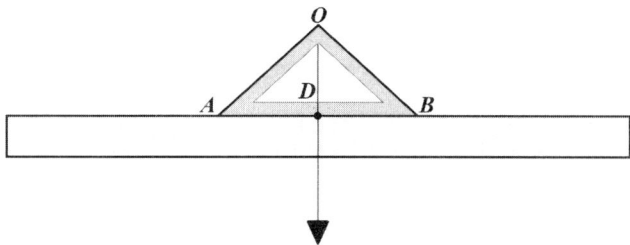

图2.3　自制水平尺

那么，师傅的做法正确吗？我们分析一下：OD 相当于一条铅垂线，铅垂线是垂直于水平面的，当铅垂线 OD 经过 D 点时，OD 就把△OAB 分成了△OAD 与△OBD，因为 D 是 AB 的中点，所以△OAD≌△OBD，于是 OD⊥AB。这就是说 AB（即房梁）与水平面都垂直于铅垂线 OD，所以房梁平行于水平面，因此师傅的做法是正确的。

如此看来，"有两条边相等的三角形"具有特殊的性质：

如果△OAB 中 OA = OB，那么当 D 是 AB 的中点时，OD⊥AB。

并且这种三角形具有实用价值，所以应该重点研究这样的三角形。于是为了方便，我们给这样的三角形起个名字：因为三角形站起来就像一座山（板书：画两个三角形，参见图2.4），山，就有腰，口语中有"半山腰"的说法，因此我们可把站起来的三角形的两个侧边叫作腰，而平躺着的边叫作底。这样的话，因为左边的三角形的两个腰相等，所以可把它叫作等腰三角形，那么右边的就是不等腰三角形。

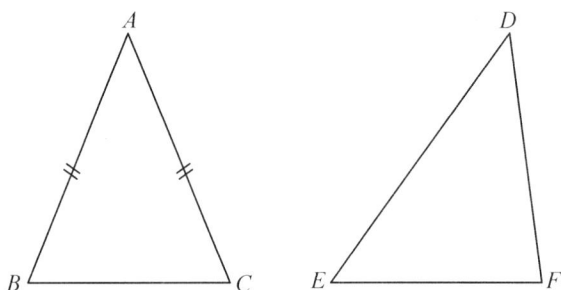

图 2.4　等腰三角形与不等腰三角形

　　比较两种教法，尽管说都是讲授，但效果却截然不同。因为 A 是结论式，所以学生的学习就只是简单的复制；而 B 则是"通过实际应用而生成了等腰三角形的概念，并在生成概念的过程中还得到了等腰三角形的一个性质"，因此这个讲授营造了良好的生成性思维环境，在此环境中，学生的思维能力，尤其是创造性思维能力必能得到提升。因此，我们绝不应指责讲授法，而应指责讲授者，指责讲授者的讲授理念。显然，不同的教学理念必形成不同的讲授法，而我们倡导的是基于"过程→生成"理念的讲授观。

　　另外，讲授法是其他教学方法的基础，一方面，如果自己都不能娓娓动听地讲出一套，那么如何去组织其他形式的教学？另一方面，良好的"过程→生成"讲授式教学设计完全可以转化为其他的新型教法的教学设计。

　　其次是关于基于"过程→生成"教学理念的研究性教学、建模式教学、问题解决教学等具体教学模式的研究，并对具体的教学内容进行了教学设计且付诸教学实践。

　　实际上，这些教学模式均可有两种方式进行，一种是讲授式，另一种则是自主、合作、探究式，不过无论如何，教学理念是重要的！我们坚持的是"过程→生成"教学理念。

　　最后是基于"过程→生成"教学理念的学习评价研究，不过这项研究暂时只是基本的思考，不够深入。

2.2.4　行动研究

　　行动研究主要是在实际教学中，边实践、边思考、边改进，以至不断完善研究成果。几年来，笔者结合自己所教的主要课程——高等代数、近世代数、数学实验等进行了实践研究，实践证明"过程→生成"教学行之有效，且受学生欢迎。图 2.5 是 2008－2011 年学生对笔者教学的评语（来自本校教务系统中的学生评价栏目）：

学生评语汇总：

1: 知识丰富，重点突出。认真负责！！！
2: 老师很认真负责，注重培养学生的逻辑思想。
3: 老师很尽职，每次都很早到教室。
4: 老师很负责任
5: 讲课细心，很精彩

学生评语汇总：

1: 老师讲课生动易懂，让我们能更容易地学习较难的高代，而且老师的板书很工整，字漂亮。
2: 老师和蔼可亲
3: 老师慈祥的面孔以及教学的热情，我很喜欢。
4: 老师对学生很好，很和善。授课认真严谨，讲解清晰，重难点突出。
5: 老师授课认真，课堂秩序好；重视基本理论与基础知识的讲授，拓宽了学生的知识面，开阔了学生的思路。

学生评语汇总：

1: 希望老师下课后不要拖堂太久。
2: 老师和蔼可亲，慈祥
3: 课堂上有注重引导学生解题思路和如何思考问题，锻炼我们的一种学力
4: 教学严谨认真
5: 王老师讲课都很认真，很细心，还记得生病的他给我们讲课，看得我们好心疼，老师要好好照顾自己！
6: 老师精心组织教学，板书工整、规范，讲解清楚，突出重点，重视基本理论与基础知识的讲授。

学生评语汇总：

1: 希望上课可以有一些趣味的东西
2: 希望老师能继续教我们班
3: 您的授课方式对我们思路的开拓有了很大的帮助，课堂笔记一丝不苟，实属难能可贵！谢谢老师！！
4: 老师很有经验，注重培养我们的思维，教学方式很独特。
5: 很认真负责，我很尊敬他
6: 对己、对学生严格要求

图 2.5　学生评语截图

下面是本校 2010 级学生对本课题的实践性研究——近世代数课堂教学的反馈意见，其中至少五分之四的学生持非常肯定的态度，如：

学生 A 说："思维式的课堂给了我们更多自己思考的空间，整堂课跟着老师的思路走，有一个完整的思维过程，对于自己思索出来的结论，一般记忆比较深刻，课后复习的时候回想起来也很容易。况且我们现在已经是大学生，很多东西更应该通过自己的思索得出答案。不过有同学跟我提过，思维式的课堂要精神高度集中，一定要紧跟着老师的步伐，稍微走神，后果就严重了，因为知识点通常是一环接一环，哪个部分掉队了，接下来的知识通常会接受得很辛苦。偶尔走神了，那堂课就会留下很多想不透的地方。我想这个也是考验我们当学生的耐力的时候了，一堂课保持精神高度集中，对于我们来说也不是一件很难的事。传统的填鸭式的课堂形式已经体味太多太多，没有自己的思维过程，终究觉得那些知识很深奥，不知从何入手，记忆起来也很吃力，课堂容易走神。"

学生 B 说："我认为数学是一门很有逻辑性的学科。所以，数学老师在上课时应有一定的逻辑思路，如果上课完全按照书本上的来，那样会让人觉得索然无

味。因此，我特别喜欢老师您的上课形式，因为您的上课形式和其他老师很不一样，每次上您的课我都觉得思路很清晰，而且也觉得课本上每章每节都是有联系的，知识都是层层递进的。我上课之前都不预习的，因为我觉得您讲了之后我再看书更有收获。而且，我也比较喜欢您讲习题的方式，说真的，很多课后习题我都无法独立完成，看题解也要看很久才明白怎么做，可是我始终不明白该如何找解题的突破口，听了老师您的讲解，我的思路清晰了，题也就掌握了。真的，这样的教课方式真的很不错，我总觉得中国很大部分的老师讲课太死板了，总是直接给结果，过程是怎样的，该怎样得到这个结果，都不曾提到，很多学生都习惯性地接受，都没有自己的想法。这样的教学方式真的很不好，因为我自己就深有体会，从小到大的教育方式，使得我现在独立思考的能力都很差，我真的很希望我们国家的教育方法能进行改革，多投入资金在教育方面，多培养一些比较会创新老师。像老师您的教学方式就很值得推广。"

有少于五分之一的学生认为存在一些问题，最突出的问题是教材与所讲内容不配套的问题，如：

学生 C 说："我觉得老师的讲课方式挺好的。将知识连贯起来，一气呵成，能很好地培养学生对知识的应用能力。但是，这种讲课方式比较适合理解能力较好的学生。因为一旦学生未能及时很好地理解课堂知识，而老师讲解的知识顺序又和教材的编排顺序不一样，所以，很可能会造成学生花更多的时间在课本上寻找相应的知识点和理解它。因此，如果有相应的课本与讲解内容一致是很完美的，倘若没有，则在讲解各个知识点时，稍稍告诉学生对应的知识点在课本中的位置，这也是可以采取的。"

总之，从学生的反馈情况来看，"过程→生成"教学的效果是受到肯定的，是受学生欢迎的。主要存在问题是：① 缺少配套教材，如 C 同学所说"如果有相应的课本与讲解内容一致是很完美的"。事实上如有配套教材，不仅方便学生学习，而且还可以指导学生自学的形式腾出课时，这样不仅可以使学生充分地进行课堂提问、讨论，而且可以有更多的时间展开真正的研究性学习、建模式学习与问题解决学习。② 考试的方式及要求也束缚了教师的手脚，使教师存在瞻前顾后的心理，担心影响教学效果。

3 课题的研究成果综述

3.1 课题原定目标与计划

原定目标：构建基于三维目标的创新型高等数学教学的基本模式，设计基于所建模式的具体教学方法及教学案例。

计划内容：

① 期望所建模式能够取代传统的"定义→性质→定理→例题"结论模式；

② 使高等数学教学能够与基础数学新课改接轨；

③ 达到"夯实基础、力求创新"，提高全体学生的数学素养与创新能力的目的；

④ 对高师院校来说，能够培养出适应于新课改教学要求的数学教师。

3.2 实际成果

在实际研究中，修改了原定目标（参见1.4.2），并在实际教学经验及思考的基础上，在系统科学、过程哲学、意会哲学、知识生成、三维目标指导下，创建了"过程→生成"教学理念，继而研究了基于"过程→生成"教学理念的教学模式、方法及与案例。具体说，研究了：

① 基于系统科学思想与过程哲学观念、方法，诠释了三维目标；

② 基于所确定的基本原则，构建了"过程→生成"教学理念；

③ 基于"过程→生成"教学理念的讲授观；

④ 基于"过程→生成"教学理念的教材模式；

⑤ 基于"过程→生成"教学理念的讲授法且设计出示范案例；

⑥ 基于"过程→生成"教学理念的研究性教学且设计出示范案例；

⑦ 基于"过程→生成"教学理念的基克问题解决教学且设计出示范案例；

⑧ 基于"过程→生成"教学理念的奥斯贝尔问题解决教学且设计出示范案例；

⑨ 基于"过程→生成"教学理念的建模式教学且设计出示范案例；

⑩ 基于"过程→生成"教学理念的基本的学习评价方法。

较课题的原定目标，实际研究结果更加广泛实用，因为"过程→生成"教学理念不是仅适用于高等数学，而是适用于大、中、小学各个年级、各个学科的教学，并且能够在学生的学习全程中完全实现。至于如何适用于其他学科的教学，将另文研究。

3.3　成果综述

3.3.1　基础理论的研究与教学理念的构建

首先说明，研究必然涉及诸多的哲学关系，并且这些关系有的仍在学术探讨与争论中，然而我们并不想参与这些讨论，而只根据我们的认知做出我们的选择，我们的探讨也只是初步的，并期望随着时间的推移能不断发展完善。

3.3.1.1　教育观的嬗变：走向系统科学

同样的问题，同样的事物，不同的思维观会有不同的认识与看法。上文已述，在传统的还原性思维观念下，对基础教育新课改的三维目标存在着种种误解，其甚至被误解为一无是处。因此，如果思维观念不改变，那么教育教学改革必将难有寸进。所以本课题的研究认为：科学的发展逐渐从简单走向复杂，因此弘扬系统科学的复杂性思维是时代发展的必然，人们只有建立系统科学的思维观念，才能在时代的变革中激浪飞舟、砥柱中流！因此教育教学改革的关键也就是思维观念的转变：从简单走向复杂，亦即是从单纯的还原思维走向复杂的系统思维。

3.3.1.1.1　相关概念

思维。人类高级的心理活动形式，是人脑接受信息、存储信息、加工信息（包括分析、抽象、综合、概括、对比等）、输出信息的活动过程，是人脑对客观现实的本质属性、内部规律的自觉的、间接的和概括的反映。

观念。是人们对事物的认识与看法。

思维观念。是人脑对信息的处理的认识与看法。系统科学本身就是一种思维观，它用"一切皆系统"的这种观念去看待世界。（姚轶崭、于景元，2009）

实体思维。亦即是静态直观、孤立永恒、主客分离、终极预设、还原分析的思维方法（高剑平，2008；孙美堂，2003；杨寿堪，2001），它在绝对时空观之下理解世界万物：因为空间与时间无关，所以实体与时间无关，所以事物都是永恒的，最多只是形体的变化（分解、组合）。

还原论。它是把高级运动形式归结为低级运动形式，用低级运动形式所得出的结论去代替对高级运动形式本质认识的哲学观点。（金炳华，2001）因此还原论认为，复杂事物总可被简化为更加简单、更加基本的要素，或者说每种事物都是一些更为简单或更为基本的东西的集合体，世界或系统的总体运动，是其中每一个局部或元素的运动的总和。

还原论方法。它是将较高层次的事物或系统分解为较低层次的组成要素，通过对组成要素的研究，以揭示较高层次事物或系统的特性和规律的方法。（金炳华，2001）亦即还原论方法是由部分了解整体的方法，其假设整体可分割为多个部分，所有部分之总和等于整体。手段就是对研究对象不断进行分析，恢复其最原始的状态，化复杂为简单。

整体论。即是用系统的、整体的观点考察有机界的理论。（金炳华，2001）整体论认为对象的属性不能被其部分的属性所决定，因此整体不等于部分和，并且整体与部分、部分与部分之间存在辩证的、对立统一的关系。

整体论方法。它是从宏观上观察、认识和把握事物，其特征是重综合，重整体，重事物的结构、功能和联系。对于具体事物，总是把它放到一个包容它的更大的环境之中进行研究。整体论方法要辩证地、对立统一地处理整体与部分的关系。

系统。它是由互相关联、互相作用、互相影响的部分构成的具有某些功能的整体。（于景元，2006）

涌现。我们取经济学家杰弗里·戈尔茨坦的定义：在复杂系统自组织过程中产生的新颖而连贯的结构、模式和性质。系统科学家彼得·康宁（Peter Corning）更详细地描述了戈尔茨坦的定义，认为共同的特征有：① 根本的新颖性（以前在系统中没有观察到的特征）；② 连贯性或相关性（意味着在一段时间内维持自身的完整）；③ 全局或宏观的"层次"（即它是一个整体的特性）；④ 它是动力学过程的产物（它可以演进）；⑤ 它是明显的（可以被感知）。实际上，涌现是创造的前奏。

系统科学观点。系统科学有以下观点：① 整体观，即整体涌现观点，这是系统科学的理论基石；② 结构观，即元素间的关联，没有结构不成系统，结构只能显示于系统的运行过程中；③ 环境观，即系统之外的事物或系统之和；④ 功能观，即系统在外部或内部联系所表现出来的特性或能力，元素、结构、环境决定着系统的功能；⑤ 演化观，即系统的"发生→维生→演化→消亡"的过程。（苗东升，1998）

系统思维方式。它是从整体与部分、部分与部分、结构与功能、优化与建构、信息与组织、控制与反馈、系统与环境之间的相互联系、相互作用中综合地研究和精确地考察对象，以求达到最佳认识客体和正确进行实践活动的思维方式。（姚轶崭、于景元，2009；高剑平，2008；苗东升，1998；章红宝，2005；刘锋，2001；苗东升，2004）

系统科学方法。它是将还原论与整体论辩证统一的方法，亦即是在分解研究

的基础上综合集成到系统整体，实现 $1+1>2$ 的涌现，最终是从整体上研究和解决问题。（金炳华，2001）

综合集成方法。它的实质是把专家体系、信息与知识体系以及计算机体系有机结合起来，构成一个高度智能化的"人机结合与融合"体系。这个体系具有综合优势、整体优势和智能优势，能把人的思维、思维的成果、人的经验、知识、智慧以及各种情报、资料和信息统统集成起来，从多方面的定性认识上升到定量认识。（金炳华，2001）

3.3.1.1.2　时代：需要系统科学

还原论至建立以来已帮助人类取得了辉煌成就，但随着科学技术的发展和社会的进步，越来越多的复杂事物和现象（如自然形态中的耗散结构理论、协同学，社会形态中的人口问题、资源问题，等等）进入人们的视野，而面对这些问题，当采用传统的理论、技术和方法处理时，会遇到许多根本性困难。（戴汝为，2005）而这些困难的解决，则要求放弃基于"实体"的简单性思维方式，走向基于"关系"的复杂性思维方式，依靠系统科学方法及其思想（姚轶崭、于景元，2009），超越还原论。钱学森大师明确地指出：凡现在不能或不宜用还原论方法处理的问题，都是复杂性问题，复杂巨系统就是这类问题，并且"21世纪……不管哪一门学科，都离不开对系统的研究。系统工程与系统科学在整个21世纪应用的价值及其意义可能会越来越大"（姚诗煌、江世亮，2001）。黄欣荣先生的研究（黄欣荣，2006）表明：钱学森的综合集成方法是若干具体的"超越还原论"方法的综合，它具有分析和综合的统一、微观和宏观的统一、定性和定量的统一、整体论和还原论的统一、整体论和重点论的统一的特点，因此综合集成方法是研究和解决开放的复杂巨系统问题的重要方法。

3.3.1.1.3　教改：需要系统思想

如上所述，系统科学的诞生是时代发展的需要，它为我们提供了：

（1）系统化思想观念——整体观、结构观、环境观、功能观、演化观。

（2）关系化思维方式——注重整体与部分、部分与部分、结构与功能、优化与构建、信息与组织、控制与反馈、系统与环境等之间的相互联系与相互作用，在关系思维中综合研究和精确考察对象，以求达到最佳认识客体、正确实践活动的目标。

（3）整体性创新方法——坚持整体与还原的辩证统一，在整体与还原的相互作用中，实现 $1+1>2$ 的涌现，达到从整体上研究和解决问题的目的。此处 $1+1>2$ 只是对"整体不等于部分和"的象征性描述，不必追究是否还有 $1+1<2$。不过确实存在大于2及小于2的涌现，如欧氏几何中三角形内角和等于180°，但罗巴切夫斯基因发现了内角和小于180°的三角形而创建了罗氏几何（可谓 $1+1<2$，即整体小于部分），黎曼因发现了内角和大于180°的三角形而创建了黎氏几何（可谓 $1+1>2$，即整体大于部分）。上文"盲人摸象"的典故启迪我们，系统化研究问题需要：整体→基于整体分析细部→整体定论。当然这不是说一定要走"三部曲"，而重要的是研究中必须注重"整体与还原的相互作用""整体与还原的辩证统一"等思维方式，更要注重"整体不等于部分和"的涌现。

例如，当学过"有理数、有理数可用数轴上的点来表示"等知识后，关于"有理数到实数的扩充"的内容，某教材的设计如下（其中略去了无关的细节）：

① 实际问题引出算术平方根。

② 探究$\sqrt{2}$有多大，探究的方法是直接给出一串不等式，然后再说明"$\sqrt{2}$是一个无限不循环小数"。

③ 其他内容，如平方根、估大小、立方根等。

④ 直接定义无理数。

⑤ 直接定义实数。

⑥ 借助单位圆的周长探究 π 在数轴上所对应的点，借助单位正方形的对角线探究$\sqrt{2}$在数轴上所对应的点。

⑦ 得到：每个无理数都可用数轴上的点来表示。

⑧ 说明：实数与数轴上的点一一对应。

如此设计，传统地看没有问题，但从素质与能力培养的视角来看，缺少了创造性思维过程。如若尝试下面的处理方式，效果会完全不同：

① 实际问题引出算术平方根。

② 发现问题：我们已知有理数可用数轴上的点来表示，那么反过来想，是否数轴上的每一个点都对应着一个有理数？（说明：这是整体性思维，并且学生可以接受）

③ 分析问题：原点到数轴上的每一个点都确定唯一的一条线段，而线段都有长度，这个长度是一个数，因此可以说数轴上的每一个点都对应着一个数，但问题是：这个长度是否为有理数？（这是局部分析，亦即是还原性思维，是从整体出发而引出的还原性思维，此举，学生也不难接受）

④ 采用多种方法计算正方形面积，发现关系，特殊分析，得到

单位正方形的对角线的长度是$\sqrt{2}$

再用"中点法"探究$\sqrt{2}$的大小[①]，得到：

$\sqrt{2}$是无限不循环小数

因此$\sqrt{2}$就不是有理数，这样就**涌现**出了第一个不是有理数的数。

⑤ 尝试证明$\sqrt{2}$的确是无限不循环小数。（因为上面的推导只是列举法，到底

---

① 参见 3.3.1.5.4 中"活力性原则"之例1。

是否，并不肯定，证明有点难，教师可以加大辅导力度）

⑥ 生成式定义无理数。初步意向：因为数轴上的点都表示一个数，但这个数可能是有理数，也可能不是有理数，不是有理数的就一定是无限不循环小数，这是我们今天发现的一种数，为了方便，我们给它起个名字——既然它不是"有理"，那么就是"无理"……

⑦ 用某种方式说明还存在许多无理数，可用计算器，但若能使用数学软件（如 mathematica）则更好，因为一方面 mathematica 可计算到很多位，更能使学生理解无限不循环性；另一方面让学生从小就接触数学软件，好处更大（至少老师可使用数学软件，推荐使用 mathematica）。

⑧ 生成式定义实数。大约这样做，因为数轴上的点都表示一个数，这些数都是线段的长度，也就都有实实在在的意义，所以给它们起个名字，叫作实数。

说明 1：当我们生成一个概念时，经常说"起个名字"，是要给学生一种感觉——这个东西是我们创造出来的！这便形成一种创造性意识。

说明 2：这段设计比较长，也有不小的难度，践行起来肯定需要时间与努力，如此的话可能导致后面的时间不够用。不过，没有关系，正如我们在前言中所说的策略，在实数这一单元中，可以选择该内容进行完美的学生自主探究，而其他的内容则可酌情处理，哪怕是完全的创造性讲授。

这个处理体现了"系统科学思维方法"，体现了创造性（涌现），可使学生经历创造过程的磨炼。当然，此设计只是一个大概的框架，具体教学中仍需要仔细的刻画与充实。

总之，我们认为：既然世界已进入复杂性时代，那么世界的发展就需要复杂性思维，因此教育就必须培养具有复杂性思维能力的学生；既然人脑是复杂巨系统（金炳华，2001），那么教学就必须以系统科学的思想方法进行人脑的铸造，亦即是用系统科学方法研究教育，用系统科学方法设计教学。如王有英先生的研究：使用系统科学方法研究教育，有助于人们对教育的重新认识，有助于更好地解释教育现象，有助于从整体角度研究和审视教育问题。（王有英，2004）因此，我们应该用钱学森先生的"综合集成方法"来研究教育问题，更应该关注钱学森先生的"大成智慧教育"（赵泽宗，2011；钱学敏，2005）思想。

3.3.1.1.4   系统科学思想下的"整体教学"

系统思维视阈下，教师应该注意掌控教学资源（学生、教师、教学内容、教学设备等）的整体与部分、部分与部分、结构与功能、优化与构建、信息与组织、控制与反馈、系统与环境之间的相互联系、相互作用，综合考察、协调教学对象，以达最佳效果，力求整体涌现。在这里没有提出具体的处理方法，只是给出了一种意境，但若能与具体情况有机地结合起来，则必然呈现出绚丽多彩的教学图景，这就需要我们努力地创作。下面用系统科学思想考察现实教学中的几个问题。

（1）数学教学经常将数学分割为一个个由"定义、性质、定理、例题"而成的系统化结构的教学模式，就是认为：只要掌握了一个个的定义、性质、定理、例题，那么就一定是学好了数学。然而，却不知此举正是造成"基础乏力、创新缺失"的主要原因，之所以会如此，是因为数学是复杂巨系统，教育也是复杂巨系统，简单地使用还原论方法必然要损失关系性思维、丢失整体性涌现，造成如此有违于客观认知规律的后果。

（2）实际教学中存在一种**知识封闭**模式。知识封闭，是笔者的称谓，亦即是"说 A 只言 A"的处理模式。如，讲解"一元一次方程"概念，就只由"一元一次方程"的问题引入（课程教材研究所、中学数学课程教材研究开发中心，2006），将知识、认知完全封闭在"一元一次方程"的圈圈里，影响了整体性认知，影响了抽象思维与创造性思维的培养。那么，如何改变为好？笔者认为做如下处理更加有效：

① 列举若干个关于"一元一次方程""一元二次方程"等不同类型的实际问题。

② 分析问题，布列方程。

③ 分析方程的特点，生成"元"与"次"的概念。

④ 使用"分类"思想"生成"一元一次、一元二次方程等概念。

⑤ 制订分批解决问题的方案：先研究"一元一次"，再研究"二元一次"，最后研究"一元二次"，等等。

⑥ 执行方案，先"研究"一元一次方程的解法。

如此处理，体现了"抽象""分类""分批处理"等研究问题、解决问题的思想方法，同时也体现了"整体性"与"还原性"的辩证统一。因为：从较多的问题出发"提炼"出"一元一次方程"，具有整体论思想方法；将问题分为"一元一次方程""一元二次方程"等类型来解决，亦即有还原论思想方法。其实，笔者教初中数学时就是这样做的，如此做是因为自己当时的教学是按自己自学的感受与体会而行，但可贵的是，这样的感受与体会是实实在在的，是有根有基的，是受学生欢迎的，并且效果良好。

当然，如此设计需要考虑"可接受"问题，亦即是可行性分析。首先做学情分析：① 因为学生已有小学数学解题经验，所以布列方程并非难事；② 因为学生已有"乘方"的基础，所以理解有关高次方程的问题没有困难。其次做可受性分析：① 基于"比较""区别""起名字"等常识性方法诱导学生生成"元""次""一元一次""一元二次"等概念是没有困难的；② 借助于生活中处理多个问题的常识性做法去诱导学生做"分批处理"的决策是能够做到的。

也许有人说：一元一次方程概念非常简单，直接告诉学生即可，没必要那样绕来绕去，其实如此思想正是传统教学观念的病根。我们必须清楚：教学绝不能只教知识，而必须让学生尽可能地体验到与知识相关的科学思想。

（3）还有一种处理内容的"豆腐块"模式（这也是笔者的称谓，亦即是不顾问题关联性或思维的连续性，像切豆腐一样强行将教学内容分割成一块块的形式分别处理）。

仍说"一元一次方程"问题，《数学》（七年级上册）中，当给出"一元一次方程"的概念后，即转向了"等式的性质"的研究，然后再讨论方程的解法。（课程教材研究所、中学数学课程教材研究开发中心，2006）这样即将内容切成了几块，破坏了解决方程问题的思维过程。但若：① 选择引入方程概念时的某个方程，探究其解法；② 在探究方程解法的过程中生成等式的"性质"并求出方程的"解"；③ 用所得到的方法继续解引入方程概念时的其他方程；④ 总结一元一次方程的求解步骤。如此一气呵成，既解决了问题，又得到了等式的性质，还得到了解方程的方法，岂不是一举多得？并且还具有创造性：创造了等式的性质、方程的解法等，如此不好吗？

也许有人会说，学生不容易理解。可能吗？绝不！岂不想，学生所不能理解的大都是通过"结论式"的"暴力"手段而拿其根本没见过的东西来强行施威，才导致学生产生诸多的不理解！实际上，"相等"的概念对于初中学生来说并不困难，因为这是常识问题，当然问题的成功与否也在于教师表达的好坏，比如让学生把"3x"理解为3个"x"，那么多几个或者少几个，也就不是什么难以理解的问题。看起来，在解方程的过程中去认识等式的性质与专门讲解等式的性质似乎没有区别，但实际上却差别很大，差就差在思维，差在创造性思维。

系统化模式、知识封闭模式、"豆腐块"模式等都是还原论的结果，不利于思维及创造性思维的培养。所以教育教学必须走向系统科学，实现整体与还原的辩证统一。

3.3.1.2　世界观的嬗变：走向过程哲学

面对同样的宇宙、同样的现实，不同的世界观会有不同的结果。

20世纪初，西方科学领域发生了自牛顿以后最伟大的科学革命，产生了爱因斯坦的相对论和玻尔等人的量子力学，重建了整个现代物理学体系。因此，哲学就不得不从坚信自然界与人类精神截然区分的二元论、机械决定论和以原子论为基础的实体哲学，转向相信宇宙的复杂性、不确定性、生成性、关联性的复杂性哲学和系统哲学。纵观诸多研究，唯怀特海的过程哲学（亦称有机哲学）不仅明确地以相对论和量子力学等现代科学成果为基础，而且综合人文科学等诸多因素，系统地建构了一种新的哲学宇宙论体系，从本体论层面系统地回答与此相关的形而上学、认识论、方法论、价值论、伦理学、宗教和社会文明等方面的问题，同时还对过程教育哲学思想做了系统阐述。可以说，其对过程教育哲学理念的精彩论述，即便在今天，读后仍会有醍醐灌顶的感受。

当然，我们绝不否认马克思主义哲学！其实，马克思主义哲学也是过程哲学，因为马克思把"物质"当作"能动的实践活动"的基本观点，与怀特海的"任何事物都处于永不停息、转瞬即逝的生成和发展过程中"过程原理殊途同归。其实有研究认为："过程哲学是一种与马克思的实践唯物主义和东方哲学相通的有机哲学"（杨富斌，2011），"马克思与怀特海的理论契合"（费劳德，2003），"马克思与怀特海都对传统思辨形而上学加以批判。马克思终结了传统思辨形而上学，以实践为基础展开其思想体系。怀特海重建形而上学，并极力把科学与哲学统一起来，以一种审美和价值取向去统领形而上学的进程。二者体系不同，但都对过程思想进行了深入思考。如果我们不拘泥于背景和体系的差异，仅就克服传统实体思维方式而言，马克思过程思想展示了与怀特海过程哲学同一维度的哲学探索"（闫顺利、敦鹏，2009），等等。之所以选择怀特海的过程哲学，一是过程哲学明确地以"过程"为本体而建立了完整的哲学体系，便于问题的讨论与研究；二是怀特海以相对论和量子力学等现代科学成果为基础展开了讨论；三是怀特海具体阐述了丰富而深刻的教育哲学思想。因此本课题的研究认为：既然科学的发展提供了认识世界的新视角，那么人们的世界观也应相应改变！既然相对论和量子论是现代科学的两大基础理论，那么为何不选择基于相对论和量子力学等现代科学的过程哲学？于是在澎湃汹涌的科技洪流中，要发展，要强国，世界观就必须转变，必须走向建立在数学、逻辑学、现代科学基础之上的、具有过程性、关系性的思辨哲学——过程哲学。因此本节简述与本课题研究相关的过程哲学观点。

3.3.1.2.1　过程哲学概述①

怀特海的过程哲学提出了一些动人心弦的新思想和新观念。如：

任何现实存在都不可能恒久不变，而处于生生不息的过程中。

任何现实存在都不可能独立存在，而是相互关联、相互存在于对方之中。

宇宙的本质是连续的创造，其中的所有存在都是这种创造性的表现。

所有生物都有自己的价值，都应得到尊重。

人们只有与他人分享体验才能找到幸福，人类只有通过互惠互利才能形成整体。

所有存在都在致力于寻求和谐，和谐中包含着差异，宇宙的整体是一种和谐之和谐。

思维也是一种感受形式，思想和情感不能严格地分开，心灵和肉体不是两种不同的东西，美的智慧和理性的探究是互补的。

人类体验的每一时刻是通过感受世界的当下存在并受之影响而开始的。

---

① 本部分参考了杨富斌、杰伊·麦克丹尼尔撰著的《怀特海过程哲学研究》一书，此书于2018年由中国人民大学出版社出版。

1. 实体思维及其局限

实体思维保持的是静态直观、孤立永恒、主客分离、终极预设、还原分析的思维方法，它是在绝对时空的观点下理解世界万物：因为空间与时间无关，所以实体与时间无关，所以事物都是永恒的，最多是形体的变化（分解、组合）。

举个例子，如果我们问某实体思维者甲："你还是你吗？"甲一定会回怼："难道我不是我吗？弱智！"其实我们并不弱智，而弱智的却是路人甲。因为甲在回答问话时，哪怕时间只是过去了 $1/10^n$ 秒，尽管说表面上看起来甲没有什么变化，但我们可以肯定地说"答话时的甲"已经不是"答话前的甲"，因为至少可以说"答话时的甲"的寿命比"答话前的甲"的寿命减少了 $1/10^n$ 秒。其实这也就是老百姓常说的"活一天就少一天"的道理。因此，对任何一个人都可断定："现在的他"并不是"刚才的他"，也不是"将来的他"。当然除寿命的变化外还会有别的变化，比如心情的变化、身体的变化、皮肤的变化、细胞的变化等。这就是相对时空观念：不存在静止、永恒的物体。然而非常遗憾的是，尽管相对论的建立已过百年，但是实体思维却依然活跃在当前，这是因为除实体思维者外，多数人也都是使用常识性眼光、局限在三维空间中直观地看待世界。

在实体思维的支配下，教学产生了"知识就是既定的文本"的**静态知识观**，产生了"只教'是什么'而不讲'为什么'"的**静态教学观**，产生了"只看成绩而不看能力"的**静态人才观**，产生了"题海战术，死记硬背"的**静态应试观**[①]，并且这些观念相当地根深蒂固、冥顽难变。

2. 怀特海对静态哲学的批判

我们简述怀特海对几个传统哲学流派某些论点的批判，明白这些，对我们认识过程哲学、构建教学理念很有益处。

（1）对康德不可知论的批判。怀特海指出：康德之所以陷入了不可知的本体论，是因为康德将实在世界与现象世界割裂开来。因而怀特海认为：现实世界既是现象的也是实在的，实在世界与现象世界是同一现实世界的两个方面，在现实存在的生成过程中，它们是有机地联系在一起的。

（2）对笛卡尔的实体学说的批判。怀特海指出：笛卡尔把实体区分为物质实体与精神实体，是一种灾难性的划分，因此在本体论和认识论上造成了无法克服的困难。因而怀特海又指出：任何现实存在都是物质实体与精神实体的统一体，至于日常生活和牛顿力学所说的物质实体，都是关系性的存在，对这些"物

---

① 我们认为，单纯地批判应试教育是不对的。因为古今中外，社会离不开人才，人才需要选拔，选拔离不开考试，考试即需要应试，应试离不开教育，所以，应试原本就是教育的职责，也就不应该抨击"应试教育"这四个字，而应该考虑"如何应试"才能使教育既能担负起"应试"职责，又能完成高素质、创新型人才的培养。当然相关的问题是为了高素质、创新型人才的培养，考试也必须改革，而改革的基本目标应该是：尽可能减少结论式教学赖以生存的考题，尽可能设计有益于提升素质、开发思维、提高能力的考题或考试方式。

质实体"，只有通过它们所处的关系场才能得到真正的认识。因此，为了区别，怀特海的过程哲学就尽量避免使用"实体"一词，故将自己的"实体"称为"actual entity"，我们选取中译名为"**现实存在**"①。

（3）对近代哲学认识论的感性经验学说及感觉论的批判。怀特海指出：近代哲学认识论的感性经验学说及感觉论丢掉了认识对象的外部世界，故导致近代认识论不可能真正地揭示外部世界的本质及其内在联系。因而怀特海认为：我们的认识对象主要是我们生存于其中的外部世界，自然科学揭示的是自然界本身的结构和内在规律。至于通过何种认识方式来揭示，认识何以能通达对象，应采用何种认识方式和思维方式，这确实是认识论应当探讨的问题，但不能因此而否定外部世界的客观存在以及认识外部世界的必要性和可能性。

（4）对休谟的经验学说的批判。怀特海指出：休谟的经验学说只注意了经验中直接表象的知觉方式，而忽视了具有因果效应的知觉方式，这是错误的。因而怀特海的观点是：只有弄清这种因果效应的知觉方式与直接表象的知觉方式之间的联系，才能真正弄清认识的来源和途径。

可见，几个近代哲学流派之所以发生问题，主要是"对立"惹的祸，如实在世界与现象世界的对立，物质实体与精神实体的对立，外部世界与内在世界的对立，因果效应与直接表象的对立，等等。其实，这些对立都是人为的，是认知观所导致的。事实上，如果没有关联、没有纠葛，哪能产生对立？因此对立的双方原本就是纠缠不清、密不可分的，若要强行将它们区分开来，结果只能以失败告终。这就是说在纷繁复杂的世界中，如果跳不出"人为对立"的怪圈，就很难真正地认识世界。因此，在教育教学中，更不能搞人为对立的事情。

总之，怀特海认为：全部现代哲学所围绕的难题就在于凭借主语与谓语、实体与性质、特殊与普遍去描述世界。所以怀特海就在探求世界上什么是真实意义上使用"宇宙论"概念的，整部《过程与实在》就是根据相对论和量子力学等现代科学理论所揭示的宇宙万物的本性及存在的真相，试图阐明世界上各种现实存在的生成过程是最实在的，即：只有"过程"才是"实在"的。于是怀特海认为，宇宙是由最小的现实存在或者现实发生构成的，因此可以说，构成宇宙的本体就是现实存在，过程哲学的本体论原理就是在这个基础上展开论述的。

3. 怀特海对传统思维之谬误的批判

基于实体及常识性认知的传统思维落后于现代科学，所以基于传统思维的认

---

① actual entity，中译名很多，如：实际事态、现实实有、实际实有、实际存在物、现实发生、现实存在、实际机遇、现实场合、现实体、动在等。我们原来使用的是"实际存在物"，修改时改成了"现实存在"，"现实存在"是杨富斌在《怀特海过程哲学研究》一书中的译名，经比较，我们感觉用"现实存在"更好。不过，到底哪个更恰当，要酌情考虑，关键是理解怀特海的界定和说明："'现实存在'——亦称'现实发生'——是构成世界的最终实在事物。在这些现实存在背后再也找不到任何更为实在的事物了。"（怀特海. 过程与实在［M］. 修订版. 杨富斌，译. 北京：中国人民大学出版社，2013：31.）

知方式必存在谬误，所以过程哲学的建立必须明辨传统哲学及传统思维方式中的谬误，列举如下：

(1) 误置具体性之谬误。此谬误的表现是把关于世界的抽象或概括错误地当作现实存在本身的认知，换个说法也就是将人类在某个历史阶段所达到的科学认识混同于宇宙本身。实际上，从认识活动中抽象出的感觉、知觉和表象也只是人类自己对认识活动的近似感知，抽象的概念、抽象的科学定律也就仅仅是人类对实在世界的近似认识，所以人类的任何知识（包括科学定律）都只是人类自己对实在世界的"单向"认识（现象世界），与客观世界自身根本就是两种不同的存在，但如果将二者混为一谈，必将导致极大的混乱。譬如：古希腊毕达哥拉斯学派企图用整数去诠释世界，却因 $\sqrt{2}$ 的诞生引发了第一次数学危机，并酿成希伯斯惨案；19 世纪前，欧氏几何被许多数学家信奉为绝对真理，统治几何领域 2 000 余年，却在 19 世纪先后诞生了罗氏几何、黎氏几何；20 世纪初，数学界乃至整个科学界普遍认为：数学的系统性和严密性已经达到，科学大厦已基本建成，然而好景不长，一则"理发师悖论"摧垮了科学大厦的根基，因此不得不以"公理化方法"来修补集合论的漏洞；……这些都是"误置具体性谬误"带来的结果。当然科学研究中曲折是不可避免的，但可怕的是因为自私、顽固而引起的不必要的挫折。比如罗氏几何提出后相当长的一段时间内，不但没能赢得社会的承认和赞美，反而遭到种种歪曲、攻击和非难，致使罗巴切夫斯基本人也因此郁郁而终，直到他离开这个因他而即将发展变化的世界时，他的创举还没有得到认可；再如，原本大数学家高斯在罗巴切夫斯基诞生的那一年（1792 年）就已经产生了非欧几何思想萌芽，1817 年已达成熟程度，并先后称之为"反欧几何""星空几何""非欧几何"，但因害怕新几何会激起学术界的不满和社会的反对而在生前一直没敢公之于世，只是把部分成果写在日记和与朋友的往来书信中。这才是可怕的。

(2) 实体思维之谬误。此谬误在上文已有论述，不再赘述。

(3) 主－谓语本体论之谬误。此谬误是把主谓语的语法结构投射到实体本身中，也就是实体被想象为句子中的主语，并认为即便是谓语发生了变化，句子的主语通常也保持不变。例如，那只小猫在吃猫粮，吃完后，那只小猫睡觉了。传统地看，尽管两句话的谓语不同，但主语却没有改变——就是那只小猫。但过程哲学却认为睡觉的小猫已经不是吃猫粮的小猫，因为吃猫粮后小猫已经发生了许多变化——这就是说当谓语变化时主语也在变化。怀特海认为：这个谬误是实体思维的核心。

(4) 绝望之谬误。此谬误是指人们在遇到某种不好的情形时，通常会因绝望心理而丧失斗志。因此过程哲学提醒人们要认识到：生活或生命都是随着时间而展开的，每一瞬间所展现的自我在此之前并不存在，于是无论所面临的情形有多么困难，创造性应对当前困境的可能永远存在，完全有可能根据现有的既定情形做出新的选择和创造。

（5）呆滞的和谐之谬误。此谬误的表现是：如果在生活中取得了某种和谐，就认为这种和谐因为完美而永恒不变，却不知道和谐其实像河流一样是有创造性和适应性的。这种谬误是危险的，因为一劳永逸是不可能的。所以怀特海认为应该以动态的观点理解和谐：和谐是过程之中的和谐，这种和谐永远对新颖性和创造性转变保持着开放性，因此和谐是需要不断地追求的。

（6）误置创造性之谬误。此谬误的表现是：认为生命中探险的和创造性的方面可通过服务于自我而得到完全的满足，因此就忘掉了自己原本是社会共同体中的人，不知道自己的幸福依赖于他人的幸福，不懂得也应该为他人的幸福做出自己的贡献，如此现象不利于社会的和谐与发展。因此怀特海倡导人们从"过程–关系"的视域来理解个人的创造性，从而使每个人都尽力发挥自己的创造性来帮助他人，对他人、对所在的共同体、对社会及整个世界做出自己富有建设性的贡献。

（7）完美辞典之谬误。此谬误是把对宇宙的理解归结为字典中的一组组定义，而忽视了如下事实：① 每一事件都是对无数关系的创造性综合，因而所有定义都是从这种具体中得出的抽象；② 辞典中的诸种定义都是历史过程的产物，于是随着时间的推移，描述定义的词汇的意义会不断地改变；③ 每一种抽象观念——怀特海称之为命题——都不能归结为它们的语言表达式。因此我们不应该把自身定义为在辞典的界限之内进行语词分析，而应该通过探索和进一步寻求洞见而扩展辞典，这是面对神秘和未知现象所具有探险态度的意愿。

（8）简单位置之谬误。此谬误的表现是认为宇宙中的既定事件仅能存在于一个地方而不能同时在另一个地方出现。静态地看，似乎很有道理，但实际上却并非如此，我们分析一个例子：甲、乙两人隔桌相对而坐，甲目不转睛地盯着乙，此时可以说甲的注意力到达了乙的位置，因此可认为：此时的甲存在于桌子的两边（因为，甲在桌子的一边，其目光到达了另一边）；接着乙问甲："你盯着我干什么？"此时乙的声音传到了甲的耳朵，因此可认为：此时的乙存在于桌子的两边（因为，乙在桌子的一边，其声音到达了桌子的另一边）。这就是说一个既定事件并不是一个孤立点，因为自身的能量能通过某种场到达能够到达的地方，并关联到这个地方的某个事件——这是过程性、关系性思维的结果——不相信这一点，千里眼、顺风耳就不可能在当代实现。

辨别、批判以上谬误，有助于认知力、思维力、研究力、创造力的提升，有助于避免教学言行的不当或失误，有助于正确地诠释教学内容及指导学生。

4. 过程哲学的基本特征与原理

过程哲学是由两个基本特征、六个基本原理及一系列基本范畴和基本观点所组成的完整严密的哲学理论体系。下面简述其两个基本特征、六个基本原理。

(1) 两个基本特征。

① **过程性**。现实世界是一个过程。任何现实存在要成为现实，就是要成为过程。现实存在的存在是由它的生成所构成的，即存在就是生成。

② **关系性**。现实世界中的各种现实存在都不是孤立存在的，而是相互联系的，这种联系性不是外在的，而是内在固有的。所以联系性是一切事物的本质。

(2) 六个基本原理。

① **过程性原理**。过程性原理是过程哲学最基本的原理，认为：现实世界是一个过程，整个宇宙是面向新颖性的创造性进展过程，任何现实存在都处于不断的生成过程中，整个世界就是动态的过程海洋。存在就是生成，生成就是新事物不断出现，旧事物不断灭亡。脱离现实的生成过程就意味着死亡：任何事物都是不进则退。这是宇宙间不可逆转的基本规律。事物的"存在"是由它的"生成"所构成。

因此，过程哲学是一种全新的世界观，它从"过程－关系"视域看世界，它坚持"过程就是实在，实在就是过程"。凡是要成为现实的东西，都必须成为过程的。自然、社会、思维乃至整个宇宙都是活生生的、有生命的机体，处于永恒的创造和进化过程。有机体的根本特征是活动，活动表现为过程，过程则是构成有机体的各元素之间具有内在联系的、持续的创造过程，它表明一个机体可以转化为另一个机体，因而整个宇宙表现为一个生生不息的活动过程。

② **相关性原理**。相关性原理是建立在过程原理基础上的基本原理，认为：现实世界中的诸多现实存在及其构成要素，无论从活动过程来看，还是从结构关系来看，都是内在相关、相互联系的。无物是真正的孤岛。

③ **创造性原理**。创造性原理是过程哲学的终极原理，认为：创造性是现实存在自我生成的根本动因，是所有共相之共相，是宇宙进化和发展的最根本的动力，是所有现实存在具有的普遍属性，也是现实存在的本性之一。

因此通俗地说，创造性是生成的动因，生成是创造的必要条件。

④ **摄入性原理**。摄入性原理是揭示现实存在的创造性的内在机制的基本原理，认为：现实存在之所以具有自发的创造性，是因为每一现实存在都会自发地摄入先前的现实存在提供的客体性材料，同时形成自身的主体性目的。这种客体性材料与主体性目的的统一，就是现实存在的实际生成和发展过程。

这样就提出了一个新概念——摄入，并且摄入是一个过程，是实现"客体性材料与主体性目的的统一"的过程。摄入性原理也为主体性原理和本体论原理奠定了基础，是怀特海过程哲学的核心概念，并与学习密切相关，所以下面还要较具体地介绍摄入。

⑤ **主体性原理**。主体性原理是进一步揭示现实存在的创造性的内在根源的基本原理，认为：任何现实存在都是能动的主体，都有自己的主体性形式，因而也都有自己的主体性目的。于是除永恒客体以外，任何现实存在都不是消极被动

的，而是积极主动的。它们之所以能不断地生成和变化，是因为它们在生成过程中，被新出现的主体性形式所摄入，按照这种主体性形式的目的而形成新的现实存在。原先的现实存在则成为现在的新的现实存在的客体性材料，被摄入其中，生成为新的现实存在的构成要素。

因此，宇宙中的所有现实存在本质上都是积极能动的主体，而不是消极被动的客体。这些积极能动的主体自身都有一定的主体性形式和主体性目的，用怀特海的话说最好称这种主体为"超主体"或"超体"。要注意，这种超主体并非像传统意义那样是属性的依赖者，也不是在认识过程之前就已经预先存在的现成主体，而是在过程和关系中生成的主体——可这样理解：过程是由若干个摄入相继而成的，在每个摄入中，首先要生成自己的主体性形式，然后再进行自己的摄入过程，当生成新的现实存在后，这个摄入过程即结束并进入下一个摄入过程，下一个摄入过程另生成自己的主体性形式。依此下去，直到整个过程完成。因此即说主体是在过程中"生成"的，或谓之"突现"的，故有"主体突现"之称，如此主客关系理论，称为"主体突现论"。"主体突现论"在下文中另有讨论。因此，过程哲学中任何现实存在与其他现实存在的关系，并不是传统哲学认识论上所讲的那种主体与客体之间的关系，而是本体论意义上的主体与主体之间的关系，怀特海称之为"主体间关系"，并坚持认为这种"主体间性"才真正地体现现实存在之间的关系性或关联性。这一观点在哲学的本体论、认识论、价值论和历史观等方面，均具有特别重要的意义。

强调两点：第一，"主体性形式"与"主体性目的"是重要的，是"自我能力"大小的体现，更是"自我创造力"大小的体现；第二，过程哲学中的"主体"的存在是"一次性"的，因为怀特海将"无人能两次跨入同一条河流"的流变原理提升为"无主体能经验两次"的主体性原理。

⑥ **本体论原理**。哲学史上"本体论"的含义不尽相同，大概来说，西方哲学家的"本体论"一词有广义和狭义之分。广义上，研究一切实在的最终本性的学说被称为本体论，而研究如何认识的学说则被称为认识论。狭义上，本体论是指关于宇宙的起源、结构以及本性的研究。

怀特海的本体论的含义大体上与狭义的相同，即认为本体论原理是揭示现实存在的存在根据的基本原理，亦称为"动力因和终极因原理"。通俗地说，怀特海的过程哲学的本体论原理就是"事物不会无中生有"，精要地说就是"没有现实存在，也就没有原因"。更具体的，怀特海从不同视角做了如下的论述：

基于微观视角，怀特海论道：在任何特定情况下，生成过程所遵循的每一个条件都有其理由，这种理由要么出自这个合生的现实世界中某种现实存在的性质，要么出自处在合生过程中的主体的性质。这种说明性范畴称为"本体论原理"，亦称"动力因和终极因原理"。这种本体论原理意味着现实存在乃是唯一的理由；因此，寻找理由就是要寻找一种或更多的现实存在。由此可得出结论说，由一种现实存在在其过程中所满足的任何条件都表达了某种事实，这种事实或者是关于某些其他现实存在的"实在的内在构造"，或者是关于制约那个过程的"主体性目的"。① 如此来看，怀特海的本体论原理符合近代物理学的物质不灭和能量守恒定律的基本要求。

基于宏观视角，怀特海论道：所有实在的共在都是现实性的形式构成的共在。因此，如果在时间性世界中某物的关联性没有实现，那么，这种关联性必定表达着某种永恒现实的形式构成中所存在的共在这一事实。②

基于否定视角，怀特海论道：这种本体论原理宣称，每一种决定都会涉及一种或更多的现实存在，因为一旦与现实存在相分离，一切便都不复存在，只有纯粹的无——"其他一切都销声匿迹了"。③ 如此，怀特海清楚地告诉人们：脱离了现实存在，一切都不复存在。

根据怀特海的过程哲学本体论原理，追究世界的终极存在，或者说追究世界的本原、始基等，只要追究"现实存在"即可，因此可以说"现实存在"就是过程哲学的"本体"。

5. 过程哲学的终极性范畴与存在性范畴

怀特海的过程哲学提出了三个终极性范畴、八个存在性范畴、二十七个说明性范畴和九个范畴性要求。在此我们只简述终极性范畴与存在性范畴。

（1）三个终极性范畴。即：一，多，创造性。这三个概念构成了过程哲学的终极性范畴，是其他范畴所依据的先决条件。

① 关于"一"。这个"一"，表示万事万物所构成的整体性。当然，这个作为整体的"一"有双重意义：一是宇宙或世界之总体的大"一"；二是宇宙中或世界上每个相对完整与统一的存在（个体）所具有的小"一"。

② 关于"多"。这个"多"，表示宇宙中的多样性，即表示宇宙中有诸多事物和事件是以分离状态存在的，不过，表面上的分离并非它们之间没有关系性或关联性。

③ 关于"创造性"。何谓创造性？怀特海没说，恐怕谁也说不清，所以怀特海只阐述"创造性"是世界上一切新生事物产生的本原，是"多"生"一"的终极因，亦即是促使"分离状态的宇宙或多种现实存在"生成为"联合状态的宇宙或由多种现实存在构成的统一体"的终极因，并且创造性所要表达的是宇宙中客观存在的如下终极事实：多生成一并由一而长。

如果一定要给"创造性"一种说法，我们想喻之为"能量"，或说是一种自然存在。犹如何谓"道"？我们认为"道"是未知且无法言说的自然存在，而

---

① 怀特海. 过程与实在［M］. 修订版. 杨富斌，译. 北京：中国人民大学出版社，2013：30 - 31. 引文有改动。

② 怀特海. 过程与实在［M］. 修订版. 杨富斌，译. 北京：中国人民大学出版社，2013：53.

③ 怀特海. 过程与实在［M］. 修订版. 杨富斌，译. 北京：中国人民大学出版社，2013：54.

"创造性"则是"道"的一种。既然"道"是未知且无法言说的，那么"创造性"也就无法教授，所以提升学生的创造性能力就只能是使学生的行为或思维在充满创造能量的环境中，接受创造性熏陶，感悟创造性过程，提升创造性意识，积蓄创造性能量，攒足创造性资本。当然，这种接受、感悟、提升、积蓄应充满学习全程，绝不能一曝十寒，更不能虎头（低年级做到了）蛇尾（高年级少做或者不做）。

（2）八个存在性范畴。

怀特海为他的过程哲学定义了八个存在性范畴：现实存在、聚合体、永恒客体、摄入、主体性形式、命题、多样性、对比。我们重点介绍前四个。

① 现实存在。过程哲学有两个终极概念：现实存在与永恒客体。

现实存在（或叫作现实发生①）是构成世界的终极事物。现实存在在数量上是无限的，唯有这种属性的现实存在，才是真正的存在，才是实在的事物，否则就是抽象的存在。现实存在，在怀特海哲学的初始阶段叫作"事件"，所以也总有人拿事件来说事。

粗浅地说，怀特海的"现实存在"相当于传统哲学的"实体"，但深刻地讲却与传统的"实体"完全不同，区别在于传统的"实体"是静态不变、自我封闭的个体，而"现实存在"则是动态生成、相互关联的存在。那么就有一个问题：既然现实存在是构成世界的终极事物（微观的），那么日常的经验对象（山川、树木、行星、石头、木棒等）就不是现实存在，那是什么？怀特海称之为"聚合体"（宏观存在）。

② 聚合体。聚合体（也可谓公共事实、宏观事物、实在事物、物质实体、现实事物等），是由多个现实发生连结、汇集、组合而形成的存在物。每一个现实发生的客体性材料、主体性形式都有所不同，故而每一个现实发生的现实世界都是不一样的，因而每一个聚合体也都是不一样的。过程哲学致力于说明的是，现实存在何以生成、成熟和消亡，以及它们何以能相互关联，并构成我们这个无缝的现实世界。

③ 永恒客体。作为怀特海过程哲学两个终极概念之一的"永恒客体"，当然非常重要。那么，何谓"永恒客体"？肤浅地说"永恒客体"类似于传统哲学中的"抽象"，但严格地说"永恒客体"又不同于传统哲学的"抽象"。因为抽象与知识密切相关，所以我们必须重点关注永恒客体。先说说永恒客体与传统哲学中的抽象有何差别，请看下面的例子。

例1　传统几何中，"点"是最基本的单位，并且是抽象出来的概念，意义是无大小无体积（也就是不占空间），然后由点推出"线"（是点的集合，有长

---

① 考虑一个问题："现实存在"与"现实发生"这两个名字使用哪个为好？我们认为它们的使用还是要酌情选择，比如在存在性的语境或一般性的语境中使用"现实存在"较好，在生成性的语境中使用"现实发生"较好。

度无宽度），由线可推得"面"（是线的集合，有宽度无厚度），由面可推得"体"（是面的集合，有厚薄有体积）。然而，严重的问题是：能想象出这个无大小、无体积的点是一种什么样的存在吗？无论用多少无大小、不占空间的点能集合出有长度的线吗？这样的问题是根本无解的！之所以无解，是因为在使用虚无的抽象去解释具体的几何，这就是误入了"误置具体性"的陷阱。另外，从过程哲学的"机体性"来看，以集合方式定义点、线、面，忽视了关联性，缺少了生机，与生生不息的世界极不相容（如此简单地使用集合来下定义缺少了动态性与关联性，说"线是点的集合"，还不如说"点动成线"，当然，没有大小、没有体积的点无论如何动也成不了线，这就是说，使用集合定义概念，必须注意到动态与关联）。因此，怀特海建议使用扩延抽象法由"体"来定义点、线、面，达到用具体解释抽象的目的。至于如何操作，因为扩延抽象法解释起来话语太多，也不是本书的重点，故不详细介绍，有兴趣者可参阅《自然的概念》[①] 中的第 3、4 章。不过为了与传统的定义比较区别，仅在下面介绍两个必要的概念，并做点简单说明：

绵延：绵延的汉语释义是"连续不绝、弥漫延续"，应用到过程哲学，怀特海认为，绵延是：对事物感觉－意识中显露出的本质属性。并且自然是过程，自然过程展示的就是每一绵延的发生和消失，所以自然过程也可以叫作自然的流变。绵延中的流变性质指一种扩展到自然之外的性质在自然中的特殊展示，因此在流变中我们达到了自然与最终的形而上学实在的联系。流变不是自然的性质，而是感觉－意识的性质——这就是认识的过程。

扩延关系：扩延也就是扩展、延伸。怀特海认为事件之间存在着扩延关系："绵延可以有把一种绵延扩延到另一种绵延之外的双称谓的关系性质。于是，作为某一分钟的所有自然的绵延，扩延到了作为同一分钟的第 30 秒的所有自然的绵延之上，'扩延到……之上'的关系——我把它叫作'扩延'——是根本的自然关系，其领域包含了比绵延更多的东西，它是两种相互限制的事件可能拥有的关系。而且，作为两种绵延之间存在的关系，它似乎指的是纯粹的时间扩延，然而，我将坚持认为，同一种扩延关系既是时间扩延的基础，又是空间扩延的基础。"

扩延关系是扩延抽象法的基础，当然，仅凭这些我们还是无法用几句话就说明扩延抽象的操作或语言描述，不过，我们可以这样想象：首先，任何物体都有某种属性，称之为"绵延"，当然，这种属性我们只能通过"感觉－意识"来察觉，绵延的存在，就导致扩延关系的存在，通过扩延关系，就可引发事物的扩延变化（当然是一种流变）；其次，具体到几何基础概念的定义，怀特海认为，宇

---

① 怀特海. 自然的概念 [M]. 张桂权，译. 北京：中国城市出版社，2002：2－3.

宙的最小单位应该是"体"，由"体"进行扩延变化，即可得到点、线、面，比
如，可认为一个球体中有无穷多个同心球，对这个球体从外向里对每个同心球做
扩延变化，结果即确定一个真实存在的"空
间点"，显然，这是一个极限过程，并且这个
极限过程的极限值是真实存在的，类似地思考
亦可得到线和面。显然，这样抽象，即达到了
以具体解释抽象的目的，并且如此的抽象具有
动态性、关系性、时空性。

例2　可以说"具体性误置的谬误"引发
了抽象性危机。怀特海认为，科学理论是抽象
的体系，抽象并不是不存在，但这种抽象性的
称谓并不是具体性的存在，它不能独立存在。

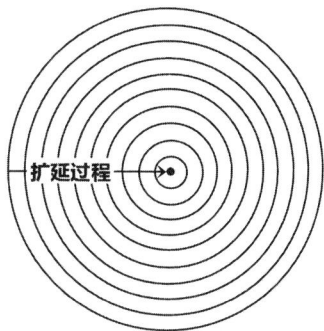

图3.1　同心球扩延定义点示意图

传统哲学的根本问题不在于抽象，而在于以抽象解释具体或将抽象视为具体，把
具体放错了地方。所以，怀特海认为：经典力学用抽象的"质点"来定义"物
体"，得到的结果也必然具有抽象性，故不能真实地揭示物质世界的本性；以牛
顿力学为代表的古典物理学是一个理想化的物理假设，空间和时间的定义是抽象
的结果，牛顿物理学的主要问题在于把每个单独的时空与其他时空的关系孤立隔
绝开来；"具体性误置的谬误"造成了抽象主义实在论，导致了哲学基本概念的
混乱以及哲学二元论的不可知论的错误。[1]

例3　实际上，"简单位置谬误"，怀特海所针对的主要是基于牛顿物理学
"单纯位置观念"的宇宙观与休谟哲学中的"简单孤立印象"观。首先，单纯位
置观念认为：只要存在某事物，这个事物一定占据时间中的瞬间，占据空间中的
固定位置，于是只要把一事物确定在某一固定的时空点，那么就对它做出了完美
的说明，实际上，牛顿物理学把每个单独的时空点孤立起来，隔绝与其他时空的
联系，相应地也就导致了哲学上关于时间与空间方面的困难。而休谟的"简单孤
立印象"则是把每一个印象抽象出来，孤立化、绝对化、隔绝于时空，这种孤
立、绝对、隔绝状态意味着"印象"被简单地孤立在某一个位置上。显然，"单
纯位置观念"与"简单孤立印象"都属于"简单位置谬误"。实际上，基于"简
单位置谬误"的抽象（物理的、心理的）在很多方面产生了逻辑上难以解决的
问题，比如按此观点，每个物质都存在于孤立的时空点，我们也就无法使用归纳
法去认识世界（因为归纳的对象必须具有一定的关联），重要的归纳法也就失去
了作用，因此我们必须彻底放弃"简单位置"观。

例4　有研究指出："亚里士多德把属的定义作为个别的定义后，开显了哲

---

[1]　李海峰，郑敏希. 抽象性与具体性的统一——怀特海"事件"理论的哲学价值 [J]. 吉林大学社会科学学报，2009，49（3）：99-102.

学史上的千古难题，即个别与普遍的鸿沟，其具体表现是：本体只能是个别，能认识的只能是普遍。在西方思想史上，有两位把个别与普遍的鸿沟朝相反方向扩大到极致的哲学家：一位是立足普遍的黑格尔，一位是立足个别的施蒂纳。马克思不满意哲学家们囿于思维领域对该难题的化解，提出了改变世界的实践思路。但若以亚里士多德思想为参照，马克思的思路仍是亚里士多德传统的延续。"①

上述例子说明，传统的"抽象"是现代科学与哲学的根本性危机，并与怀特海的"抽象"在意义上完全不相同，所以为了避免混淆，怀特海将自己的"抽象"叫作"永恒客体"。

看起来，扩延抽象过程非常复杂，那么是否在过程哲学下，只能使用如此复杂的抽象？其实不然，扩延抽象法只是在需要时才动用，一般情况下仍使用常规的抽象方法。怀特海在《过程与实在》中用非常形象的比方说明了自己的方法论：

真正的发现方法宛如飞机的航行，它从特殊的观察基地起飞，继而在想象性概括的稀薄空气中翱翔，最后降落在由理性的解释使之更为敏锐的新观察基地上。

总结起来，怀特海方法论的观点主要是：真正的发现方法必须从特殊的或者具体的经验事实出发；要在观察和经验事实基础上通过想象与思辨来进行理性的抽象及概括；在做出初步的抽象概括之后，还需要进一步对抽象的概念、范畴和命题进行理论的深度演绎，逐步形成系统的、内在一致的理论体系；通过想象性的思辨和逻辑的理论推演所得到的结论，必须回到坚实的经验大地上接受实践经验的检验。② 这样即得到"新的基础"，进而在新的基础上继续"放飞"……

因为数学上的形式和公式以及科学上的定理都是抽象的，许多方面的知识都是抽象的，所以从教育、教学、学习方面来说，我们更应该理解怀特海的永恒客体。不过，怀特海对永恒客体的论述很多，在此我们只做简单说明，有兴趣者可参考相关书籍或论文。

怀特海指出："永恒客体在本质上是抽象的。我所谓的'抽象'指的是永恒客体本身（也就是它的本质）不必涉及任何特殊的经验事态就可以直接理解。成为抽象就是超越实际的特殊具体事态，但超越实际事态并不等于和它脱离关系。"③ 如何理解？例如：尽管说是从红花、红旗、红苹果中抽象出了红色，但是当我们要理解红色的时候，却不需要去考虑是在什么时间、什么地点由哪些红色物体抽象出了它，就是说"红色"这个永恒客体一旦得以抽象，就成了超越

① 赵映香. 亚里士多德哲学中本体论和认识论的内在冲突 [J]. 天津社会科学, 2011 (2)：43 - 46.
② 杨富斌, 麦克丹尼尔. 怀特海过程哲学研究 [M]. 北京：中国人民大学出版社, 2018.
③ 怀特海. 科学与近代世界 [M]. 何钦, 译. 北京：商务印书馆, 2011：169.

实际事态、超越时空的存在，不过，当我们需展示红色时，还必须借助于红色的物体，这就是说尽管红色已经超越，但却未与实际事态脱离关系。

永恒客体具有以下性质：

潜在性。永恒客体与任何现实存在都没有必然的联系，只代表了纯粹抽象的存在，只有在现实存在的生成过程中依据某种特殊方式实现自身，并对生成物的确定性有所贡献。肤浅地解释：永恒客体是一种看不见摸不着的真实存在，它可在某种生成过程中潜入某种现实存在而显露出自身，并为这种生成做出贡献。例如：在苹果的生成过程中，某种红色（哲学地看是永恒客体，通俗地说就是红色素）在光合作用下逐渐生长成红苹果，当然不可能是纯红色苹果，因为还有别的颜色潜入。

图3.2　红苹果

永恒性。怀特海认为"任何分析自然的理论体系都必须面对这两个事实：变化与持续。此外还有第三个相伴随的事实，我称之为永恒"。譬如山随着岁月的流逝会被侵蚀消融，但山的颜色（如绿色）则是永恒的。借此怀特海幽默地阐述了永恒客体的永恒性："它像幽灵一样缠绕着时间，倏然而来倏然而去。不论到哪里，它永远是同一颜色。它既不能生存，也不能后死于任何东西，只是在有需要的时候就出现。但山跟时间与空间的关系则和颜色不同。"[①]这就是说永恒客体具有超越性：它可同时占有多个时空，也可同时契入多个现实实有，因而超越了时空。因此，永恒客体具有这样的性质：无生，无灭，倏来，倏往，超越时空，永恒存在。

过程性。怀特海认为："要理解一种永恒客体，必须认识以下各点：① 它的特殊个性；② 它与其他永恒客体的一般关联；③ 它进入特殊事态的一般原则。"[②] 因此可以说，要理解一个永恒客体，就必须理解它在实际事态中通过与其他永恒客体的关联而进入某些特殊事态并为这些做出其独特贡献时所显现出来的情形，这个显现出来的情形也就是这个永恒客体自身。显然

在实际事态中→通过关联性→进入特殊事态→做出其独特贡献

就是一个过程，只有通过这种类似的过程才能理解永恒客体。

④ **摄入**。怀特海对摄入的定义是："根据发生学理论，这个最小构成单位表现为把它得以从中产生的宇宙中的各种要素据为己有，作为其自身存在的基础。

---

① 怀特海. 科学与近代世界［M］. 何钦，译. 北京：商务印书馆，2011：97.
② 怀特海. 科学与近代世界［M］. 何钦，译. 北京：商务印书馆，2011：170.

把具体要素据为己有的每一过程叫作摄入。"① 简言之，摄入即是现实存在把自身得以从中产生的宇宙中的各种要素据为己有的活动（或谓过程）。打个比方，某人吃饭：先喝一口汤，再吃一条菜，然后吃一口饭，再来一块肉……这个"喝一口汤""吃一条菜""吃一口饭""来一块肉"等，都可谓摄入，其中的每个摄入都是摄入事物的小过程，不妨称之为子过程，这样就可以说，经过一系列摄入食物的子过程完成了这一次吃饭过程。于是可认为一个生成过程是由若干个摄入构成，或者说现实存在就是各种摄入构成的合生。因此，对现实存在的所有进一步的分析就是要分析构成它的摄入。当然，一般的摄入并没有摄入食物那么简单，比如学生在学习过程中的观察、分析、感受、感悟、抽象、概括、发现、创造等就都是复杂的摄入过程。直白地说：摄入，就是吸取自己所需要的养分的过程。

摄入的构成：摄入由摄入者（即摄入的主体，也就是要摄入某种材料的现实存在）、被摄入者（即要被主体摄入的材料）、主体性形式（即摄入的方法，亦即是该主体是如何摄入该材料的）构成。

摄入的类型：摄入的材料包含着现实存在时叫物质性摄入；摄入的材料是永恒客体时叫概念性摄入；主观形式对摄入材料的肯定（选择）的摄入称为积极摄入②，积极摄入被称为"感受"；主观形式对摄入材料的否定（排除）的摄入称为消极摄入。

强调说明：

A. 每一个处于合生之中的现实存在，在其生成过程中都会包含其他现实存在——其他现实存在可以作为这种合生主体的材料。

B. 摄入是一个矢量，表现在能承载存在于他处的东西，并把它转化到存在于此处的东西之中。永恒客体在造成这种转化中发挥着关键作用，理解这一作用就是要理解怀特海所说的"相关性原理"。这里，需要注意的是：摄入是有方向性的。比如，人摄入食物，不同的人会有不同的选择。

C. 怀特海认为"现实存在由于彼此摄入而相互关涉"③，亦即是世界上没有真正孤立存在的现实存在，或者说任何现实存在都是与其他现实存在相互联系在一起的。

图 3.3 是简单摄入示意图，这里，只是示意，具体的摄入过程当然非常复杂，图中：A 是现实存在，E、F、G 是 A 中要素，A 选择了 G 实现了积极摄入

---

① 怀特海. 过程与实在［M］. 修订版. 杨富斌，译. 北京：中国人民大学出版社，2013：279.

② 这里对积极摄入、消极摄入的解释是笔者的理解。怀特海的说法是，存在两种摄入：A. 各种被称为"感受"的"积极摄入"；B. 据说应当"从感受之中加以消除"的"消极摄入"。各种消极摄入也具有主观的形式。在构成主体统一体的各种摄入的渐进性合生过程中，一个消极摄入会把它的材料归于无效（请见参考文献［56］）。

③ 怀特海. 过程与实在［M］. 修订版. 杨富斌，译. 北京：中国人民大学出版社，2013：24.

GG^*，A 否定了 E、F 亦即是 EE^*、FF^* 都是消极摄入，其中 E^* 可能仍然是 E，也可能有所变化（因为尽管是否定摄入，但要提供摄入主体的主体性形式，受主体性形式的目的性影响，E 可能发生变化），F^* 同理。本次摄入完成后生成了现实存在 A^*，A 则消亡，或称 A 为 A^* 的过去。

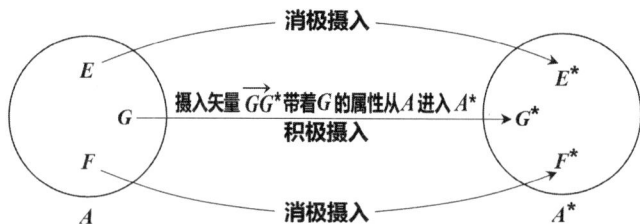

图 3.3　摄入示意图

6. 补充说明几个概念

① **连结**。连结就是一组现实存在，它们都存在于由它们的相互摄入构成的关联状态统一体之中，或者反过来说也可以表达同样的意思：它们都存在于由它们相互在对方那里进行的客观化构成的关联状态统一体之中。

② **共在**。共在是一个涵盖各种各样特殊方式的全称性术语，通过这些方式，各种各样的存在物就可以在某一个现实存在中共同存在。

③ **合生**。合生，是新颖的共在性的生产过程。具体说，"合生"是过程，这种过程是由许多事物构成的宇宙，通过把"多"之中的每一项要素，确定地整合到新的"一"构成的次要成分中去，从而获得某种个体的统一性。因此合生不可避免的基本事实，就是创造性，在创造性中，任何"多种事物"在具体的统一性中，无不处于从属地位。因此所有各种实际场合构成的某种集合，就事物的性质而言，就是一种合生的"实际场合"，因为它必须从各种实际场合中抽出某种具体的统一性，才得以构成。

至于如何合生，怀特海认为："在合生过程中存在着一系列阶段，新的摄入在这些阶段中通过整合先前阶段的摄入而产生。在这些整合过程中，'感受'把自己的'主体性形式'和自己的'材料'提供给新的整合性摄入的形成过程。但是'否定性摄入'只提供它们的'主体性形式'。这一过程还会持续进行下去，直到全部摄入都成为一种确定的整合性满足之中的成分时为止。"①

④ **生成和生成过程**。过程原理认为，过程就是实在，实在就是生成。于是凡要成为现实的，就是要成为过程，过程是生成的基础，生成是过程的结果。并且过程哲学认为，现实存在如果脱离生成过程，那么就不再是现实存在，而只是

---

① 怀特海. 过程与实在 [M]. 修订版. 杨富斌，译. 北京：中国人民大学出版社，2013：32.

抽象的存在。譬如人的存在，就是从出生到当下的生成过程，一旦停止生成，那么人也就不存在于世界。

过程哲学的六个基本原理诠释了"生成"的要素：过程性原理，说明生成是面向新颖性的创造过程（创造性）；主体性原理，说明生成是在主体性目的指引下自主性或自组织性①的创造过程（自主性）；创造性原理，说明生成是其自身创造性所推动的过程（能动性）；相关性原理，说明生成是相关要素协同效应的过程（关联性）；摄入性原理，说明生成是各种摄入构成的合生过程（摄入性）；本体论原理，说明生成是在客观理由和根据的基础上创新自己存在形式的过程（实在性）。因此，创造性、自主性、能动性、关联性、摄入性、实在性是形成生成过程的关键因素。

要注意，摄入，是重要的，因为我们可以用摄入去描述生成过程：现实存在的生成过程是通过摄入先前的现实存在和其他现实存在以及整个宇宙的力量，合生为一个有机整体的过程②，这就是生成过程的本真。简言之：生成过程是若干个摄入过程的合生。

再注意，过程哲学认为：在现实存在的生成过程中，各种新颖的摄入、连结、主观形式、命题、多重性以及对比也都生成了，但就是不存在任何新颖的永恒客体，但永恒客体同所有存在一样，是生成过程的潜能。

7. 过程哲学视阈下的知识观

这里，我们要说的不是知识的定义而是知识观，也就是从什么角度去审视知识。当然，视物的角度很多，不过基于过程哲学，首先我们的观点仍然是"动态"的；其次按照过程原理："现实存在的'存在'是由它的'生成'构成的"，亦即是说"事物的本质即是其生成过程"，所以我们就期望得到"知识就是其生成过程"的结论。然而，此结论似乎存在矛盾，因为怀特海认为：任何能够从经验中抽象出来进而能够复现的东西都是永恒客体③，所以抽象出的知识（如数理知识）都是永恒客体。然而永恒客体却又是无生、无灭的，这就尴尬了——还谈什么"知识生成"。不过，我们还是要一探究竟。下面从哲学、数学、认知、教育四方面进行论述。

---

① 自组织理论是关于在没有外部指令条件下，系统内部各子系统之间能自行按照某种规则形成一定的结构或功能的自组织现象的一种理论。该理论主要研究系统怎样从混沌无序的初态向稳定有序的终态的过程演化及其规律，认为无序向有序演化必须具备几个基本条件：① 产生自组织的系统必须是一个开放系统，系统只有通过与外界进行物质、能量和信息的交换，才有产生和维持稳定有序结构的可能。② 系统从无序向有序发展，必须处于远离热平衡的状态，非平衡是有序之源。开放系统必然处于非平衡状态。③ 系统内部各子系统间存在着非线性的相互作用。这种相互作用使得各子系统之间能够产生协同动作，从而可以使系统由杂乱无章变成井然有序。除以上条件外，自组织理论还认为，系统只有通过离开原来状态或轨道的涨落才能使有序成为现实，从而完成有序新结构的自组织过程。参见何盛明. 财经大辞典. 北京：中国财政经济出版社，1990.

② 杨富斌，麦克丹尼尔. 怀特海过程哲学研究 [M]. 北京：中国人民大学出版社，2018.

③ 杨富斌，麦克丹尼尔. 怀特海过程哲学研究 [M]. 北京：中国人民大学出版社，2018.

（1）哲学视角。

① 动与静、是与否的思考。

知识观，动还是静？需要辨析！在此，我们举例分析。数，是数学中的基本概念，关于数的研究，重在整体而不在个体。一般地，把具有某种特征的数的总体称为数系，如我们常见的数系有自然数系、整数系、有理数系、实数系、复数系。数系的演变与扩张至今也经历了数十万年，图 3.4 描述了数系的扩张过程。由图可见，首先，数系的扩张曾引发两次数学危机，并导致了希伯斯惨案。其次，认识数系，比如实数系，如果仅知道什么是实数，实数如何运算等绝不能说你懂得了实数，而只能说你知道了实数，因为与实数相关的弯弯绕绕绝对难缠。所以要想真正地认识实数，就必须懂得 "有理数→实数集→实数系" 的生成过程，这是动态认知观。之所以要动态，是因为静态观在数系扩张中曾引发数学危机，如有理数到实数的扩张引发了第一次数学危机：被称为 "科学与哲学之祖" 的泰勒斯提出 "世界的本源是什么" 的千古难题，泰勒斯的学生毕达哥拉斯做出了回答：世界的本源是自然数！因为以 "自然数" 为本源构成的 "有理数" 足以描述世界，因此就提出 "万物皆数" 的理论，此，显然错误！产生错误的原因至少有二：一是静态认知观，二是误置具体性谬误。

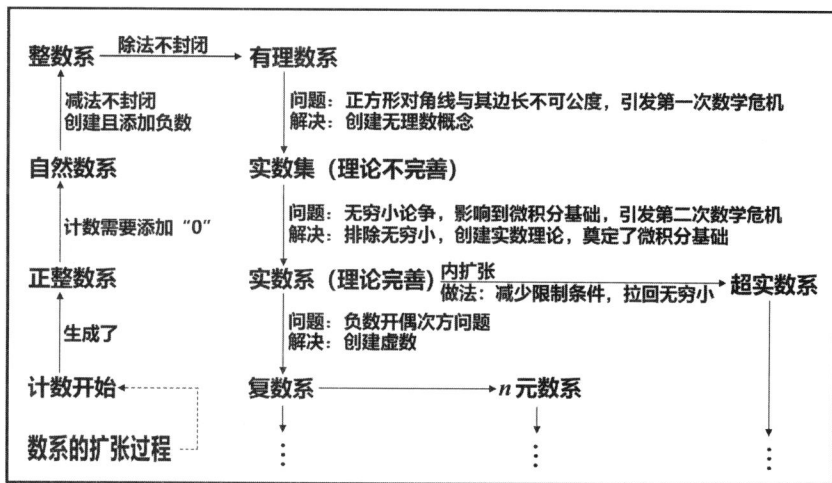

图 3.4 数系扩张示意图

关于静态认知观。静态认知，即认为知识就是已经获得的、放在那儿静止不动的东西。如《现代汉语词典》（2002 年增补本）将知识解释为 "人们在改造世界的实践中所获得的认识和经验的总和"，此解释就是只注重结果而不注重过程。再看毕达哥拉斯，当他获得了 "任何量都可以表示为两个整数之比" 的结论后，就认为有理数系已经是完美无缺、不可撼动的终极数系，不可能再发展、再扩张，即便是面对"正方形的对角线与其边长不可共度"的事实也拒绝承认。可见他的认知观是：当科学发展到一定完美境界时，就不可能再发展变化了。这也是静态认知观，正因如此才导致了希伯斯惨案。①

关于误置具体性谬误。误置具体性谬误上文已有论述，在此则进一步说明认知观是误置具体性谬误的主要原因：如果称"自然界真正存在的知识"为真知（亦即是怀特海的永恒客体），称"人类在探索自然中所获得的知识"为知识，那么"误置具体性谬误"也就是认为"知识"就是"真知"，而不懂得"知识"与"真知"之间的差别，更不知道"知识"仅仅是人们对世界的感知或想法，不知这种感知或想法仅仅是有可能接近于"真知"，还可能肤浅于"真知"或可能偏离于"真知"，更可能有悖于"真知"！毕达哥拉斯"万物皆数"的理念就是肤浅于"真知"。

再如第三次数学危机，19世纪末，康托尔集合论的诞生使数学的高楼大厦很快地矗立在集合的基础上，进而导致了整个科学界的热血沸腾，因为此时的科学家普遍认为数学的系统性和严密性已经达到，科学大厦已基本建成，如大数学家庞加莱在1900年的国际数学家大会上就公开宣称，数学的严格性，现在看来可以说是实现了。但遗憾的是好景不长，时过两年，理发师悖论就"残忍地"击垮了"科学大厦"的基础，粉碎了狂热的梦想。实际上，集合是存在的，但集合中的元素及其关系却是非常复杂的，比如宇宙就是一个集合，但却无人能给出其明确的定义，因为宇宙复杂得难以想象！这就是说20世纪初的"科学狂热"就是因为初始对集合的认知肤浅于"真知"所致。

综上讨论，只要注意到"知识"与"真知"的差别，就不必去纠结永恒客体的"不生"本质，因为所谓的"知识"根本就不是怀特海的"永恒客体"。因此可以说：尽管永恒客体是过程哲学对传统哲学中"抽象"概念的取代，并且数学中的概念、定理、公式以及物理学中的定律都是永恒客体，但我们绝不能将它们等同于永恒客体。因此我们完全可以从过程、生成的视角来诠释我们所得到的"知识"，不必纠结于永恒客体。

事实上，宇宙、现实世界、各种客观存在都有自己的本真，这种本真也就是我们难以琢磨的永恒客体。其实我们所能看到的也仅是现实存在的聚合体，并且这种看到仅仅是表面而已。因此揭示宇宙，揭示现实世界，揭示客观存在，关键在于揭示其本真，而绝不能仅限于表面的感知。所以我们的探索就是为了充分接近这种本真，而探索的方法就是抽象，从具体开始的抽象。这也就是说，人类经过几百万年前仆后继的探索而勾勒出我们现在所知道的世界，仅仅是一个抽象的世界。而用来描述这个抽象世界的文字、符号、语言，原本就不足以精确地描绘

---

① 需要声明，我们必须承认毕达哥拉斯是古希腊著名的哲学家、数学家、天文学家，为人类做出了巨大贡献。当然任何事物都不可能完美无缺，科学研究更是这样，走弯路，出错误，无可厚非。之所以在此讨论这个话题，并不是要贬低毕达哥拉斯，而是借助于一些事实说明一些道理。

这个抽象世界，况且这些文字、符号、语言本身也是抽象出来的东西（如图 3.5 中的"鱼"字的演变过程就是抽象过程），而用抽象出来的东西去描述抽象世界，误差势必加大，更不能等同于过程哲学中的存在（如现实存在、聚合物、永恒客体），而最多是与它们充分接近，因为哲学中的存在物是对大自然中存在的假设，但这种假设代表的则是宇宙的本真。

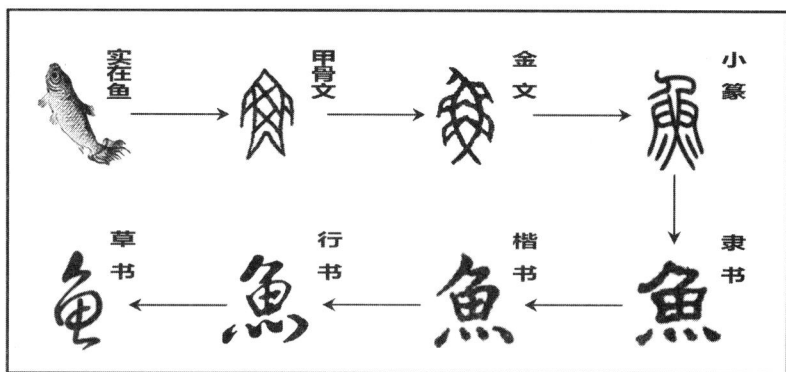

图 3.5　汉字"鱼"的演变

这里，我们的讨论落脚到"抽象"，也如怀特海所说"现实世界是由现实发生所构成的；根据本体论原理，在'存在'的任何意义上存在的任何事物，都是从现实发生中抽象出来而产生的"①，所以下文我们阐述怀特海的抽象思想、方法与理论。

② 怀特海的抽象等级体系（抽象方法）。

为了摆脱永恒客体"不生"的困扰，上文我们讨论了"知识"与"永恒客体"的区别，强调了"人类的知识"仅仅是人类在探索自然中所抽象出的"结果"，这就是说"知识"，并且是"所有的知识"都是抽象过程中的生成物，这就契合于我们企图说明的"知识就是其生成过程"的认知观，所以我们需要充分说明"抽象过程"。怀特海在《科学与近代世界》② 中专门论述了抽象，我们依托怀特海在此著中的论述展开说明。

首先说明永恒客体的领域。永恒客体的领域，指的是一个通过某种性质互相关联的永恒客体的系统。例如，平面上所有三角形的集合就是一个永恒客体的领域，因为这个领域是通过性质"有且仅有三条边"关联而成的。

其次说明抽象的等级体系。我们可对永恒客体领域做复杂度分析，为此先称个体本质简单的客体为最低级的永恒客体，并称其复杂度为 0（如某种红色就是复杂度为 0 的永恒客体）；然后举例说明复杂度分析方法：

---

① 杨富斌，麦克丹尼尔. 怀特海过程哲学研究［M］. 北京：中国人民大学出版社，2018：93.
② 怀特海. 科学与近代世界［M］. 何钦，译. 北京：商务印书馆，2011：164 – 183.

（a）设 A、B、C 是三种不同且确定的颜色（如 A 是某种红色，B 是某种蓝色，C 是某种绿色，），那么 A、B、C 都是复杂度为 0 的永恒客体。

（b）分别将 A、B、C 涂于所有正方体的两个面上（正方体的两个面，是一种关联性，显然，这种关联性超越了时空），将如此关联的 A、B、C 记为 R（A，B，C），那么 R（A，B，C）即是一个新的永恒客体，称 A、B、C 为 R（A，B，C）的组成成分。

显然新永恒客体 R（A，B，C）的复杂度（级别）高于其组成成员 A、B、C 中的任一个。这个分析过程可描述为：

面对"三个不同的复杂度为 0 的永恒客体"

↓ 创设关联方式：分别涂于正方体的两个面上

生成复杂度更高的永恒客体 R（A，B，C）

显然，这个过程是一个生成过程，是由 A、B、C 生成 R（A，B，C）的过程。此例、此过程可推广到一般。依此，怀特海建立了**抽象的等级体系**：

当我们经过一系列的阶段向可能性领域中所得出的一定抽象样态①前进时，在思想上便要经过一系列愈益提高的复杂性等级。我把这种前进的过程称为"抽象的等级体系"。一个抽象的等级体系不论是有限的还是无限的，都是以一群确定的简单永恒客体为基础。这一群永恒客体就称为等级体系的"基础"。因此，抽象的等级体系的基础便是一组复杂性为零的客体。抽象的等级体系的正式定义是这样：

以 g 为基础的抽象的等级体系，如果 g 是一组简单永恒客体，那么这一体系便是满足下列条件的一组永恒客体：

（a）g 的组成部分属于该等级体系，而且是该体系中唯一的简单永恒客体。

（b）该等级体系中任何复杂永恒客体的组成成分也是本体系中的组成部分。

（c）该等级体系中任何一组永恒客体，不论等级相同或不同，至少是本等级体系中一个永恒客体的组成成分或衍生组成成分。应当注意的是，一个永恒客体的组成成分的复杂等级必然低于它本身。因此，这一等级体系（复杂性的第一级）的任何组成部分只能以 g 群中的部分作为组成成分。第二级复杂性的部分则只能以第一级和 g 群的部分作为组成成分，余类推。
…………

抽象的等级体系如果停止在有限的复杂等级上，便叫作有限体系。如果包括一切复杂等级的组成部分，则称之为无限体系。

---

① 怀特海认为，每一种永恒客体都和某种事态有其固有的连系，称这种连系为进入事态的样态。

应当注意的是，抽象的等级体系的基础所包括的组成部分的数目并没有限制，可以是有限的也可以是无限的。同时，基础组成部分的无限数并不影响等级体系的有限或无限。

这就是说，抽象是一个生成过程，知识是在抽象过程中生成的。请尽量理解下面这段话：

事实上，人世间的许多说明，包括科学说明、哲学说明和宗教说明，并未坚持这一原理。譬如，科学家通常借助于"规律"来"说明"现象。物理事件按其实际发生的样子来发生，通常被物理学家说成是因为它遵循着物理学的规律。作为一个方便的表达，这种说明的方向大体上是正确的。但是，这种说明也特别容易误导人，通常会鼓励人们有理由犯怀特海所说的"误置具体性之谬误"。因为所谓科学的"规律"本质上乃是一种普遍化的概括或者说是科学家所做的一种抽象。一方面，这种科学规律本身并不会产生因果效应；另一方面，科学规律的概括通常撇开了自然界中的其他因果作用，只是单纯地就其中的结构和可能存在的"规律"所进行的概括，因此，这种"科学规律"或"科学定律"，如摩擦定理，在现实物理世界中根本不会纯粹地起作用。所以，"科学规律"或"定理"不可能是任何事物的现实理由，物理世界中的个别发生并不完全遵循这些"科学规律"。正因如此，怀特海强调，一个完整的和恰当的说明必须把任何发生之任何特征的原因或理由追溯到某种现实存在。①

另外，金吾伦先生也从生成论视角提出了"知识生成论"（金吾伦，2003），认为知识的生成即是知识的创造与建构。

（2）数学视角。

怀特海在《数学与善》（怀特海，1999）中关于数学"抽象"的论述如下：

数学的特点：在从模式化的个体作抽象的过程中对模式进行研究。

数学的意识：从存在的背景中对实体的一种抽象。

抽象的方法：是从一个整体中抽象出细节的，并且在你的抽象中加上限制。

抽象的结果：是包含突出，并且突出激活对于善或对于恶的经验。所有现实的特有的特征是突出的模式，因此有限激活无限。在这种方式下，创造包含价值经验的产生，通过无限注入到有限，通过有限模型的细节和整体导出特殊的性质。

因此可以说：数学知识是抽象性思维过程中生成的结果。需要理解"数学的意识"中的"实体"与"存在的背景"的意义。

关于"实体"，首先从数学的特点中的模式化的个体来看，"实体"即是现

---

① 杨富斌，麦克丹尼尔. 怀特海过程哲学研究［M］. 北京：中国人民大学出版社，2018.

实中的事物或者抽象化的结果；其次从数学探索来看，其并非是过程哲学的现实存在，而应该是客观存在的事物，亦即是聚合体。

关于"存在的背景"，从怀特海哲学的存在性范畴"现实存在、摄入、聚合体、主体性形式、永恒客体、命题、多样性和对比"来看，背景都既可以是"实在背景"，也可以是"概念背景"。其实怀特海有说：

> 科学家的知识是从一组确定了其科学领域的基本概念和这些概念的基本关系出发进行研究的。例如，牛顿力学就以欧几里的几何学的空间、具有质量的物质、运动、压力与拉力和更一般性的力这样一些概念为前提，此外还有牛顿运动定律以及后来增加的一些概念。科学假定了这些概念的适用性，由此对因果关系进行演绎。

其中说的是"概念背景"。总之，"背景"既可是"实在"的，又可是"概念"的，这个结论从怀特海的"抽象的等级体系"学说也能得到说明，如多边形的教学可以这样设计：

$$基于实在背景 \xrightarrow{抽象} 三角形的概念；$$

$$三角形概念 \xrightarrow{抽象} 三角形的性质；$$

$$三角形概念及性质 \xrightarrow{抽象} 多边形的概念；$$

$$三角形概念及性质、多边形的概念 \xrightarrow{抽象} 多边形性质；$$

$$\cdots\cdots\cdots\cdots$$

数学体系也就是经过这样的逐级抽象而生成的（当然要复杂得多得多），而这个过程中存在着"实在背景"与"概念背景"。

关于抽象，怀特海强调要把注意力局限在肯定的抽象概念群上。他认为"把注意力局限在肯定的抽象概念群上有一个好处是，思想可以集中在限界和关系都极明确而又肯定的事物上。因此，如果你有一个逻辑的头脑，就可以对于这些抽象实有之间的关系演绎出各种结论来"[1]。概念群也就是一系列有内在联系且在某种程度上可以互训互释的概念的集合，其中所强调的是"关联"，亦即是强调：在抽象中，如果将相关概念组成一个具有逻辑关系的"概念网络"[2]，那么即能得到更多更好的结论。

相反，怀特海又说明：不要把注意力单纯集中在一群概念上。他认为"把注意力单纯集中在一群概念上，不论这些概念基础如何好，由于这种作法的性质所

---

① 怀特海. 科学与近代世界［M］. 何钦，译. 北京：商务印书馆，2011：65.
② 我们的"逻辑图表"正合此意。

限，总会有毛病：那就是你把别的东西全抽绎掉了。如果被抽绎掉的东西在你的经验中是重要的，你的思想方法便不宜于处理它们了。思想时总是不能没有抽象概念的。因此，最重要的是要经常以批判的态度检查你的抽象方式"①，其中，"一群概念"指的是若干无序无关联的概念，是一堆杂乱无章的东西，在此基础上，哪怕是煞费心机却也难成大事，还可能劳而无功。因为面对杂乱无章的堆放，很难获得关键性契机。如此也就反映出怀特海对抽象与逻辑的辩证思考，也是怀特海的创造性思维过程：具体直接→关联抽象→合情推理→力求生成→致力创新。这些观点适合当代教育的诉求，值得我们在教学改革中"深"思而笃行。

（3）认知视角。

怀特海对认识论未做系统研究，但在阐述过程宇宙论的过程中，却对认识论有许多精辟论述。在此我们不可能细论，只从本体论及过程原理予以说明。

从本体论来看。怀特海认为传统哲学认识论的困难，是因其只注重直接表象而忽视因果效应，所以困难的解决只能诉诸过程哲学的本体论。因为过程哲学本体论认为"事物不会无中生有"，所以认识事物就必须追究其生成的缘由及生成过程，因此可说"知识就是其生成过程"。

从过程原理看。过程原理认为"存在即生成"，因此，要认识某个事物，就必须去认识它的生成过程，并且只有认清了它是如何生成的，才是真正地了解它实际上是什么。所以知识只能是对事物的生成过程的假设或者模拟，所以说知识就是其生成过程。当然，这种假设或者模拟只是人为的结果而并非事物的本真。

其实，怀特海认为：过程哲学中知识被降低为过程之中的中介状态。（怀特海，2003）由此来看，知识就是事物生成过程中某现实存在的生成过程（过程中的子过程）。

（4）教育视角。

怀特海认为：

知识的传授是教育的最基本目标，而教育的终极目标是提高学生的智慧，智慧是掌握知识的方式。（怀特海，2002）

那么何种掌握知识的方式才能够提高学生的智慧？怀特海认为：

发展的本能来自内部：发现是由我们做出的，纪律是自我约束，成果来自我们自己的首创精神。教师具有一种双重的作用：他以自己的人格和个性激起学生的热情，同时创造具有更广泛的知识和更坚定的目的的环境。他的作用是避免浪费，而浪费在生存的较低级阶段是自然的进化方式。根本的动力是对价值的鉴赏，是对重要性的认识，这在科学、道德和宗教中都是一样的。（怀特海，2002）

---

① 怀特海. 科学与近代世界 [M]. 何钦，译. 北京：商务印书馆，2011：66.

其中的"发现……，……自我约束，……首创精神"是对学生的要求，这就是说，怀特海认为，智慧教育首先是学生的自我教育，需要学生"身体之，力行之"（怀特海，1999），依靠自己的首创精神去发现、生成知识；教师的作用是激发学生的潜能，且创设广阔的知识生成环境；而学习的根本动力是"对价值的鉴赏"。如此可见怀特海的教育教学思想与当前的教育改革对教学的认知基本一致，与三维目标的要求也基本一致。

总之，怀特海认为"智慧是掌握知识的方式"，而"智慧"来自"在价值观催动下、自我首创精神作用下的知识生成过程"，简言之，认知方式就是"自我首创精神作用下的知识生成过程"。

综上，我们就可以响亮地提出：

知识就是其生成过程

的**认知观**。尽管我们"浪费"了许多口舌来说明自己的认知观，但这是非常必要的，因为"它"是我们的教学理念的支撑点，同时"它"为我们的教学研究指出了方向，并且这些"口舌"中也包含着许多教育方面的思考与结果。

尽管我们以"过程哲学"为理论基础讨论教学，但却不能细抠细说过程哲学的每词每句，因为那样会陷入困境，所以，坚持过程哲学，最应该的是把握过程哲学的精髓：整体性、过程性、关联性、流变性、摄入性、合生性、生成性、创造性等，再简单点儿说就是不要忘记**动态性**。

3.3.1.2.2　系统科学，需要哲学基础

上文已论，教育研究必须走向系统科学，关于系统科学的地位，钱学森先生首先发现自然科学有三个层次（如图3.6所示），然后再考察其他学科，又发现这种模式是共同的。由此即提出了著名的"三个层次一座桥梁"的学科体系一般框架（如图3.7所示）。

图3.6　自然科学的三个层次　　　　图3.7　学科体系的一般框架

钱老把这个一般框架用于系统科学，重新界定了已建立的学科分支，发现系统科学已具备工程技术（含系统工程、自动化技术、信息技术）与技术科学（含运筹学、控制学、信息学）两个层次，但基础科学层次仍是空白。他由此提出尽早建立系统科学体系的号召，指出关键是填补基础科学层次的空白，并把它命名为系统学，图3.8表述了他的思想。（苗东升，1998）

图3.8不仅表明了系统科学的地位，而且说明了系统科学方法需要某种哲学的支撑。若将图3.8具体到教学，即可得到图3.9所示的用系统科学思想研究教学的基本框架，由此可见，教学研究，首先需要哲学基础，其次需要系统科学思想。

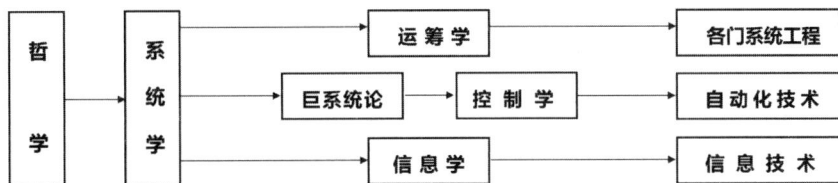

图3.8 系统科学的体系框架

图3.9 用系统科学思想研究教学的基本框架

3.3.1.2.3 过程哲学：系统科学的哲学基础

前文说到系统科学需要哲学基础，那么选谁？苗东升先生认为：系统思维是一个庞大而精深的概念体系，有必要将其作为过程来认真对待。过程分析要注重过程的环境、结构及过程的涌现性。（苗东升，2004）如此看选怀特海的过程哲学作为系统科学的哲学基础最好不过。

实际上，如此选择并非是形式上瞄准"过程"，而是过程哲学符合"在复杂性社会中解决复杂性问题，需要放弃基于'实体'的简单性思维方式，走向基于'关系'的复杂性思维方式，依靠系统科学方法及其思想"的时代诉求，况且系统哲学家拉兹洛认为，怀特海的有机哲学就是系统哲学，只不过用词不同而已。①

1. 过程哲学的系统科学思想

通过研究有关文献，我们认为过程哲学充分体现了系统科学思想。

第一，怀特海拒斥实体观，认为事物都处于永不停息、转瞬即逝的生成和发

---

① 杨富斌，麦克丹尼尔. 怀特海过程哲学研究［M］. 北京：中国人民大学出版社，2018.

展过程中，所以用现实存在取代实体概念以示区别，且界定现实存在就是其生成过程，称之为**过程观**，过程观揭示了事物的本质，揭示了研究对象的系统结构。

第二，怀特海认为自然、社会和思维乃至整个宇宙都是有生命的机体，处于永恒的创造和进化过程中，称之为**机体观**，机体观体现出整体思想。

第三，怀特海认为万物都以某种方式相互关联，这种关联只能通过摄入方式实现，称之为**摄入观**，摄入观体现出关系思维。

第四，过程是多种现实存在合生出单一现实存在的活动过程，称之为**合生观**，合生观体现出整体涌现思想。

第五，对现实存在的分析即是对摄入的分析，而现实存在的生成则是系列摄入阶段的合生，描述了还原论与整体论方法辩证统一的思想。

由此我们可以说过程哲学充分体现了系统科学思想。

根据杨富斌先生的研究，过程哲学的本体观是过程，基本思想是形而上学，基本原则是创造性，基本方法是以流变和生成为基本特征的动力学方法。（杨富斌，2003）

根据小约翰·科布先生的研究，过程哲学具有整体性、动态性、生成性、合生性、创造性、多元性、持续性、开放性、内在相关性、互依互动性等特征。这些不仅是对过程哲学要点的概括，同时也充分反映出过程哲学的系统科学特征。

其实，罗大文先生在20世纪80年代已论（罗大文，1985）：机体哲学，作为一般系统论的思想先驱，起到了哲学思想的先导作用，为一般系统论的诞生提供了一定的哲学依据。

一般系统论的创始人贝塔朗菲指出，机体哲学的创立和一般系统论思想的形成，都是在20世纪20年代，它们都是作为反对生物学中的机械论观点而提出的。机体哲学和系统论的出世，引起了人们世界观的根本变化。机体哲学的整体性观点与系统论也是一致的，是符合辩证法的。

整体性原则是系统方法的基本出发点。而怀特海认为，完整的有机体是事物性质的完整表现，要恢复事物的本来面目就必须放在整个事物的系统中一起考察。

在第八届国际怀特海大会上①，日本伊藤重行教授对过程哲学与系统哲学的关系做了分析。他认为，拉兹洛深受怀特海的影响，不仅他的博士论文是关于怀特海的过程形而上学，而且他曾明确谈到：他最终"遭遇了怀特海"，在怀特海的机体哲学中，他"找到了值得持续思考的答案"。然而这位昔日的钢琴神童拉兹洛却并不满足于停留在怀特海的哲学中，他通过用自己的"系统"概念替代怀特海的"有机体"概念而试图超越怀特海。但是伊藤重行的研究表明，尽管

---

① 王治河，樊美筠. 过程哲学与时代的急难：第八届国际怀特海大会综述［EB/OL］.（2012－03－09）［2012－06－15］. http://www.chinasdn.org.cn/n1249550/n1249735/13749708.html.

有超越，但不论是在他的"系统哲学"还是在他的"阿克塞场"（Akashic Field）理论，都不难发现怀特海的深刻影响，在这个意义上，拉兹洛依然"属于怀特海派"。伊藤重行教授的研究为"过程哲学体现了系统科学思想"的论断提供了佐证。

2. 过程哲学对世界的适用性

第五届国际怀特海哲学大会上，当代世界著名后现代思想家、美国加州克莱蒙大学教授、过程哲学研究中心主任小约翰·科布指出：怀特海的过程哲学以其整体性、生成性、合生性、多元性、创造性、开放性、内在相关性、互依互动性和现实关怀性等性质，日益为各国学者所接受，成为世界哲学中的一门显学。（曲跃厚，2004）

美国汉德瑞克斯学院哲学与宗教系教授、国际著名过程哲学家杰伊·麦克丹尼尔在"哲学：基础理论与当代问题"国际学术研讨会上指出：怀特海哲学为自然科学所深深塑造，与中国传统思维方式有很多类似之处。怀特海过程哲学的观点能够在以下方面对一个可持续的未来有所贡献：① 提供了既有科学形式又有精神意义的宇宙观，使人们在一个相互作用的世界里生活。② 指明了一种生活方式，它避免了把生活目的简化为赚钱的"无根的用户至上主义"和以对变化的开放态度为代价的依附于过去的"无翅膀的传统主义"。③ 提供了在东方和西方、科学和精神性、教育和创造性、共同体发展和良好环境、传统和现代性、现代性和后现代性之间架设起桥梁的科学洞见和观念。（麦克丹尼尔，2007）

为了探索和寻找破解生态危机的方法和途径，2011 年 9 月在日本召开了第八届国际怀特海大会，探讨过程哲学对克服包括生态危机在内的种种现代化危机的意义，以及人类如何与自然和其他文化和谐相处的生态智能。葡萄牙学者特蕾莎·梯希拉认为过程哲学的精髓在于使人们意识到"我们在世界中，世界在我们中"。中国学者杨富斌教授认为，必须以过程哲学的机体宇宙观取代西方现代哲学的实体宇宙观，唯有如此，才能从根本上确立人类自觉地保护自然，走生态文明建设之路的哲学基础。而继续坚持实体论的机械论宇宙观，必然会使人的生活难以长期为继，甚至有可能毁灭人类和我们生存的地球。美国学者罗伯特·斯美德认为怀特海的过程哲学与中国传统哲学一样，都是一种向过程开放的哲学，这样一种哲学有助于我们颠覆现代西方占统治地位的"静态现实观"。岭南师范学院李方教授和袁栋教授深入探讨了怀特海的过程教育的内涵及其对当代中国教育改革的启迪，认为过程教育特别有助于我们挑战现行的应试教育、机械教育，从而发展出一种具有中国特色的创新教育、整合教育、生命教育和生态教育。①

张秀华的研究说明：过程哲学具有生态文明的意蕴，其整体论、过程论、生

---

① 王治河，樊美筠. 过程哲学与时代的急难：第八届国际怀特海大会综述［EB/OL］.（2012 - 03 - 09）［2012 - 06 - 15］. http://www.chinasdn.org.cn/n1249550/n1249735/13749708.html.

成论和过程辩证法思维范式下的内在关系论，都与马克思主义哲学具有共通性，使得当代发展着的马克思主义开展与过程思想的对话有了可能性和必要性。（张秀华，2011）

总之，随着工业文明带来的一系列负面影响（如环境污染、核战争危险、健康与食品安全等现代性问题）日益突出，人与自然的关系日趋紧张，人们开始关注强调关系、有机和过程思想的过程哲学，其影响已经扩展到经济学、教育学、政治学、法学等诸多领域，并对后现代农业、生态城市建设和环境保护等诸多领域产生重大影响。并且由于分析哲学和现象学运动在欧美哲学界渐趋衰落，怀特海的过程哲学反而越来越显示出蓬勃的生机。因此，深入研究过程哲学，揭示其合理思想和深刻洞见，剔除其错误观点，对于丰富和发展马克思主义哲学、为中国特色社会主义实践提供更多的理论视角和思想营养，具有重要意义。（杨富斌，2011）

3.3.1.2.4　过程哲学的教学图景

怀特海的过程教育思想集中体现在他的《教育的目的》（怀特海，2002）一书中。怀特海出身于教育世家，本人又有丰富的教学与教育管理经验，所以他所提出的各种富有创造性变革意义的后现代教育理念更具有针对性、启示性和可操作性。

1. 怀特海的基本教育理念

怀特海的基本教育理念为：教育的主题是生活；教育的功能是有用；教育的目的是智慧；教育的境界是风格；教育的行为是摄入。（廖晓翔，2004）

怀海特指出：

教育只有一个主题，那就是五彩缤纷的生活。（怀特海，2002）

教育当然应该有用，不管你的生活目的是什么。（怀特海，2002）

传授知识是智力教育的主要目的，但较之更伟大的目的是智慧。（怀特海，2002）

在今天的大学里，我们卑微的目的却是教授各种科目，从古人向往追求神圣的智慧，降低到现代人获得各个科目的书本知识，这标志着在漫长时间里教育的失败。（怀特海，2002）

风格是智者的最高德性。（怀特海，2002）

应该培养所有精神活动中最朴素简约的特质，我指的是对风格的鉴赏。（怀特海，2002）

教育绝不是往行李箱里装物品的过程，这种比喻完全不适用。……与这种过程最相似的是生物有机体吸收食物的过程：我们都知道，在适当的条件下，可口的食物对于健康是多么重要。当你把靴子放入行李箱后，它们会一直留在那里直到你把它们取出来为止，但是你若给一个孩子喂了不合适的食物，情况就完全不

同了。(怀特海，2002)

从某种意义上说，随着智慧的增长，知识将会减少：因为知识的细节消失在原理之中。在生活的每一种业余爱好中，你可以临时学习那些重要的知识细节；但养成习惯去积极地利用透彻的原理，才算是最终拥有了智慧。(怀特海，2002)

如此理念完全超越了传统的教学观点，是与人类心智协调的教育理念，值得借鉴。

2. 怀特海的主要教育观点

第一，超越僵化观念，强调首创精神。怀特海指出：僵化观念是缺乏想象力与创造性的观念，囿于这种观念的教育，消极被动，没有节奏，满足于传授陈腐的知识，脱离了活生生的生活与实践，割裂学科间的内在联系，扼杀人之天才的创造力，是一种毫无价值、极其有害的教育。所以教育必须超越僵化观念，加强首创精神，充满历险、享受和自由。在教育中不能没有秩序，但更不能没有创造和历险。

怀特海的抨击正中我国教育的要害，不仅是传统，就是在现在，缺乏想象力、缺乏创造性的僵化教育观念依然统治着我国的教育领域，脱离生活、脱离实践、割裂知识间的联系、扼杀人的创造力的教育方式依然占领着我国的教学课堂。尤其在当前大学的教学中，不仅僵化的传统观念顽固不化，而且将"人工封闭式"升级为"PPT封闭式"，亦即是将所讲授的内容，以结构型的结论式，用PPT播放而出，并且还被赞颂为使用了现代教育技术——教学评价，"优"！当然，不是说不应该要求使用PPT，而是说迄今为止，不仅不知道应该如何使用多媒体辅助教学，而且是把PPT当成了"偷懒省力"的教学手段。如此下去，如何得了？因此，我们的教育教学在超越僵化观念、深化教学改革、加强首创精神上刻不容缓！

第二，强调教育节奏，注重教育过程。怀特海过程思想在教育中的重要表现即是"教育节奏"。怀特海说：

我的主要论点是，智力的发展表现为一种节奏，这种节奏包含一种交织在一起的若干个循环周期，而整个过程作为发展中的小漩涡，又受一个具有相同特点的更重要的循环周期的控制。此外，这种节奏显示出某些可确定的普遍规律，这些规律对大多数学生来说都是合理的。(怀特海，2002)

怀特海论述了一种"浪漫→精确→综合"的学习节奏，认为每一堂课、每一门学科、人的一生都由这三个相辅相成，不断重复、交叠、循环的节奏组成。其中：

浪漫阶段是开始领悟的阶段，指的是事物未以清晰的结构呈现，而是以混沌的面目出现在学习者面前时，学习者通过浪漫的想象、游戏方式得以领悟的阶段，此阶段是精确阶段的必要基础。

精确阶段是对知识的增加、补充以及分析、揭示阶段，即对浪漫阶段已经存在于头脑之中的活跃而混乱的思想进行有序排列，并且补充新的知识，以促进对原有知识的认识，同时对浪漫阶段的内容做出揭示和分析。

综合阶段是概念上的综合，同时也是下一个浪漫阶段的起点。

可见，笔者的"粗、精、融"学习方式与此"浪漫→精确→综合"节奏非常相似。

实际上，节奏的确是重要的教学艺术，无论是教学过程、教学语言，还是语气语调，都需要节奏。良好的节奏会引起学生思维"翻天覆地"的变化，达到事半功倍的效果；而杂乱无章地侃大山或者千篇一律的"满堂灌"①，则会使学生心烦意乱或者睡意益然。

明面上，怀特海给出了"浪漫→精确→综合"节奏，实际上，根据怀特海的论述还可归纳出其他形式的节奏模式，综述如下：

① "浪漫→精确→综合"节奏。上文已述。

② "摄入→合生"节奏。怀特海认为：

现实存在是许多潜能的合生过程，而合生过程则是由阶段组成的系列，每个阶段中，新的摄入可以通过整合以前阶段的摄入而出现，每次整合中，各种感受都把它们的主观形式和材料赋予了这些新颖的整合性摄入的形成过程，这种过程持续进行，直到所有摄入都成为某种明确的整合性满足的成分为止。（怀特海，2003）

如此，怀特海给出了一种还原论与整体论方法辩证统一的思维方式，描述了"摄入→合生"的变化规律，如此的变化规律也形成一种节奏，我们称之为"摄入→合生"节奏。教学中，知识的生成过程完全可由若干个"摄入→合生"节奏相继而成。

③ "反应→补充→满足"节奏。怀特海也用"感受"一词描述合生过程（怀特海，2003），他认为现实存在是由种种感受过程所造成的合生，并且感受可从"感受到的实际场合、感受到的永恒客体、感受到的各种感受、感受到自身主观的强度形式"四个方面加以考察。合生的过程中，感受本身也会由各种不同感受"合生"为更宽广的整体感受，达到普遍性，同时有"反应、补充、满足"三个阶段，这三个阶段也形成一种节奏：反应→补充→满足。笔者用图3.10对其略加解释。教学中，知识的生成过程完全可由若干个"反应→补充→满足"节奏

---

① 此处并不是抨击"满堂灌"，而是抨击"千篇一律的满堂灌"，如同"注入式"。某些时候"满堂灌"是必要的，但关键是采用什么样的"满堂灌"，我们认为，"过程→生成"式"满堂灌"还是具有积极效应的。当然，这个"千篇一律"，一方面指的是内容安排的千篇一律，另一方面指的是课堂表达方式（包括语言、板书、行为等）的千篇一律。

相继而成，使教学环环相扣、相辅相成，不断重复、交叠、循环地完成。

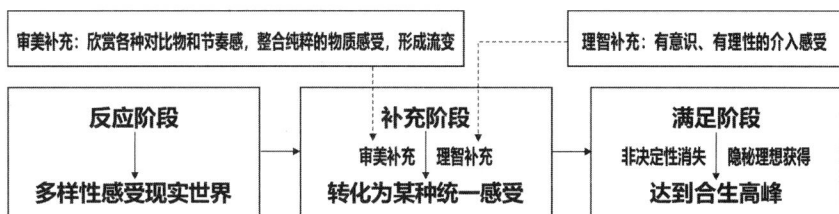

图 3.10　"反应→补充→满足"节奏示意图

④"**主体突现**"节奏。怀特海在《科学与现代世界》中指出"没有创造力就不可能有领悟，没有领悟也不可能有创造力"（怀特海，1989）；在《观念的冒险》中指出：创造力就是潜力的实现，而实现的过程就是一个经验事态，即是创造活动过程（怀特海，2000）。怀特海又指出，潜力是"被动的能力"，而创造活动过程是一个整体，其内在的创造力十分活跃，但它的细部却是些被动的客体，这些客体从整体的创造力那儿获得了活动，并推动创造力的发展。这也正是系统思维的整体涌现思想，因此我们说合生观体现出涌现思想。

那么创造活动的过程是如何展开的？这个问题，要用上文说过的"主体突现"来说明。怀特海认为：主体是过程中的突现物，在认识过程发生之前本无主、客之分，主体与客体是在现实存在的相互作用（摄入）过程中形成的。（杨富斌，2003）这就是说，在认识过程开始前不存在主体与客体，而主体与客体是在认识过程开始后的摄入过程中形成的，因为认知过程由若干个摄入过程相继而成，所以主体与客体即随着摄入的变化而变化，具体描述如下：

开始，如果认知活动参与者 B 唤醒了认知活动参与者 A，那么 A 就要摄入 B 的要素，此时 A 是主体、B 是客体，当 A 的摄入活动结束后，A 生成 A* 且 A 消亡（A* 取代了 A），B 生成 B* 且 B 消亡（B* 取代了 B），并且 A* 就不再是主体，B* 也不再是客体，而都转换为认知活动的参与者；

相继，如果认知活动参与者 C 唤醒了认知活动参与者 D，那么 D 就要摄入 C 的要素，此时 D 是主体、C 是客体，当 C 的摄入活动结束后，D 生成 D* 且 D 消亡（D* 取代了 D），C 生成 C* 且 C 消亡（C* 取代了 C），并且 D* 就不再是主体，C* 也不再是客体，而都转换为认知活动的参与者；

相继，如果认知活动参与者 A* 唤醒了认知活动参与者 D*，那么 D* 就要摄入 A* 的要素，此时 D* 是主体、A* 是客体，当 D* 的摄入活动结束后，D* 生成 D** 且 D* 消亡（D** 取代了 D*），A* 生成 A** 且 A* 消亡（A** 取代了 A*），并且 D** 就不再是主体，A** 也不再是客体，而都转换为认知活动的参与者；

如此下去，直到获得最终结果。

因此，一个认识过程就是这样形成的，也就是怀特海的主体突现观。举个具体例子：某天，小明在院子里玩耍，他看到了一些好玩的事：小老鼠惊动了正在睡觉的小猫咪（老鼠唤醒了猫咪），猫咪扑上去抓住了老鼠将其吃掉（摄入，此时猫咪是主体，老鼠是客体），吃完后猫咪躺下准备睡觉时（此时猫咪失去了主体资格），一只蜈蚣悄然地爬向小猫，却被路过的公鸡看到（蜈蚣唤醒了公鸡），公鸡将蜈蚣吃掉（摄入，此时公鸡是主体，蜈蚣是客体），吃完后公鸡拍拍翅膀继续向前走（此时公鸡失去了主体资格）。但公鸡的翅膀惊到了刚刚睡着的猫咪（公鸡唤醒了猫咪），猫咪生气了，奋起扑向公鸡（摄入，此时猫咪是主体，公鸡是客体），公鸡飞上了墙头逃走了（此时猫咪失去了主体资格）。小明感觉这些事很有趣（趣事唤醒了小明），他回到家就写了一篇日记，完成了每天一记的任务（摄入，此时小明是主体，趣事是客体）。

我们认为，只有主体突现才能真正解释活动过程中的关系，否则或者被束缚手脚，或者会纠缠不清，比如"以学生为主体，以教师为主导"就是永远纠缠不清的问题。但如果用主体突现论去解释教学过程中的主体，一切就迎刃而解啦！也就是说，在教学活动中，主体是随着教学进程而变化的，它可能是教师，可能是学生，可能是设备，也可能是资源，等等。但在具体的摄入活动中，主体是确定的，是活动的掌控者，这个摄入活动一结束，本次摄入活动的主体就暂时失去主体资格，转为客体；同样客体也是随着教学进程而变化，也可能是教师或学生或设备或资源，等等；但对教师而言，必须注意尽力激发或挖掘学生、教学内容、教学设备等方面的潜能，可以说，在教学资源的潜能被充分激发或挖掘的情况下，更能突现恰当的主体，进而即可营造良好的创造性氛围。

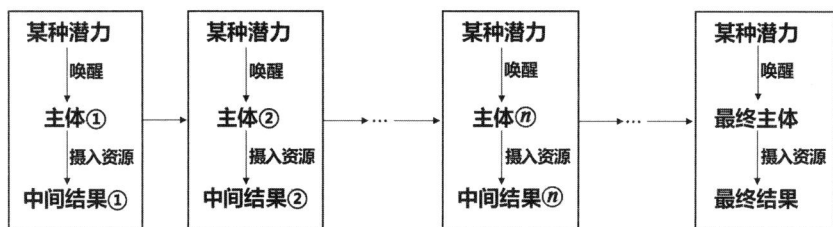

图 3.11　主体突现节奏示意图

如图 3.11 所示，主体突变也形成一种节奏，教学就应该很好地促成主体突现节奏。

⑤"潜力→创造力"节奏。根据"主体突现"节奏中关于"潜力""创造力""创造活动过程"的论述可得出下面的关系：

$$客体 + 潜力 \xrightarrow{\text{整体作用力}} 创造力；$$

$$背景 + 创造力 \xrightarrow{\text{整体作用力}} 创造活动；$$

$$创造活动 + 创造活动 + \cdots + 创造活动 \xrightarrow{\text{整体作用力}} 创造物。$$

此关系揭示了创造活动过程的本质，同时也给出了一种"潜力→创造力"教学节奏模式，应该认真对待。

⑥"三维细胞"节奏。这是笔者根据怀特海的机体论依照三维目标而设计的一种节奏模式。怀特海总是以"机体哲学"来指称自己阐述的新哲学，认为自然、社会和思维乃至整个宇宙都是活生生的、有生命的机体，处于永恒的创造进化过程中。（杨富斌，2003）所以我们称喻教学是以三维目标为本真的高级生命机体：知识是其精，精，是构成人体、维持生命活动的基本物资；技能是其气，气，是人体组织器官的机能活力；情操是其神，神，是人体生命活动的外露征象；过程为经络，经络，是人体气血的运行通道；方法乃经气，经气，是运行于经脉中之气。

中医学有论：生命源于精，持于气，现于神，精气神相互滋生、相互助长。经络运行气血、联络脏腑、沟通内外，使各部连为有机整体且得以协调和相对平衡。经气运行、输遍全身，体现出生命功能。借此理解三维目标，理解其"知识、技能、情操、过程、方法"等概念，可步入柳暗花明之境界，进而即可使教学呈现出盎然生机。

既然进入"机体"之说，那么也就离不开真正的"肌体"。其实，从"机体"或者说从"肌体"来审视教学，更可以加强教学的生气。因为细胞是生命的基本单位，所以教学应该是"教学细胞"的结构体。也就是说章节、单元、问题、推理都可看作"教学细胞"，一节课的内容可由若干个互相关联的细胞构成，授课时可根据实际教学的思维发展而酌情促进各个"教学细胞"的"繁殖生长"，最终完成教学任务。

那么"教学细胞"的结构为何？是否应该构建？因为任何人做任何事都有三个基本要素：动力、行为、目标，其中动力取决于"是否该做（价值）、是否想做（情感）、如何应对（态度）"；行为则首先是计划，其次是实施（可谓：过程与方法）；目标也就是做事所要求或期望的结果（从教学来看也就是获得知识、技能、价值观）。如此看来，三维目标不仅是教学的需要，而且做任何事情的需要，乃可谓做事的要素。

显然，"动力、行为、目标"不仅是做事过程的要素，也是做事子过程的要素。因此即以"动力、行为、目标"来构建"教学细胞"，亦即教学细胞应该有动力层、行为层、目标层三个层次，具体意义或要求如下：

动力层：因为做事的动力取决于"是否该做（价值）、是否想做（情感）、如何应对（态度）"。而从内因看，价值引发情感，情感形成态度，态度决定行为；从外因看，情感、态度、价值观必然受环境、条件的影响，比如，为了胜利，董存瑞不惜牺牲生命勇举炸药包；从过程哲学看，价值论是过程哲学本体论的核心（董立河，2003），怀特海总是把价值置于诸经验的过程中去考察，特别是诉诸模式的情感背景。所以情感背景十分重要，它是教学细胞动力层的核心。当然，从教学来看，情感背景应该是生活的、有用的、有趣的。不过，绝不能把生活理解为"柴米油盐"，而应取之为有益、可行的生活、学习、研究等方面的素材。

行为层：行为层当然是有了做事动力之后的实际行动部分，亦即是在情感背景激励下，先确定具体的认知方法，再对知识予以追求和探索。而方法的确定宏观上看，是确定从背景（实在的、概念的）到目标的知识生成方式；微观上看，即是具体的思维及具体的方法。关于行为的活动过程，至少要：注重整体性、体现活力性、确保连续性、充满创造性。

★**注重整体性**。之所以注重整体性，首先是系统科学思维的需要，其次是支离破碎的知识无益于文化素质的提升。（怀特海，2002）看以下例子：

例1　小学算术中加法学完后才开始学减法的做法是人为地破坏了思维的整体性，实际上，在学习"$1+1=2$"的同时孩子们完全可以理解"$2-1=1$"，因为这是人的本能。

例2　关于单项式的教学，查阅许多教案，基本都是如此设计：用含有字母的式子填空，看看下面问题列出的式子有什么特点。

a. 边长为 a 的正方体的表面积为＿＿，体积为＿＿；

b. 铅笔的单价是 x 元，圆珠笔的单价是铅笔的 2.5 倍，圆珠笔的单价是＿＿元；

c. 一辆汽车的速度是 v 千米/小时，t 小时行驶的路程为＿＿千米；

d. 数 n 的相反数是＿＿.

而接下来就是学生合作、交流，教师参与、指导，得到以下式子：

$$6a^2,\ a^3,\ 2.5x,\ vt,\ -n$$

然后再进行分析、总结而得到单项式的概念：表示数或字母积的代数式，叫作单项式。不仅教案如此设计，教材也是如此。此设计看起来有交流、有活动，似乎非常符合新课改的要求，但却不知失去了整体思维能力，失去了首创精神。理由非常简单：因为尽管说直接给出"单项式"的定义而得到了教学上的便捷，但却丢失了"知其所以然"的创造性能量。其实，讲解"知其所以然"并不困难，因为有"多"才有"单"，无"多"何须"单"？所以只有"单"与"多"同在时才能生出"单"与"多"的概念。因此，为了创造性思维的培养，就不能继续讲"单"只见"单"的还原性做法，而应从"单"与"多"的混合问题中感悟出需要区分"单"与"多"的道理，然后发现需要"分类"处理的方法，进而生成"单项式"与"多项式"的概念。亦即是：

> 给出既有单项式又有多项式的例子
> →形成分类处理意识
> →生成单项式、多项式概念
> →制定"先研究单项式，再研究多项式"的学习方案
> →研究单项式

如此设计包含了整体性思维、分类思想。分类思想是非常重要的，比如怀特海认为："分类是可以直接观察的个别实际事物和完全抽象的数学观念之间的中途站……除非你能从分类走向数学，否则你的推理便不会有多大进展。"（怀特海，1989）

因此，必须注重"整体出发，分类处理，各个击破"的教学设计，哪怕是如此讲授也比抛开整体而直接"先自主学习单项式""再自主学习多项式"好得多！

例3　近世代数课程中模 m 的剩余类、剩余类加群、剩余类环放在不同章节中讲解，破坏了知识与思维的整体性。这将有仔细讨论，暂不赘述。

★体现活力性。过程哲学认为：自然、社会和思维乃至整个宇宙都是活生生的、有生命的机体，处于永恒的创造进化过程中。（怀特海，2003）所以过程要有活力，而活力的基础是有用、有价值的背景，活力的本质是历险、是对真善美的追求，活力的表现是生成，活力的境界是智慧，活力的结果是创造。

★确保连续性。流变是过程的基本特征，故过程必须连续变化。连续，涉及思维的连续性与内容的连续性，如"垂径定理"的说课设计中就存在思维的不连续，近世代数关于剩余类问题的处理既有思维的不连续又有内容的不连续。当然我们也不可能做到将整个内容连续起来，但应尽可能地在学生的最近发展区内做到思维及内容上的连续，而对于超出最近发展区的部分，也要形成思维或内容上的发展规划。

★充满创造性。怀特海认为，教育如果不以激发首创精神开始，不以促进这种精神而结束，那必然是错误的教育（怀特海，2002），所以教学必须体现创造精神。实际上知识的生成过程中总会面对无数种可能，其中必存在根本的、过去未有的新质，这种新质的获得就是首创，而获得这种新质就必须敢于质疑、敢于历险、敢于超越、敢于奇思妙想。因此教学就必须使学生经受这种过程的锤炼，构建具有创造欲的意会知识。相关地，过程的描述语言也应尽可能散发出创造的味道，如当发现了某个概念时最好让学生给它起个名字。

目标层：基本目标是获得知识与技能，最高目标是增长智慧、实现价值。

因为每个"教学细胞"中都含三维目标之要素，所以称如此的"教学细胞"为三维细胞，三维细胞的生长链就形成三维细胞节奏。

上面讨论了六种教学节奏，当然会还有别的。当然，在实际教学中并非要坚守某种节奏，这其实也是不可能的。实际上，节奏只是一种意向，教师的"思维库"中必须存在各种节奏意向，才可能在具体的教学中演奏好教学进程。

需要说明一个问题：用系统思维思考教学，必须要有整体性思想。但是在我们的论述中却存在"阶段""层次"的描述，一方面实际中确需阶段性或者层次性划分，另一方面也存在表述上的困难，用怀特海的话说就是"文学上的无能"（怀特海，2002），也就是说所谓"阶段""层次"并不是严格的划分，而往往是交错重叠的。所以实际教学中绝不能刻意地去追求阶段、层次等。

总之，良好的节奏会带来生机，平庸的节奏会带来暮气，杂乱的节奏会带来灾难。

第三，克服二元对立，倡导整合教育。传统哲学上的二元对立具体到现代教育上，表现为传授知识和启迪智慧的对立、倡导自由和遵守纪律的对立、科技教育和人文教育的对立。（曲跃厚、王治河，2004）怀特海反对二元对立，在教育上则主张教育的多元性和差异性，倡导的是一种超越了如此对立的后现代教育观。

（1）关于传授知识和启迪智慧。怀特海认为，教育的全部目的就是使人具有活跃的思维。知识是智慧的基础，但知识不等于智慧。不掌握某些知识就不可能有智慧，但很容易获得的知识却可能没有智慧。智慧是掌握知识的方式，它涉及知识的处理，知识的选择，对知识的知觉、经验、价值感。这即是传授知识和启迪智慧的统一。

简单说，知识是基础，智慧是目的，智慧是掌握知识的方式，只要真正地感受到了知识的生成过程，那么就积累了知识与智慧。

那如何才是掌握了智慧？怀特海认为：因为知识是无限的，所以"即使是最有天赋的学生，由于缺乏时间，他也不可能在每一方面都得到充分发展，因此必须有所侧重"[1]。于是只要在自己选择的专业知识上有所掌握，同时又能够运用这些专业知识出色地做好某些事情，就是掌握了智慧。

关于掌握智慧的方法，怀特海认为："通过直接经验获得的知识是智慧生活的首要基础。在很大程度上，通过书本学习所得到的是第二手的知识，因此永远不具有那种直接实践的重要意义。"[2] 这点大家都非常清楚，但关键的问题是如何尽可能做到，这也就是本书所考虑的问题。

关于教师如何做，将"学者的作用就是在生活中唤起智慧和美，假如没有学

①　怀特海. 教育的目的 [M]. 徐汝舟，译. 北京：生活·读书·新知三联书店，2002：86.
②　怀特海. 教育的目的 [M]. 徐汝舟，译. 北京：生活·读书·新知三联书店，2002：90.

者那神奇的力量，智慧和美还湮没在往日的岁月中"① 这句话中"学者"的功能转换于"教师"恰好不过，即教师的功能就是"唤起智慧和美"。

（2）关于倡导自由与遵守纪律。怀特海认为，通往智慧的唯一道路是在知识面前享有自由，但通往知识的唯一途径是在获取有条理的事实时保持纪律。儿童的大脑是一个不断发育的有机体，一方面，他并不是一个要被人无情地塞入各种陌生思想的匣子；另一方面，用有序的方式掌握知识，对正在发育的大脑来说正是天然食品。因此，一种设计完美的教育，其目的应该是使纪律成为自由选择的自发性结果，而自由则应该因为纪律得到丰富的机会。而调节自由与纪律的方法应该是使之适应个性发展的变化，"浪漫→精确→综合"的教育节奏正为了调整自由与纪律，因为它的特征是"自由→纪律→自由"。因此，自由与纪律的对立统一，是教育发展的根本问题。放任自流不可能学到知识，而束手束脚则不可能获得智慧。而我国，曾经是绝对的纪律，而当前却存在绝对自由的倾向。并且绝对"自由"也只是为了"自由"而"自由"，并非是为了"学习"而"自由"，譬如：

> 放羊式教学。整节课全然是学生讨论，看起来轰轰烈烈，实际上空虚无果。
> 起哄式教学。教师左一个"这个是不是？"学生高呼"是！"教师右一个"那个对不对？"学生呐喊"对！"……

表面上热火朝天，但实际上且不说教师的教学设计如何，如此一节课下来，老师说了什么，学生们可能全然不知，因为学生已喊得头昏脑涨。另外还有：

> 限时式教学。也即是严格限定"教师讲"的时间，比如"教师讲课不超过 5 分钟"，名曰：要予学生更多的自由。

等等。不超过 5 分钟？可能吗？真不知怎么想的？为了显摆？为了科研？2013 年，一名教育学教授面对高中数学教师倡导"5 分钟授课"。我说，你讲我听。他，无语。当然我们不是说教师应该多讲，实际上教师讲多长时间，应根据讲授内容、学生状况、客观条件等具体确定，绝不能硬性规定。

如此现象，形式上好一派"自主、合作、探究"的热烈景象，实际上却只是为了"迎合某种需要"而摆摆改革的样子。

之所以存在以上现象，从基础教育来说，似乎因"应试"，但岂不想想：首先的问题是能不应试吗？其次的问题是冷冰冰的结论式教学、硬生生的题海战术，能考出好的成绩吗？实际上问题的根本是不理解教学的真谛。

正确处理"纪律"与"自由"的矛盾，乃是教学改革的重要问题之一，怀

---

① 怀特海. 教育的目的［M］. 徐汝舟，译. 北京：生活·读书·新知三联书店，2002：146.

特海告诫我们：

> 通往智慧的唯一的道路是在知识面前享有自由，但通往知识的惟一途径是在获取有条理的事实时保持纪律。自由和纪律是教育的两个要素……儿童的大脑是一个不断发育的有机体。一方面它并不是一个要被人无情地塞满各种陌生思想的匣子；另一方面用有序的方式掌握知识，对正在发育的大脑来说则是天然的食品。（罗大文，1985）

如此既说明了"自由"与"纪律"的辩证统一，又指出了"夯实基础，力求创新"的基本道路，所以我们的教学改革，一定要在研究"自主、合作、探究"的同时注重研究"自由与纪律"辩证统一的规律与方法，力争做到恰当的"自主、合作、探究"。

一种基本的假设：教学实践中，教师备课时可根据一定的教学原则确定一个思维的主线，再设定几个期望点（航标）。教学中，教师根据具体情况掌控"自主、合作、探究"的进程（纪律），而掌控绝非是"蛮横无理"的裁决，而是根据期望点诱导（注意，是诱导，除非不得已，否则一定要诱导！当实属无奈时，也只能是逐渐地过渡到引导，而绝不是跳崖式变化）学生去萌发、去生长、去开花、去结果（自由）。

(3) 关于螺旋推进和关系推进。螺旋推进、关系推进指的是教学内容的组织方式：

螺旋推进：针对学生的接受能力，按从简到繁、由浅入深、先易后难的方式组织教材内容，使某些基本原理重复出现，逐步扩展，螺旋上升。

关系推进：根据知识内容的逻辑性或关联性来组织教学内容。

线性教学都采用螺旋推进，因认为关系推进增加了学习难度，螺旋推进确有循序渐进的优点。但我们认为，螺旋推进极易割裂内容、割裂思维，不利于素质与能力的培养。

怀特海认为，科学教育、技术教育和人文教育是教育的三种主要形式，三者相辅相成，缺一不可。但是，源于现代哲学之精神与躯体、思想与行动的二元对立教育却割裂了三者的内在联系，使三者对立起来，导致了狭隘的专门化，是一种"最糟糕的教育"。只进行其中一种必然会有失偏颇，但三者的机械混合同样难以通达真理，关键是把握三者的必要张力，实现其最佳平衡。在此，我们借用"因为割裂，导致狭隘，落得最糟糕的教育"的哲理来反对"割裂"。

怀特海又说："我们再不要说把较难的科目放在后面学这类蠢话了。"[1] 在此，我们再借用"较难学的必须先学"的观点来说明关系推进的可行性。

---

① 怀特海. 教育的目的 [M]. 徐汝舟，译. 北京：生活·读书·新知三联书店，2002：29.

　　首先，"科学教育、技术教育和人文教育三者相辅相成、割裂不得"的观点是正确的。实际上，现在我们各级学校或有综合课程的开设，或有"课程整合"的提法。然而实在的问题是单凭一门综合课程难解饥渴，而大整大合又难以实现。如此问题，我们认为最好的选择应该是学科间相辅相成的渗透。2003年笔者曾撰写《素质教育我设计》[①]一文，其中关于一元一次方程教学案例中，渗透了 VB 程序设计，目的是既使学生理解一元一次方程概念并掌握其解法，同时又使学生学会设计程序求解方程的方法。也许有人认为这样做难度很大，其实不然，因为一般来说，现在的小朋友对计算机的使用似乎有无师自通的感觉，况且还有怀特海"难者先学"的理论支撑。

　　其次，更为严重的问题是，在实际教学中，不仅有学科之间的割裂，而且有内容、思维的割裂，如：近世代数课程中将密切相关的模 m 的剩余类、模 m 的剩余类加群、模 m 的剩余类环，放在不同的章节中处理（理由，可谓为了系统化结构，也可谓螺旋式推进），严重破坏了知识与思维的连续性和整体性。笔者在教学中曾这样做过：

分析计时法

获得 $\longrightarrow$ 模 m 的剩余类 Z_m 的概念。

研究时间的计算问题 $\longrightarrow$ 在 Z_m 上定义加法，得到 $(Z_m，+)$。

分析 $(Z_m，+)$ 的性质 $\longrightarrow$ 代数系统 $(Z_m，+)$，当然，在此不提出"群"的概念，而只看作一个代数系统，是一个实际生活所需要的代数系统，到后面学习"群"的概念时，再将其与其他的代数系统放在一起抽象出"群"的概念。注意，这是一个有实际意义的有限群的例子。

让学生类比加法 $\longrightarrow$ 定义 Z_m 上的乘法，得 $(Z_m，\cdot)$。

分析 $(Z_m，\cdot)$ 的性质 $\longrightarrow$ 代数系统 $(Z_m，\cdot)$。

分析"+"与"·"的关系 $\longrightarrow$ 代数系统 $(Z_m，+，\cdot)$，在此并不给出剩余类环的概念，而是准备将 $(Z_m，+，\cdot)$ 作为以后讲环的概念时的引例。

也就是分两个阶段进行：

　　第一阶段：
　　分析计时法得到 Z_m，在其上定义运算且研究运算性质，得到代数结构

　　① 王峰. 素质教育我设计 [J]. 晋东南师范专科学校学报，2003（2）：79-87.

$(Z_m, +)$、$(Z_m, \cdot)$，乃至代数结构 $(Z_m, +, \cdot)$。

第二阶段：

当讲到群或环时，将这个 $(Z_m, +)$、$(Z_m, \cdot)$、$(Z_m, +, \cdot)$ 作为实例与其他例子一起抽象出群或环的概念。

教学实践证明，如此处理效果很好。如果直接定义 Z_m 或者 $(Z_m, +)$ 与 $(Z_m, \cdot)$ 却什么也不说，学生会觉得莫名其妙，觉得它们毫无价值。

针对这种割裂内容、割裂思维的情况，笔者不仅在大学数学教学中如上处理剩余类等问题，而且在 20 世纪 70 年代教小学时就曾"加法减法同时讲，乘法除法同时讲"，教中学时就曾"乘法公式与因式分解同时教"，等等。这些做法都是关系推进法。之所以如此，是因为笔者在自学、教学中感悟出一个道理：讲加法就只讲加法（其他问题不予理会）、讲数学就只顾数学（写错字仍得满分）的做法极不合理。现在，从过程哲学来看，如此思考与做法符合相关性及过程性原理。

当然，我们提倡关系推进并非要否定螺旋推进，而应酌情安排使二者相辅相成。比如：打破章节式，使用单元式，以单元螺旋推进，单元内关系推进。

第四，把握教育艺术，激发学生兴趣。怀特海认为，迄今为止教育理论中最致命、最错误同时也最危险的观点是：把大脑当作工具，认为我们首先需要训练大脑这个工具，然后才能使用它。在怀特海看来："人的大脑从来都不是消极被动的；它处于一种永恒的活动中，精细而敏锐，接受外界的刺激，对刺激作出反应。……不管学生对你的主题有什么兴趣，都必须此刻就唤起它；不管你要加强学生什么样的能力，都必须即刻进行；不管你的教学给予精神生活什么潜在价值，你都必须现在就展现它。这是教育的金科玉律，也是一条很难遵守的规律。"[1]

兴趣，在我国传统的教学中已有大量的宝贵经验，都是可取的，不过需要改进的是：兴趣，要贴近学生的生活，要激发学生的首创精神，要避免为兴趣而"兴趣"的行为。

面对怀特海的过程教育思想，反省我国当前的教育改革，在市场经济体制变革的大潮下，教育面临着新的分化与蜕变，如果我们的教师仍然死抱着"传道受业解惑"的传统观念（我们不反对"传道受业解惑"，但认为应该"与时俱进"地理解，关键是何为"道"？上文已说，"道"是自然存在，如此理解，"道"就活啦），如果冷冰冰的结论式教学不予改变，那么我们将迎来教育危机。那么教学改革，路在何方？怀特海的过程教育哲学提供的建设性的后现代远见，为我们超越西方教育指出了一条适合中国国情的后现代教育道路，我们应该慎思而笃行。

总之，怀特海的过程教育哲学不仅批判了僵化观念，而且强调了整体论。伊万斯[2]的著作使用的副标题就是"无缝的学习外套"。他引用怀特海的这个隐喻，

---

① 杨富斌，麦克丹尼尔. 怀特海过程哲学研究［M］. 北京：中国人民大学出版社，2018.

② EVANS M D. Whitehead and philosophy of education, the seamless coat of learning. Amsterdam-Atlanta, GA, 1998.

目的就是说明怀特海的过程教育哲学不是把学习过程视为互不相关的不同部分，而是视为一个有机的统一体。学习过程不是相互分割或者模块化的，而是无缝隙的整体。

3.3.1.2.5　教学观的反思与抉择

1. 经验的启示

说经验，我（即笔者，根据需要，文中有时采用第一人称）想起了1975年自己亲历过的一次初中物理会考。当时我任教初中数理化课程，这次物理会考有一道问答题：

> 两吨棉花与一吨钢铁由一辆卡车运送，如何装车才合理？为什么？

有趣的是，对此问题，300多名考生中99%的回答都是：

> 棉花在下铁在上，理由是铁压住棉花不怕被风刮走（常识性认知）

而回答正确的几个，几乎都是我的学生。判卷老师不仅哗然而且惊叹（2.2.1.2中已说过，本次会考中，我的学生的数学成绩已是独占鳌头）：为何你的学生就能正确回答？我？不知道，真的不知道！题目是高中老师出的，绝密！我又是所有初中课程老师中的"小字辈"：小学毕业，年龄最小……

后来，我仔细地想过这个问题：我讲重心问题时，说是"胡来"确不为过——不讲教学规则，而是把自己自学时的感受告诉了学生，并把自己自学时自做的"实验"——蛋壳不倒翁①也拿上了讲台：

> 上课伊始，我拿起课前准备好的"蛋壳不倒翁"对学生说：我这个鸡蛋能站起来，相信吗？当然，学生不相信。不过，接下来学生的眼睛瞪大了：因为鸡蛋真的站起来了。接着我就把鸡蛋交给学生，让他们"研究"，学生也就真正理解了重心平衡原理。

这也许是我的学生回答正确的原因吧。而其他老师却都是"循规蹈矩"地把书上的内容传授给学生，结果却考得非常糟糕。可见：结论式教学的确不是"应试"好方法！所以，教学方法影响考试成绩，哪怕是为了应试也必须进行教学改革！

话说回来，当时我这样教学并非是为了教学改革，而是感觉这样做学生能够明白道理，这种感觉来自自己自学的经验与感受。因为我初、高中的数理化都是自学的，未得到任何人的指点与帮助，全靠自己刻苦钻研，并且是边学边用，边

---

① 鸡蛋的小头打开个小孔，倒出蛋清与蛋黄，洗净晾干后，从小孔向蛋壳内装入细土，调整装土量可使装着土的蛋壳站起来——这就做成了蛋壳不倒翁。

想边学，能动手的地方总是要尽可能动手做点试验，我本就喜欢动手——木工、油漆工、石工、服装裁剪等都做过，这些工艺中多多少少都有数理化的应用，尤其是数学基础。因此除了自学理论的感受外，还有实际应用的体会，这些感受与体会都会不自觉地出现在课堂上。另外，自学中我始终认为：教材写得有毛病，使人看不懂。于是教学中就经常不按教材讲，而是把自己的想法告诉学生或者按照自己的想法进行教学。

再如，我自学关于"机械能转化与守恒"的内容时，根据势能与动能的关系琢磨出了图 3.12 所示的势能实验装置：

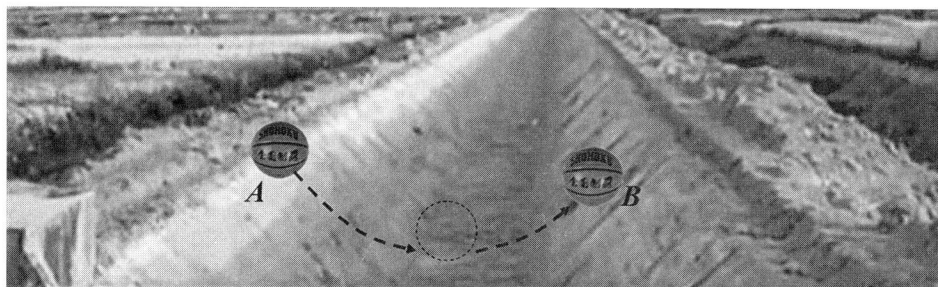

（a）

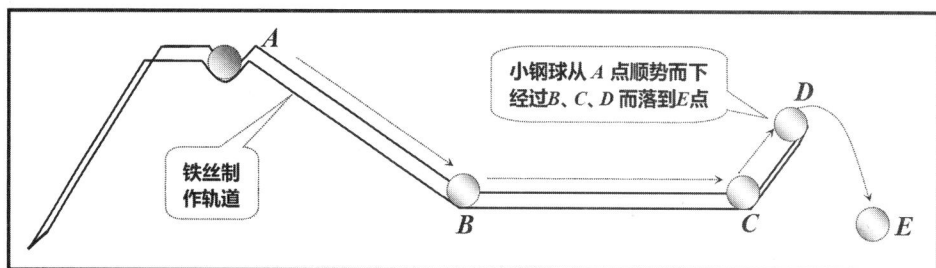

小钢球从 A 点顺势而下经过B、C、D 而落到E点

铁丝制作轨道

（b）

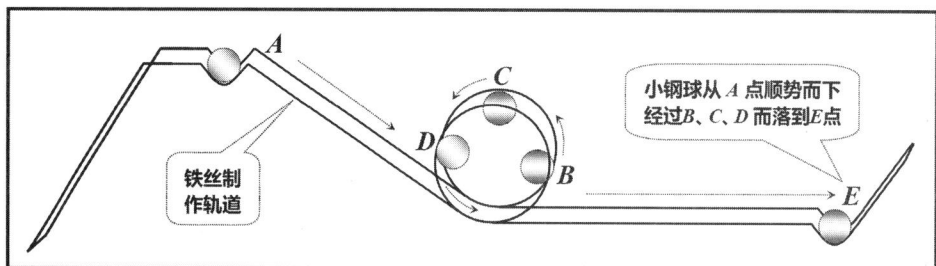

小钢球从 A 点顺势而下经过B、C、D 而落到E点

铁丝制作轨道

（c）

图 3.12　势能与动能转换实验装置

我首先想到的是篮球滚到渠沟里的情况：当篮球滚进渠沟时，篮球并未停留在沟底，而是几乎要滚到渠沟的另一边上［如图 3.12 (a) 所示］，为何如此呢？这是因为篮球在位置 A 时有重力势能，滚到渠沟底部时势能变为 0，但动能变为最大，所以就继续往上滚到 B 处。于是我就想：如果用铁丝做类似于渠沟的轨道，用小钢球在轨道上滚，那么也应有篮球在渠沟滚动的效果，这样就做出了图 3.12 (b) 的实验装置。然后又觉得 3.12 (b) 有点简单，就又想：既然小钢球滚落到 B 处时动能最大，那么在 B 处把轨道弯成个圆圈，只要圆圈的高度不超过 A 点，那么小钢球就可在圆圈内滚一周后再往前滚，这样就改造成了 3.12 (c) 的样子。

于是在给学生上课时也就自然而然地将自己的"实验过程"说给了学生：首先让学生想想篮球滚到"水渠"中的情况，然后再拿出自己所做的"势能与动能转换实验装置"给学生做演示，让学生分析势能与动能的转换过程。

之所以如此教学，是因为自己在自学中形成了动脑动手、寻根溯源、搞清为何的观念，并且这种观念支配了自己的教学方法。之所以能如此，是因为当时的我只读过小学，没有过多地受到传统教学方法的影响，故而自学的经验与观念占了上风。就是在后来上大学时也是在课外使用自己的学习方法进行自学，上课时只是进一步确认或理解少数的"疑点"。

以上事实，说明了教学观念的重要性，哪怕是为了"应试"，不同的教学观念就有不同的"应试"结果，但"'结论式'+'题海式'"绝对不是"应试"的好教法！所以，教学改革首要的问题是教学观念的改革。"结论式"教学不仅远离了创新，而且弱化了基础，导致了高分低能的结果。

2. 传统的剖析

(1) 传统教育。都在说"传统教育"，那么，传统教育的本质到底为何？

首先提出"传统教育"的是杜威。杜威在《民主主义与教育》和《学校与社会》等书中最早使用了"传统教育"这个概念。杜威认为[1]：赫尔巴特派是传统教育派，赫尔巴特的教学法是"传统教学法"，自己的是"进步教育"，采用的是现代教学法。这应是"现代"与"传统"的时代划分点。

杜威的"现代教学法"与赫尔巴特的"传统教学法"是对立的，主要表现在如下三方面：① 传统教学法以教师为中心，现代教学法则以学生为中心；② 传统教学法以书本为中心、以间接经验为主，现代教学法则以生活为中心、以直接经验为主；③ 传统教学法以课堂为中心，现代教学法则以社会为中心。也就是说：传统教学以教师、书本、课堂为中心，现代教学以学生、生活、社会为中心。这就是常说的教育"三中心"。

---

① 李方. 对立与融合：传统教学方法与现代教学方法 ［J］. 华南师范大学学报（社会科学版），2003 (6)：91 – 97, 151 – 152.

(2) 关于传统与现代的思考。关于传统教学法与现代教学法，在我国有学者①这样说：通常地，传统教学法一般指讲授法、谈话法、演示法、读书指导法、参观、实验、实习作业、练习等，现代教学法主要指探究法、发现法、程序教学法、范例教学法、问题教学法、暗示教学法、情景教学法等。

也许说有一个明确的传统与现代的划分会带来一些安全感，比如当前改革中"谈讲色变"就是把讲授法划到了改革的对立面。真的需要划线吗？是的，讲授法足够传统，然而，敢说讲授法就一定不好，而探究法就一定好吗？未必！决定教法好坏的不是教学本身而是教学理念，讲授法在恰当的教学理念作用下必然效果卓绝，探究法在结论式教学理念控制下也难结硕果。

【结论】　教学法无所谓好坏，教学是否有益于素质与能力的培养，关键不在于教学方法，而在于使用者的教学理念！因此，教学改革的首要问题是教学理念的转换。

(3) 关于"三中心"的思考。
① 以学生为中心，还是以教师为中心？
杜威认为旧教育有这样的特点：

重心是在儿童以外。重心在教师、在教科书以及在你所喜欢的任何地方和一切地方，唯独不在儿童自己的直接的本能和活动。在那个基础上，儿童的生活就说不上。关于儿童的学习，可以谈的很多，但学校不是儿童生活的地方。现在我们的教育中正在发生的一种变革是重心的转移。这是一种变革，一场革命，一场和哥白尼把天体的中心从地球转到太阳那样的革命。在这种情况下，儿童变成了太阳，教育的各种措施围绕着这个中心旋转，儿童是中心，教育的各种措施围绕着他们而组织起来。②

也许这就是认为杜威坚持以"儿童为中心"、反对以"教师为中心"的由来。就此论述我们思考一些问题：

关于"教师为中心"，首先我们未查到杜威关于"教师为中心"的言论，也许是从"重心在教师"演化而来。"重心"与"中心"确实都有"事物主要部分"③的意义，不过从杜威"重心在教师、在教科书以及你所喜欢的任何地方和一切地方"来看，"重心"应该理解为"处理问题的侧重点"，具有物体"重心"

---

① 王锡宏. 试论传统教学方法的改革 [J]. 高教探索，1987 (3)：43-46，55.
② 杜威. 学校与社会·明日之学校 [M]. 2 版. 赵祥麟，任钟印，吴志宏，译. 北京：人民教育出版社，2004.
③ 中国社会科学院语言研究所词典编辑室. 现代汉语词典：2002 年增补本 [M]. 北京：商务印书馆，2002：5.

之意；然"教师为中心"中的"中心"具有位置之意，因此"教师为中心"也就是围绕着教师转。于是杜威的"重心在教师"不同于"教师为中心"。其实可以看到，杜威"重心在教师"所抨击的是：教师照本宣科、只要求学生死记硬背，教学不为儿童考虑、偏离了儿童的学习需求。

关于"学生为中心"，也未见杜威之言。其实杜威的研究对象主要是儿童，因为杜威的著作中，出现儿童字样的概率远大于学生。而学生的数量却远大于儿童，并且"以学生为中心"的操作难度远大于"以儿童为中心"。其实"以学生为中心"是罗杰斯的佳作[①]：

1952 年，罗杰斯在哈佛大学教育学院举办的"课堂教学如何影响人的行为"学术研讨会上首次提出了"以学生为中心"的教育理念，并在 1961 年发表的《论人的形成》一书中对"以学生为中心"的教学进行了详细阐述和充分的论证，认为：教学活动应该体现"以学生为中心"，把学生的"自我实现"当作教学的根本要求，所有的教学活动都应服从学生的"自我实现"的需要，且围绕它进行。当然这只是"以学生为中心"的雏形。而在 20 世纪 70 年代后，"以学生为中心"逐步成熟，认为：

(a) 教育的目标是培养"完整的人"，亦即是一种动态的和有创造力的人，是整合自身内部和外部的人，是躯体、心智、情感、精神、心灵力量融会一体的人，即知情合一的人。

(b) 设置"以学生为中心"的课程，此课程的编排要重视学生个体的自我实现，而不是学科中心主义。

(c) 构建"学生主体，教师主导"的教学模式，该模式首先要求教师要以真诚、关怀和理解的态度对待学生的兴趣和个性，积极地引导、激励、指导和帮助学生学习，极力为学生创造一个浓烈的学习氛围。其次还要充分体现学生的自主性和参与性，以及注重培养学生学习的责任意识。

(d) 提倡"非指导性教学"，此教法并不是教师对学生放任不管，而是要求教师与学生应共同承担责任，充分发挥学生的自主性、参与性和主体性，教学方式主要包括：发现法、小班教学法、小组讨论法，探究性教学、研究型学习、合作性学习、服务性学习、整合教学等方法。

(e) 教学评价以学生评价为主，教学评估主要关注教师与学生之间的互动、课堂学习的氛围及教师教学对学生学习结果的影响等，评价方式以教学对象——学生的评价为主，参考其他评价。

亦可谓罗杰斯对杜威"以儿童为中心"理念的扩展，因为儿童包含于学生。

---

① 邹琴. 20 世纪 80 年代以来美国"以学生为中心"本科教学改革研究 [D]. 长沙：湖南师范大学，2014.

1998 年，联合国教科文组织举行主题为"21 世纪的高等教育：展望与行动"的世界高等教育大会，宣言中提出"高等教育需要转向'以学生为中心'的新视角和新模式"，并预言'以学生为中心'的新观念将会对 21 世纪高等教育的发展产生深远影响。

我们赞同"以学生为中心"的教育理念！为何？不讲大道理，仅从事实上分析：教学中，如果不顾学生，那么无论所用教法多么"高、大、上"，无论课堂组织有多么精彩，恐怕也只是"对牛弹琴"，效果可想而知。

其实，不仅是教学，就是大会报告或者政策解读，如果不考虑与会者的状态与需求，就难以使之真正地理解、接受，纵然在命令、强势、威压下，其结果也只能是"不得要领"或者是"阳奉阴违"；演讲也是如此，若不揣摩听众心理，则很难使听众心潮澎湃、情绪激昂、为你的演讲喝彩。

不过，尽管我们赞同"以学生为中心"的理念，但对上面的（a）~（e）也有一些不同看法：

关于（a），我们赞同"培养'完整的人'"的目标。

关于（b），设置"以学生为中心"的课程，应该且必要，但远远不够，因为对"培养'完整的人'"的目标来说，仅凭"以学生为中心"的课程乃可谓杯水车薪，而真正应该做的是在学生的学习全程中都做到"以学生为中心"。但问题是能做到吗？非常悬！因为从学习层次来看，相信小学低年级能，也许小学高年级也能；但是初、高中呢？大学呢？从学科性质看，非良构领域（如医疗诊断）的教学中也许可能，但良构领域（如数学、物理）的教学中可能吗？因此答案是"不可能"！这也就是说：理想是璀璨的，但现实是惨淡的。因此，教学改革，不在于口号喊得好，而在于能否在学生的学习全程中得以落实，那么此问题如何解决？一种基本思考是确定适应于高素质创新型人才培养且能在学生学习全程中真正落实的教学方式的"最高期望"与"最低要求"，使之尽量达最高，或者取中间，至少是最低，这样也就成功了。因此，就需要研究何为最低要求。有学者论："中国传统的哲学观念，尤其是老庄学说对于身心关系的理解与怀特海的过程哲学有异曲同工之妙，都认为物质活动和精神活动难解难分地相互交织在一起，将物质和精神、身体和心灵看作是同一过程中的两个要素，认为两者不可分割地联系在一起。"[①] 于是可以说，思维与行为是认知活动的两个基本要素，因此有结论"思维与行为决定着学习效果"。显然，结论中"与"的要求较高，若将"与"改为"或"则降低了要求，于是将结论修改为"思维或行为决定着学习效果"，依此"以学生为中心"即可具体化为**在思维或行为上落实"以学生为中心"都可提升学习效果**，进而即有**在行为上"以学生为中心"或在思维上"以学生为中心"**两种做法。其中，"行为上'以学生为中心'"相当于"学生自

① 郑芳华，赵国杰. 基于知识生成与转化的"思维 – 行为"模型建构 [J]. 求索，2011（5）：125 – 127.

主学习",这是**最高期望**;而"思维上'以学生为中心'"则可是学生自己思考问题(自学),或师生共同思考问题,或教师以学生为中心讲述自己的思维过程。于是**"教师以学生为中心讲述自己的思维过程"**就是提升素质与能力的**最低要求**(或谓**教学底线**),此要求易于做到。之所以费尽精力推出这个最低要求,是因为"以学生为中心"很可能因种种原因难在学生的学习全程中实现,并且当不能实现时即可能出现伪新型教法或者结论式讲授法,这是我们绝不希望的。但若教师能在最低要求与最高期望间适当把握,上述情况即可避免。

关于(c),我们认为"学生主体,教师主导"(简称为"主体-主导"说)的提法非常不妥,因为此提法不仅违背常理,而且束缚了教师的言行,使教师无所适从,并且引来了不少争议:一方面是对"主体-主导"说有种种批评或曲解,例如:

▲有学者把"主体-主导"嘲笑为"不仅与人误导而且实在滑稽"的"幼主说":

学生是"幼主",居于主人之位而又无能力行使主人"当家"之职,只好由主导地位上的教师来"辅佐",在他看来,"主导"的实质是辅佐。[1]曾经的"幼主"如何?曾经对"幼主"的"辅佐"又如何?想一想如此的"幼主说"不仅与人误导而且实在滑稽。

▲有人把"主体-主导"说曲解为"双主体"。[2]如此,从字面上看,经过对"词义"的推理,似乎可以得到这样的结果,但实际上却大大曲解了"主体-主导"说的本意。

▲有学者认为"主体-主导"说自相矛盾,因为:

倡导者一方面认为教师只是主导,而非教学活动的主体;而另一方面却在论证过程中,不得不承认教师是教的主体,甚至认为"'教师为主导'本身就是对教师作为一般认识论意义上的主体地位的肯定",但又坚持认为提教师主体有害学生主体地位和作用的确立与发挥。[3]

▲有学者认为"主体-主导"说存在着认知上的问题,因为:

从哲学的视角看,承认教师的"主导"作用不能否认教师的"主体"地位,从教学认识论的角度看,"教师是主导,学生是主体"这一命题割裂了同一过程

---

① 马健生,王琦. 论教学实践观:兼评"主导主体说"[J]. 教育科学,1995(3):40-44.

② 邢海霞. 学生为主体,教师为主导的"双主体"课堂教学探析[J]. 科教导刊(上旬刊),2011(4):116-117.

③ 马健生,王琦. 论教学实践观——兼评"主导主体说"[J]. 教育科学,1995(3):40-44.

中的教与学的双边关系，从逻辑学的角度看严重违背了同一律的基本要求。①

如此论述，说明了"主体－主导"说在立论上的确存在理解上的困扰及认知上的瑕疵。如陈桂生先生所言：幸而如今的学生忙于应试以及其他有谓或无谓之举，对理论界的这种议论知之不多，也不感兴趣。假如他们获悉理论家早已送给他们一顶桂冠，封他们为教与学过程中的"主体"，那些整日穷于应付、叫苦不迭的学生，说不定会大发雷霆："这不是对我们这种处境的讽刺吗？"好在一般教师陷人教与学的事务中，无暇顾及理论界的议论。如果有些人或有所闻，硬要去循名责实，将会非常开心：既然我们是"客体"（哪怕是"教学活动诸多客体中的主要客体"），那就"客随主便"吧！世界上哪有反客为主的道理？正由于身临其境的当事人都缺少闲工夫，这才使理论家可以从容谈它20年。② 而另一方面是除"主体－主导"说之外的其他观点，例如：

▲有学者不赞同"主体－主导"，故从哲学认识论、教学认识论、哲学矛盾论三个角度论述了"双主体"说：

在教学活动中，教师和学生都是主体。比如有学者认为：首先从哲学认识论的角度看，根据"主体是人"的哲学命题，教师和学生都是主体，教师是"施教"的主体，学生是"学习"的主体。教师和学生面临的共同客体是人类的间接经验，即课程内容。其次从教学认识论的角度看，教师是已知的一方，是知识的传播者，是"教学"的主体；学生作为未知或知之甚少的一方，是受教育者，是教学的客体，同时作为知识内化、技能形成和品德发展的载体，学生又是学习的主体。教师和学生共同的教学实践对象是教学内容。最后从事物的矛盾运动的哲学观点来看，教师、学生与教学内容是一种三维的互动关系：站在教师的角度，教师是主体，学生和教学内容是教师的劳动对象，即客体（"教书育人"）；站在学生的角度，学生是主体，学习的对象一是以书本为载体的显性课程知识，二是以教师等为载体的隐性课程知识（所谓向书本学习、向教师学习等），课程知识和教师等成为学生学习的客体；站在课程内容的角度，课程作为物化形态，无疑是教师"教"和学生"学"的共同的对象，即客体。③

然而，面对如此双主体说首先的感觉是非常不靠谱，请问：如果在课堂上真有学生、教师两个主体，那么整个课堂岂不就是各吹各的号、各唱各的调的混乱局面吗？其次，二元论哲学中的"主－客"关系原本就纠缠不清，如果再多加

① 冯文全. 对"教师是主导，学生是主体"命题的多学科视角的审视 [J]. 教育研究，2007（10）：19 – 24.

② 陈桂生."教师主导、学生主体公式"评议 [J]. 当代教育科学，2003（13）：22 – 31.

③ 冯文全. 对"教师是主导，学生是主体"命题的多学科视角的审视 [J]. 教育研究，2007（10）：19 – 24.

一个，恐怕就天下大乱了。

　　▲有学者提出了"多主体"说，认为：

　　教学主体按照是否直接出现在具体的教学活动中可分为两类：显性教学主体和隐性教学主体。显性教学主体直接出现在具体的教学活动中，也即通常所指的教学主体——教师和学生。另一类教学主体——隐性教学主体，则是不直接出现在具体的教学活动中的，他们以直接或间接的方式对教学活动产生影响，主要指教育行政管理者、教学理论工作者等。①

如此，其实一是缺乏哲学支撑，二是过于泛化。

　　▲有学者提出了"多角度说"，认为：

　　针对教学内容而言，教师和学生都是教与学控制的主体，这是绝对的，即教师是传授知识和组织教学的主体，学生是学习知识和安排学习活动的主体。针对师生关系而言，教师和学生谁是主体、谁是客体，这又是相对的，这主要取决于具体过程与环节中所充当角色和其主体性发挥的程度。②

此论，从"教师和学生谁是主体、谁是客体，这又是相对的，这主要取决于具体过程与环节中所充当角色和其主体性发挥的程度"来看，略有"主体突现"的味道，但没有阐述清楚，难以使人理解其意。其他还有"教师单主体"说、"学生单主体"等，更多的存在可见注释③，都是似是而非的存在，不再多言。

　　上面列举了学者们对"主体－主导"的讨论。首先我们认为：这些讨论各有道理，但非完美，有的还存在问题。其次说明如何界定教学主体是一个非常重要的问题，那么到底如何？我们的观点是怀特海的"主体突现"论是无懈可击的真理！

　　【结论】　教学必须坚持"以学生为中心"，但"主体－主导"说却极为不妥！因为它不仅令人费解，而且束缚了教师的手脚，并带来了诸多不必要的麻烦。

　　②**以生活为中心，还是以书本为中心**？

　　A. 关于"以书本为中心"。

　　"以书本为中心"还得从赫尔巴特的"教学阶段理论"说起。赫尔巴特从莱布尼兹和康德那里沿用了"统觉"的概念，并创造性地加以发挥，特别是把它

---

　　①　周小丁，冷泽兵. 隐性教学主体抑制教师主体性的反思［J］. 西华师范大学学报（哲学社会科学版），2005（4）：137－140.

　　②　朱德全，袁祖荣. 论教学的主体性与主客体关系［J］. 重庆教育学院学报，2002（2）：69－72.

　　③　毛晨熙. 教学主体论初探［D］. 福州：福建师范大学，2003.

运用于教育理论与实践中。何谓赫尔巴特的统觉？我们选择了这样的说法：新的观念必然要为已经存在于意识的旧观念所同化或吸收。[①] 此说法源于《教育简史》。[②] 因为其中的"同化"关联到皮亚杰的"同化、顺应"，并且还有一个"吸收"，所以我们插入一段关于吸收、同化、顺应的说明。

＊＊＊＊＊＊＊＊＊＊＊＊＊＊＊＊＊＊＊＊＊＊＊＊＊＊＊＊＊＊＊＊

关于吸收、同化、顺应的说明

1. 关于吸收、同化、顺应的理解

吸收。"吸收"这个词大家都非常熟悉，根据词典（如《现代汉语词典》[③]《在线汉语词典》[④] 等）的解释及常识性理解，吸收的意义可概括为：将外部有益的成分吸到内部。

同化。皮亚杰对同化的定义是："刺激输入的过滤或改变。"首先，这句话的意思可理解为"因为刺激输入而引起的过滤或改变"。其次，因为只有"刺激"才会选择（例如：你认为一个东西好或者坏，就是受到了这个东西某些特征的刺激），"输入"，从认知心理学来说或者从机体哲学来理解可解释为"吸入"，所以"刺激输入"意味着"吸收"；而"过滤"的目的是去除杂质，所以"过滤"意味着"优化"。因此，根据皮亚杰的意思分析，可将同化的意义通俗地诠释为：认知者吸收外部环境中的相关信息，优化或改变自己的认知结构（因为同化是客体对主体的适应，是对认知结构的扩展，所以同化是"量变"）。因此，我们将统觉的意义修改为：新的观念必然要为已经存在于意识的旧观念所同化。

顺应。皮亚杰对"顺应"的定义是："内部图式的改变以适应现实。"这句话的意思可理解为"为了适应现实而改变内部图式"。其实"图式、同化、顺应、平衡"是皮亚杰发生认识论的基本概念，"图式"也就是我们现在所说的认知结构。于是我们可将顺应的意义通俗地诠释为：**当认知者原有的认知结构无法同化新环境提供的信息时，认知者就必须重组或者改造自己的认知结构，使自己的认知结构适应于新的信息**（因为顺应是主体对客体的适应，是对认知结构本质上的改造，所以顺应是"质变"）。

例1　如果小学生已经有了"数"的认知，那么当进一步接触到"图形"的信息时则无法同化于"数"认知结构，于是就需要认识、理解"图形"的性质，

---

① 张法琨. 赫尔巴特教学论中的几个问题 [J]. 华东师范大学学报（自然科学版），1980（5）：89－94.

② 寇提士和布特伍德《教育简史》1958 年英文版第 771、778 页。

③ 中国社会科学院语言研究所词典编辑室. 现代汉语词典：2002 年增补本 [M]. 北京：商务印书馆，2002：1343.

④ 在线汉语词典. [2012－05－20]. https：//cd. diyifanwen. com/hanyucidian/X/093300154446363191. htm.

然后再将"图形"的知识与"数"的知识整合到一起，重新构建自己的认知结构，这就是顺应。

例2　如果小学生已经有了"加法"的认知，那么当接触到"减法"的信息时，因为"减"与"加"的互逆关系，所以用已有的加法知识可以去理解"减"的意义，理解之后即可把"减法"的知识吸收并经过优化而改变自己的认知结构，这就是同化。

例3　毕达哥拉斯认为"万物皆是数"，进而认定"所有数都能通过分数的形式表示出来"，这是毕达哥拉斯已有的认知结构，然而，当他的学生希伯斯发现了"单位正方形的对角线既不能用整数，也不能用分数表示"这一现象时，因被万众崇拜而"飘飘然"的毕达哥拉斯不仅没有奋起"顺应"希伯斯所发现的事实，反将希伯斯处以极刑。这是不遵守"顺应"规律而造成危害的例子。

2. 同化过程与顺应过程

为何毕达哥拉斯没有奋起"顺应"，我们想可能是因被万众崇拜而忘乎所以，也可能是他根本没有"顺应意识"，是的，如果没有同化、顺应意识，就不可能很好地进行同化与顺应，就不可能很好地发展自己的认知结构。

何谓同化、顺应意识？这个问题亦何谓创造性意识一样，真的说不清楚，只是一种自我的感觉，而提升这种"感觉"的基本方法只能在同化过程或顺应过程中去自我感受。是的，我们教学中必须关注同化过程与顺应过程的自我感受。再看几个例子：

例4　（趣说"苹果落地"）某人坐在苹果树下休息，突然一个大红苹果掉到了他的眼前，顿时他眼睛一亮（吸收信息），啊！运气真好啊！前天捡了一根针，昨天捡了五块钱，今天又捡了个红苹果（联想，引发同化意识），洪福天降啊！看来我时来运转要发财啦！（完成了同化——在认知结构融入了可能要发财的意念，也许，在意念的推动下，真的可能寻求到发财的机遇）。这是一个同化过程。

看来此人的原认知结构中具有强烈的"发财"念想，所以遭遇"红苹果落地"景象的刺激，再联想到连续几天的"福从天降"更激发了他的兴奋点（这就是此人具有同化意识），于是他的认知结构立即融入了"时来运转"的认知。当然，此例纯属虚构，但是生活中接二连三的遭遇并不少见，此时如果具有强烈的同化意识，也许会导致"发财"，也许能获得"免灾"，称为时来运转也不为过——因为我们根本不懂大自然的变化规律与其内在本质。

例5　（再说"苹果落地"）：牛顿坐在苹果树下休息，突然一个大红苹果掉到了他的眼前。顿时他眉头紧锁，哦？那个苹果——掉下来啦（吸收信息）？它——为什么不往上飞，不往左移，不往右飘，不往其他方向跑，而偏偏要往下掉呢？（原认知结构中没有这样的认知，无法同化所吸收的信息，产生了好奇，引发了顺应意识）哦——我明白了，苹果脱离苹果树的瞬间是静止的，既然能从瞬间开始往下运动，那么就一定是有一种什么力①把它拉了下来（好奇引发猜测），于是就按此思路进行实验、研究、假设、推理、论证，结果就得到了万有引力定理（完成了顺应）。

这是一个顺应过程：当已有的认知结构中不曾有对所见现象的认知时，顿发奇想而创造出新知，因此顺应过程可能是一个创造过程。

当然，这个过程是我们"编"的，编过程是"过程→生成"教学的重中之重："过程→生成"教学，必须预设生成过程。

例6　（这是一个真实的例子）我儿子大约5岁的时候与我一起回农村老家，刚进村界，儿子就大喊一声："爸爸，那儿有一头大象。"我有点懵——这太行山的大山沟里哪来的大象？顺着他指的方向看去，我忍不住笑了，原来那儿有一头黄牛在吃草，心想，他这是认识大象不认识牛啊，需要借机给他补一课。于是就有了以下对话：

问："你能说说大象的样子吗？"

他想了想说："大象有一个很长的鼻子。"（因为鼻子是大象最大的特征，问话前我也想到了这一点，所以觉得所问问题能得到答案）

接着问："你再看看这个家伙是一头大象吗？"

他又看了一眼说："不是，这个家伙的鼻子不长。"

接着又问："你再想想大象与这个家伙还有哪些地方不同？"

这样他就边想边说，基本上说出了二者的不同，也明白了牛的特征。

此时我才告诉他"这个家伙叫作牛"，牛可以耕地（恰好，稍远处有一头在耕地的牛，就带他过去看了一会儿），还可以拉车，等等。

这个过程：开始，儿子的认知结构中关于哺乳类动物至少有大象，但肯定没有牛，所以就来了个"指牛为象"。不过因为牛也是哺乳类动物，并且与大象有点相似，所以只要将二者区别开来，搞清楚牛的外貌特征，就能接受它，将它纳入认知结构且与大象放在同一个"记忆团"中（即归入了哺乳动物类），显然，这是一个同化过程。

借此例要说一句，无论是学校教育还是家庭教育，对学生或孩子智力的开发，要注意方式，尤其是语言的表述方式。此例中，如果只是简单地告知"这个家伙是牛不是大象"（恐怕在类似情况下，多数人会采用此问题解决方式），那么可能得到的效果最多是强行将牛的概念记忆下来，亦即是将"牛"的概念强行并入自己的认知结构，这种强制性的同化或者很快被遗忘，或者只是一个灰色的按钮。

---

①　注意，牛顿是静态时空观，他的思维局限在他的运动定律上。

3. 顺应、同化意识的提升

如何在教学中提升顺应、同化意识？分析"苹果落地"，为何牛顿看到苹果掉落地时不是想"天上掉馅饼"而是想"物体为何要下落"，这是个关键的问题。某人看到苹果落地想到"福从天降"，是因为他的认知领域是"发财致富"，他的思维取向是"把握商机"；而牛顿看到苹果落地想到"为何下落"，是因为他的认知领域是"数学物理"，他的思维取向是"质问自然"，并具有敏捷的思维。因此，一般地说（即不考虑先天性能），"知识基础""思维取向""思维品质"是提高顺应意识的基础。不妨再换个"大师"来分析，如果贝多芬看到了红彤彤的大苹果落到地面的一幕，他想的肯定不是"发财"，不是"苹果为何要下落"，而可能在他的头脑中马上浮现出一幅"红彤彤的大苹果悄然地离开叶绿果红的苹果树而倏然下落"的美丽画卷，很可能在思考：如何去给如此美妙的场景作曲配音，这是因为他是音乐家、艺术家，他的领域是音乐，他的思维取向是如何创作充满美妙艺术性的音乐。

这是关于"顺应"的分析，"同化"也基本类似，不再赘述。如果将"思维取向""思维品质"合称为"思维能力"，那么理论基础、思维能力就是提升顺应意识、同化意识的基础，进而即可说夯实理论基础、提高思维能力是培养高素质、创新型人才的基础。

* *

继续统觉的话题。有学者论[①]：赫尔巴特学派把统觉论看作教学论的理论基础，看作教材组织和编排的一条基本原则，在统觉论的基础上建立了教学方法。因此赫尔巴特认为，教师应采取符合学生心理活动规律的教学程序，有计划、有步骤地进行教学，所以把教学过程分成四个连续的阶段[②]：

第一阶段：明了。

指教师讲解新教材，把教材分解为许多部分，提示给学生，以便学生领悟和掌握。这时，学生的心理处于"静止的专心"的状态。教师适宜于"采用简短的、尽可能易理解的语句进行讲解"，而在讲解之后，立即让一些学生而不是全部学生确切地重复出来，这常常是适用的方法。

第二阶段：联想。

指通过师生谈话把新旧观念结合起来。教学的任务是把前一阶段教师所提示的新观念和学生意识中原有的旧观念结合起来。这是统觉的初级阶段。这时，学

① 蒋晓. 赫尔巴特学派教学理论评述 [J]. 华东师范大学学报（教育科学版），1984（1）：70-77.
② 佚名. 赫尔巴特的教学阶段论 [J]. 教育理论与实践，2008，28（6）：31.（该文末注明，该文的内容摘自《著名教育家思想精选》）

生的心理表现为"动态的专心"。自由交谈是联想的最好方法，因为学生可以从中获得机会去尝试做出偶然的联想，而这种联想对他来说恰恰是最轻而易举、最不费力气的，同时可以获得机会去改变这种联想，使之多样化，并按他自己的方式掌握已学过的东西。

第三阶段：系统。

指在教师指导下寻找结论和规则，使观念系统化，形成概念。这是统觉的继续。这时，学生的心理处于"静止的审思"的状态，而这种审思可以使学生"看到许多事物的关系"，"把每个个别事物看成这种关系的一个成分，并处在恰当的位置上"。教师要采用"连贯的陈述方法"，要"通过突出主要思想使学生感觉到系统知识的优点，并通过较大的完整性增加知识的总量"。

第四阶段：方法。

指通过练习把所学知识应用于实际，以检查学生对新知识的理解是否正确。这时学生的心理表现为"动态的审思"，教学方法主要让学生做作业、写文章与修改等。

由"明了"阶段可见赫尔巴特的教学观念的确是以教材为中心。不过，赫尔巴特学派的雷奇（Karl Lange）有过这样的论述：

统觉就是在教学过程中通过教材和学生的经验之间所引起的最丰富的联系。因而，统觉论也要研究教材与学生原有经验之间的关系。编排教材要能够引起学生的学习兴趣，要使新旧观念容易同化，就必须考虑这些新教材不能超越学生的理解能力，这样才可能使新知识有所准备地与原有知识建立起联系必须寻找与学生大脑中已有的相似观念。

此教材设计理念可概括为：注重学习兴趣→把握理解能力→力达同化目的。在教育尚且落后的 18 世纪末，如此理念已经是教育的进步，是教育发展的必经之路，即便是当今的教材编写，这些也应该是必须考虑的问题。遗憾的是 18 世纪末的中国未能把握。

仔细想，雷奇的"教材"编排已有比较先进的理念。一是"引起学生的学习兴趣""不能超越学生的理解能力"已然是"以学生为中心"的表现；二是"不能超越学生的理解能力"也就是注重学生的"最近发展区"。所以对赫尔巴特学派，只应予批判性认识，而不能彻底地否定。

回到"以书本为中心"的论题。从"教学阶段理论"的"明了"阶段来看，赫尔巴特学派的教学的确是"以课本为中心"，不过从其统觉论、兴趣说来看，也不能彻底否定，因为在某种情况或某种需求下，仍不失为一种可取甚至是有效的方法。事实上，我们当前的教学，尤其是较高层次的教学，是否做到了如此都值得深思。

着实地说，以书本为中心，首先是未尝不可，其次是不得不可。之所以未尝不可，是因为假如把握"学生的认知能力"、使用"先进的教学理念"讲授书本的内容，也不失为较好的教学方法。之所以不得不可，是因为条件所限，如：新教师、内容难度大、课时不足、班容量过大等诸多原因下，如果说没有良策，则都很难离开照本宣科。不过，无论是"未尝不可"还是"不得不可"，教学效果的好坏取决于是否使用"结论式"。肯定地说：是，则劣；否，则优！

不可否认，赫尔巴特的教学理论是"结论式"的，因为从未提到知识结论的生成过程。

> 明了阶段：以课本为中心的讲授法——认知阶段
> 联想阶段：以谈话法联想同化——同化阶段
> 系统阶段：教师指导下建立认知结构——建构阶段
> 方法阶段：通过作业、应用检查效果——巩固阶段

尤其在认识"新知"的明了阶段，更是直截了当地"讲解新教材，把教材分解为许多部分，提示给学生，以便学生领悟和掌握"，这确是典型的"结论式"表现。不过，如若在"明了阶段"使用"开放式"的讲授法，那么即会得到不同的教学效果。如若在"联想、系统、方法"三个阶段中避免"结论式"行为，那么就得到了如下有益于素质与能力培养的新时代的"四阶段教学法"。

> 明了阶段：形成（或生成）课本知识——认知阶段
> 联想阶段：以启发式谈话法联想同化——同化阶段
> 系统阶段：教师辅导下建立认知结构——建构阶段
> 方法阶段：通过作业、应用检查效果——巩固阶段

因此，赫尔巴特学派教学理论是时代发展的必然产物，是从"传统"走向"现代"必然的过渡阶段，所以，面对传统我们不应该否定，而应在此基础上改造或创新。

关于杜威对"以书本为中心"的批判。杜威认为，传统教育的弊端有以下三点：第一，传统教育传授过时的死知识，这种知识以固定的教材形式提供给学生，教师照本宣科，学生死记硬背；第二，传统教育按照"过去传下来的道德规范"去训练学生；第三，传统教育的教师是传授知识和技能以及实施行为准则的代理人。[①] 可见"教材是过时的死知识，教师是照本宣科，学生是死记硬背"是杜威对"以书本为中心"的批判要义。

首先，我们完全支持"死知识"的论点，因为此论点与机体哲学反对"僵

---

① 郭晓明. 给杜威实用主义教育学以应有的评价 [J]. 教育科学, 1988 (3)：5 - 8.

化"的论点一致。所谓"死知识"，是指向某种教材的编写方式，此种教材的编写理念是"学习就是记忆"，编写方法是"砍断根基、抹杀过程、只供结果"，直接导致了死记硬背的学习方法。如今，"死知识"的影响并未消除，尽管说当前教育改革中的"新教材"看起来有所改变，但实际上并未真正地活起来。但我们不苟同"过时"的论点，因为学习内容是否过时原本就是非常复杂的问题，所以教材内容的取舍需要冷静、客观、公平、公正的态度，而不要偏激。

其次，我们不完全否决"照本宣科"，因为某些特殊情况下这样做还是需要的。在此，需要注意的是杜威的研究主要是针对儿童，对儿童来说，教学的难度和客观的困难都小得多，所以彻底否定"照本宣科"是可以的，但我们考虑的是学习全程，学习层次越高，教学的难度就越大，所以会有"照本宣科"的必要。当然，说不完全否决并非要盲目地使用，而是要在提高"照本宣科"的身价的前提下使用，而提高"照本宣科"的身价的要诀有二：其一，必须具备有益于提升学生素质与能力的教材；其二，必须使用能够催动人心的语言。两者缺一不可。关于教材问题，我们后文再议。

再次，我们反对"死记硬背"，但绝不反对"记"与"背"（前面已讨论过背加法、乘法口诀的问题），不过要"活记活背"，亦即是在充分理解的前提下进行记忆或者背诵。

针对杜威的论点，我们谈了一些自己的观点，总之，对于"以书本为中心"的说法，需要辩证思考、客观对待。

关于我国学者对"以书本为中心"的观点。以书本为中心，我国有学者概述为：

> 在课程和教材的问题上，一般地说，"传统教育"派主张以书本知识为中心，实行分科教学；"现代教育"派主张以个人经验为主，采用综合课程。具体说来就是："传统教育"派主张根据各科知识的逻辑系统编写教材，重视人类的文化遗产，重视间接经验，严格地依照科学的体系实行分科教学，"现代教育"派则主张从心理系统出发编写教材，重视学生个人的直接经验，根据儿童的兴趣、爱好来设计教学，组织活动。[①]

第一，关于传统的"分科"与现代的"综合"，我们认为，绝对的分科割裂了知识间的联系，孤立了学生的思维，不利于素质与能力的培养，但全面的综合不仅难以实现，而且会影响到基础。我们认为课程设置仍然以分科为好，不过对每门课程而言，都应该纵向推进、横向渗透。比如数学课程，教材或者教学仍以数学内容为主线进行编排，但在具体内容的处理中，可融入其他科目的东西。

第二，关于"逻辑系统"和"心理系统"，无论是教学还是教材，我们都不

① 黄济. 试论传统教育与现代教育 [J]. 北京师范大学学报，1986（5）：66-73.

赞同逻辑系统，而倾向于心理系统，之所以说倾向，是因为从心理系统出发来编写教材，是不容易做的事情，所以只能说尽量，也就是说不要被"心理系统"绑架。

第三，关于"现代教育的综合课程"与"基于心理系统编写教材"，其实两个说法是一致的，因为心理系统就是一个复杂的综合系统。要说这种想法是好的，属于系统化思维，但遗憾的是基于"心理系统"去编排"综合课程"却难以实现，最多是增加一门综合性课程，然而仅靠一门综合课程根本满足不了高素质、创新型人才培养的需要，因为一曝十寒的局面根本不可能培养出需要的人才，这是一个致命点。这个问题类似于上文中设置"以学生为中心"的课程，我们已有讨论。所以分科是不可避免的，但在任一科目中，对与本科目相关的东西，教材或教师都不能回避，而应与其关联！数学教师绝不能放纵学生写错白字，也不容许有学生出现不正确的"执笔方法"，等等，如此是能够做到的。

第四，需要注意的是，按"逻辑系统"编写教材或者组织教学，的确是我国传统教材、教学的特色，比如数学教材教学中的定义→性质→定理→例题模式。这种模式目前来说，在高校数学教材、教学中一成不变，在中小学教材、教学中尽管有所改观，但逻辑化思维、结论式思维依然存在。如果这样的思维不予打破，那么教材永远活不起来。当然，我们并非彻底否定"逻辑系统"教材，因为这种教材还是需要的，至少学生需要知道这种逻辑体系，可能他们将来的工作就有需要，等等。那么实际中如何处理，最好的方法是有两种不同体系的教材——将"逻辑系统"教材作为参考。

总之，我们认为：

从"心理系统出发，重视学生个人的直接经验，根据学生的兴趣、爱好来设置综合课程、编写教材、设计教学、组织活动"的"以学生为中心"的主张是好的，但遗憾的是最多只能在低年级教学中得以实现，而要在学生的学习全程中实现，比喻为"难于上青天"也不为过。因此我们的做法应该把握好一个底线：一般情况下，教材、教学的设计要"过程→生成"式而不要"结论式"。

关于"综合课程"，如果只是为了"综合"而只开设一门"综合性课程"，那么远不够用，所以我们认为：所有课程的教学设计或者教材编排最好是坚持"纵向推进、横向渗透"的原则。

B. 关于"以生活为中心"。

何谓"以生活为中心"，其实也是后人的概括，因此我们还是看看杜威的论述。杜威关于"以生活为中心"的论述很多，比如，杜威在《学校与社会·明日之学校》中描绘了理想学校的风貌：

在这种学校里，儿童的生活成了压倒一切的目标。促进儿童生长所需的一切媒介都集中在那里。学习？肯定要学习，但生活是首要的，学习是通过这种生活并与之联系起来进行的。当我们这样以儿童的生活为中心并组织儿童的生活时，我们就看到他首先不是一个静听着的人，而是完全相反。

其中蕴含着"学校以儿童生活为目标"的思想，这种思想重点体现在：

<blockquote>儿童的生活压倒一切，学习是通过生活与之联系起来进行的　　（＊）</blockquote>

此，若能做到则必效果非凡，但实际上设想（＊）仅可能对幼儿或者小学低年级做到（所以杜威的研究主要是针对儿童），而对高年级来说却非常困难。既然如此，何不退而求其次？比如将（＊）修改为：

<blockquote>教学必须联系学生的生活、营造适应于学生学习成长的生态环境　（＊＊）</blockquote>

这样的话，既有杜威思想的投影，又合当前教学改革的思想。不过仍然遗憾，因为即便是退到此步，但要在高年级完全实现难度仍然很大，因为就（＊＊）的要求而言，当知识难度增大时，在良好的生态环境中完成任务，不仅难度就更大，而且用时更多，这是难以突破的"天然"屏障。之所以难，是因为我们要求的是实实在在的实现，而不是沽名钓誉的应付。这就是说还需要再退，但怎么退？（＊＊）已经达到一种底线，于是就只能另择退路。注意到实际教学中当开放式教学遭遇困境时就直落到结论式讲授的事实，再注意到评书演员、相声演员、演讲大师都能通过他们扣人心弦的精彩讲述与表演而打开观众心扉的事实，为何不将（＊＊）退变为

<blockquote>通过教师精彩的讲授
营造联系学生的生活、适应于学生成长的生态环境　　　（＊＊＊）</blockquote>

如此讲授总比结论式讲授好得多吧？显然（＊＊＊）也就是上文得到的最低要求。其实此处的论述，乃是基于"以生活为中心"的视角再一次阐述我们的理念。

杜威在《学校与社会·明日之学校》中也指出了传统课程三种典型的弊病：

第一种是与儿童已经看到的、感觉到的和爱好的东西缺乏任何有机的联系，致使教材成为单纯的形式和符号。第二种是动机的缺乏。不仅没有那种过去曾经有所感受的事实和真理，以吸收和类化新的东西，而且没有热情，没有需要和没有要求。第三种是即便是使用最逻辑的形式整理好的最科学的教材，如果以外加的和现成的形式提供出来，在它呈现到儿童面前时，也失去这种优点。

这是说明，传统教材"脱离儿童生活"的表现主要有缺乏有机的联系、缺乏动机、外加的和现成的形式。关于这些，尽管说在我们当前的基础教育教材中有所

改进，但仍然欠妥。例如，某小学数学教材关于"比"的设计是这样的：

教材：以"神五"升空时杨利伟展示的联合国与中华人民共和国国旗为背景提出问题："杨利伟展示的两面旗都是长 15cm、宽 10cm，怎样用式子表示它们长和宽的关系？"

学生：可以用"15÷10"表示长是宽的多少倍，也可以用"10÷15"表示宽是长的几分之几。

教材：有时我们也把这两个数量之间的关系说成"长和宽的比是 15 比 10，宽和长的比是 10 比 15"。

教材："神五"在距地 350km 的高空做圆周运动，平均 90 分钟绕地球一周，大约运行 42 252km。问："怎样用算式表示飞船进入轨道后平均每分钟飞行多少千米？"

学生：速度可以用"路程÷时间"表示。

教材：我们也可以用比来表示路程和时间的关系："路程和时间的比是 42 252 比 90"。

教材接下来的做法就是定义两个数的比：两个数的比表示两个数相除。15 比 10 记作 15：10……

我们认为，如此设计有所不当：

第一，缺乏有机的联系。因为"比"表示的是两个数的倍数关系，是"包含除法"的产物，但被定义为"两个数的比表示两个数相除"，这就掐断了"比"与"除法"的有机联系，使学生不能真正地从本质上理解比与除法的关系。为何会如此？估计是因为现行教材"革"掉了"包含除"与"等分除"的概念的无奈之举。至于为何要去掉，也许是因为有认为"包含除"与"等分除"都可表示为"将整体分成若干相等的部分"，进而认为这才是除法的终极定义所致。[1][2] 假如真如此，那么即便是理论上真的可以，但岂不知舍去了"包含除"与"等分除"却又一次掐断了除法与现实世界的有机联系，埋没了"包含除"与"等分除"的建模价值，使学生难以深刻理解除法的意义，难以顺利地解决与除法有关的现实问题，且造成了后续教学与学习上的困难。

第二，缺乏动机。谈论动机，首要的问题是明确动机的来源——源自内或外的激励，没有激励就没有动机！然而，教材对"比"的处理，首先是对于背景的烘托难以激发学生对"比"的兴趣与渴望，唯一的功能是引起学生为祖国而自豪，当然这是好事，但是对学习内容来说则是缺乏了动机。但如果将问题修改

---

① 佚名. 为什么教材中不再出现"包含除"和"等分除"的说法？［EB/OL］.（2010－03－16）［2012－02－18］. 奥数上海站. http://sh.aoshu.com/201003/4b9f1a29b1808.shtml.

② 郭永波. 建议摒弃"等分除"与"包含除"［J］. 广东教育，2002（3）：34.

为"天安门广场的国旗长为 5 米，宽为 3.3 米，谁能在纸上将它画出"就好多啦。因为此问题既有激发爱国情怀的功能，又有"激将"的功能。激将，可产生动机。

第三，从引出"比"的概念的过程来看，学生"可以用'15÷10'表示长是宽的多少倍，也可以用'10÷15'表示宽是长的几分之几"的回答已经圆满。但教材却"直截了当"地来了一句"有时我们也把这两个数量之间的关系说成'长和宽的比是 15 比 10，宽和长的比是 10 比 15'"，形成了强加型的"结论式"做法，严重损失了应有的思维。

第四，表示长和宽的关系，其实有"作差"与"作商"两种方法，但教材却只考虑了作商法。如此做法，纯属不管整体思维，不顾思维过程，只是把自己所希望的"现成的形式"提了出来。如此做，学生既得不到逻辑上和系统阐述上的指导，也得不到思维和能力上的充分发展。实际上，面对这样的问题必须做到两点（无论用什么法）：一是两种方法都考虑到；二是必须使学生明白，作差法表示的是数量的差别（15－10＝5，说明 15 比 10 多 5）；作商法表示的是实力的强弱（15÷10＝1.5，说明 15 的实力是 10 的 1.5 倍）。

第五，综合说明：《数学辞海》（第一卷）[①] 中对"比"的定义是"比较两个同类量之间的一种倍数关系……在单位相同时，两个量的比可以用表示这两个量的数的比来代替"。因此关于"比"的教学，首先应理解"比较两个同类量"应有的方法，然后将"倍数关系"定义为"比"，再后将此推广到"任意两数的比"。下面是依此思想设计的简单示例，可作为教学参考：

a. 情境。牛牛与妞妞兄妹每个周末都要去帮助残疾人李大妈干活。某天李大妈需要砌一堵小围墙，兄妹二人就去帮助砌墙师傅搬运砖块，牛牛每次搬 8 块，妞妞每次搬 4 块，搬完后，妞妞累得气喘吁吁，牛牛却仍然生龙活虎，妞妞不禁向牛牛竖起了大拇指：哥哥，你真"牛"！

b. 问题。怎么说明牛牛"牛"？

可能的方法：

方法一（作差法）：用减法算出"牛牛每次比妞妞多搬 4 块"；
方法二（作商法）：用除法算出"牛牛每次搬的是妞妞的 2 倍"。

如图 3.13 所示（用此图给学生示意）：

---

① 《数学辞海》总编辑委员会. 数学辞海：第一卷［M］. 太原：山西教育出版社；北京：中国科学技术出版社；南京：东南大学出版社，2002：46.

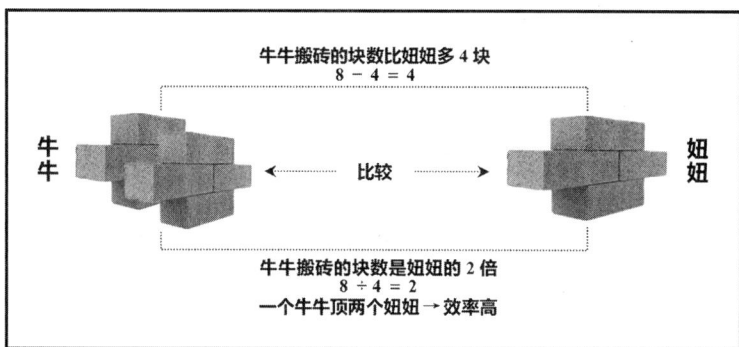

图 3.13 牛牛妞妞搬砖示意图

c. 深层感悟。又一周，牛牛、妞妞帮李大妈往家中运萝卜，要求学生对二人的运送数量与能力进行比较，整个过程如表 3.1 所设。

表 3.1 牛牛、妞妞运萝卜结果比较

	牛牛	妞妞	作差法	作商法	分 析	结 果
第一趟	40 斤	20 斤	20 斤	$\frac{40}{20}=2$	从作差结果看，这两趟牛牛搬砖的数量都比妞妞多 20 斤，看不出别的差别	两个同类量比较：
第二趟	50 斤	30 斤	20 斤	$\frac{50}{30}=1.66\cdots$	从作商结果看，这两趟牛牛的劳动效率都高于妞妞，并可见牛牛第二趟的效率低于其第一趟	作差法能看出数量的变化但看不出变化的程度
第三趟	60 斤	35 斤	25 斤	$\frac{60}{35}=1.71\cdots$	从作差结果看，这两趟牛牛搬砖的数量都比妞妞多 25 斤，看不出别的差别	作商法看不出数量的变化却能看出变化的程度
第四趟	65 斤	40 斤	25 斤	$\frac{65}{40}=1.625$	从作商结果看，这两趟牛牛的劳动效率都高于妞妞，且牛牛第四趟效率低于其第二、三趟，第三趟高于第二趟	

d. 生成概念。在 c 的基础上生成"比"的概念。因为作差法已经非常清楚，所以不需另行讨论；而作商法尽管是除法，但本质上说只是除法中的"包含除法"① 而非"等分除法"，所以需要特别说明"包含除法"的这种功能：因为这

———————

① 关于包含除法与等分除法，我们建议：即便是教材中没有，但教学中应该予以补充。其实据笔者的教学经验，对小学三年级来说，区分包含除法与等分除法是没有问题的。

种功能是"比较两个同类量的倍数关系"，所以不妨将"比较两个同类量之间的倍数关系的方法"叫作**比**，比较的结果叫作**比值**。于是"比"就是包含除法，"比值"就是相除而得到的商。

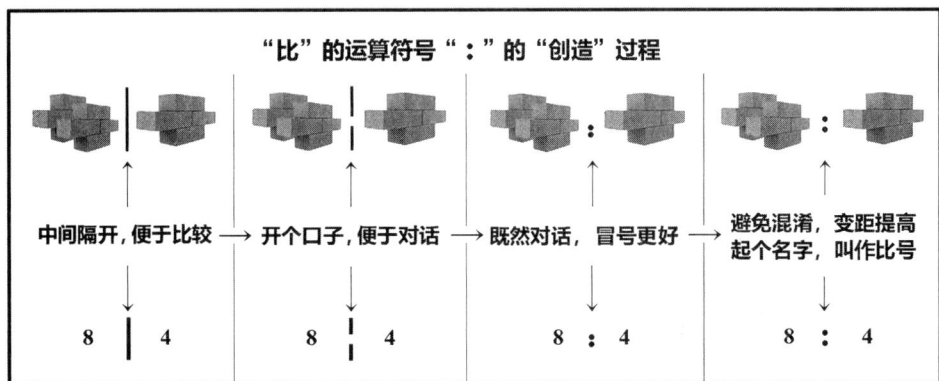

图 3.14　"比"的运算符号"："的"创造"过程

e. 符号化。既然"比"的意义与"除法"有本质上的区别，那么使用"比"的方法时就不能继续使用"÷"，因此就需要另行规定运算符号，为此我们设计图 3.14 所示的过程来"创造"表示"比"的符号——"："。尽管这样的一个"创造"纯属我们的虚构，但总能促进学生创造意识的提升。

其余部分从略。例毕。

可以说，杜威对传统教学弊病的诊断、对以儿童生活为中心的教学构想，为我们的教学勾勒出一幅绚丽多彩的理想图景。是的，只能是理想，因为在实际教学中实现却是很难很难！不应该盲目推崇。当然，说很难很难，并非是全都不行，实际上是在杜威研究的"儿童阶段"还行，但教学年级越高就越困难，这个问题我们已从不同角度讲过多次。

【结论】　杜威对传统课程、教材的批判我们需要重视，但也不能全盘肯定。杜威"以生活为中心"的教学设计是一种理想境界，只能在儿童学习阶段才可能较好地实施。所以我们只能是汲其精华，走出更合适的路子。一般地说，以生活为中心，我们至少能做到：基于学生的"生活实际、情感状态、认知基础、生活需求"组织教材、设计教学，并落实到学生的学习全程中。不过，结论式教学，不能说完全否定，应该是尽量避免。

③ 以社会为中心，还是以课堂为中心？

首先，杜威对传统的课堂组织形式做了批判性描述①：

我们想象一下普通的教室，一排排难看的课桌按几何顺序摆着挤在一起，以便尽可能没有活动的余地，课桌几乎全都是一样大小，桌面刚好放得下书籍、铅笔和纸，外加一张讲桌，几把椅子，光秃秃的墙，可能有几张图画，凭这些我们就能重新构成仅仅能在这种地方进行的教育活动。一切都是为"静听"准备的，因为仅仅学习书本上的课文不过是另外一种"静听"，它标志着一个人的心理依附于另一个人的心理。比较说来，静听的态度是被动的、吸收的，它还意味着已经有一些现成的材料，是地方教育官员、教育局和教师准备好了的，儿童要在最少的时间内接受这些教材，接受越多越好。

这确实是传统教室的真实写照，就在我们教学改革的今天，这种课堂也并未消失。不过，我们还是不要忘记杜威的研究所面对的对象——儿童，这样的教室对儿童的学习的确不恰当。不过，当我们要考虑所有年级的教学时，对杜威的描述就不能全部接盘，一般地，教室是教学的主阵地，课堂还是学生的学习中心（在此，中心的确可理解为一个点，因为学校是学生学习的大场所，教室就是学校里的一个点）。其实这些不重要，重要的是在课堂上教师如何教、学生如何学；重要的是回答好"教什么，怎么教""学什么，怎么学"！另外，杜威论述了学校与社会的关系，我们摘要几个观点②：

教育是社会进步和社会改革的基本方法。

学校是社会进步和改革的最基本的和最有效的工具。

教师不是简单地从事于训练一个人，而是从事于适当的社会生活的形成。

我们往往从个人主义观点去看学校，以为它不过是师生之间或教师和儿童的父母之间的事情。……但是，眼界需要扩大。最贤明的父母所希望于自己孩子的一定是社会所希望于一切儿童的。

如此，杜威阐述了教育、学校、教师、家庭对社会应有的责任：面向社会、面向未来！那么，教育如何面向社会？首先，杜威指出：

按照社会上的重大变化，努力设想一下我们大体上可以称之为"新教育"的涵义是什么。我们能否把这种"新教育"同社会事态的一般进程联系起来呢？如果可能的话，那么"新教育"就会消除和社会隔离的特点……

---

① 杜威. 学校与社会·明日之学校［M］. 2版. 赵祥麟，任钟印，吴志宏，译. 北京：人民教育出版社，2004.

② 杜威. 学校与社会·明日之学校［M］. 2版. 赵祥麟，任钟印，吴志宏，译. 北京：人民教育出版社，2004.

这就是说教育要面向社会，就必须同社会事态的一般进程联系起来，达到消除教育和社会隔离的目的。其次，杜威批评了当时教育改革的一种倾向：

当我们再来看看学校的问题时，我们就发现目前最引人注目的倾向之一，是采用所谓手工训练、工场作业以及家庭技艺如缝纫、烹调等。……如果我们仔细询问那些甚至最乐于把这种作业介绍到我们学校里来的人们，我想，我们就会发现其所以这样做的理由是，这种作业能抓住儿童强烈的自发兴趣和注意力。……但是，总的说来，这种观点乃是不必要的狭隘。我们必须把木工、金工、纺织、缝纫、烹调看作是生活和学习的方法，而不是各种特殊的科目。

如此说是：把手工训练、工场作业及家庭技艺等引入学校而作为特殊科目，并非能达到面向社会的目的，而只是一种狭隘的吸引学生注意力及兴趣的做法。于是杜威阐述了学校面向社会应有的作业的意义：

学校的作业，不应该是一般职业的单纯的实际手段或方法，使得学生获得较好的专门技术，而是作为科学地理解自然的原来和过程的活动中心，作为引导儿童去认识人类历史发展的起点。儿童可以循着历史上人类进步足迹前进，真正懂得生产的原料和机械原来过程。——儿童学习东西，要放进科学技术历史、社会产业链中去理解。

我们必须按照这种作用的社会意义把它们看作是社会自身赖以前进的各种过程的模式；看作是使儿童确实感到社会主义的一些基本需要的手段；看作是使这些需要由于日益发展的人的理解力和创造力而得到满足的方式。总之，把它们看作是一些方法，通过它们，学校自身建成为一种生动的社会生活的真正形式，而不仅仅是学习功课的场所。

此论，尤其是带下划线的言辞，可认为杜威教育要面向社会的核心思想是：使学生在人类或社会发展的过程中学习基本知识、提升理解力和创造力。

可以说我们的"过程→生成"理念与这种核心思想有相同之处，"同"就同在"使学生在过程中学习基本知识、提升理解力和创造力"，而不同的是，杜威希望学生在"人类或社会发展的过程中学习"，于是即提出将"学校自身建成为一种生动的社会生活的真正形式"的设想，如此设想，也许对幼儿园可能，或者对小学低年级也可能（这是杜威的研究所面对的对象），但对其他，我们认为绝不可能！甚至可能因为某些客观条件的限制，造成幼教、小教也不可能。因此，相比较杜威的核心思想来说，我们的"过程→生成"理念希望的是：模拟人类或社会发展的过程，使学生在这样的过程中学习基本知识、提升理解力和创造力，这种模拟，可以由学生进行，可以由师生共同进行，还可以由教师进行。

但必须注意的是，杜威关于教育、学校、教师、家庭责任的论述完全是出于"教育要适应于社会发展的需要"，这是永恒的道理。

【结论】 杜威对传统课堂的批判值得思考，杜威对社会活动与教学活动相融关联的设想值得借鉴，杜威对当年教学改革的指责更需要引以为戒。杜威之"社会为中心"，本意是将"社会活动与教学活动"密切关联，从社会发展的角度来看，大有必要，但是难以践行，问题的解决应该在我们的教学底线上灵活作为。

总之：

关于"三中心"，以学生为中心是教学的必要！但是以生活、社会为中心，很难做到，不过根据社会发展的需要，教学必须密切联系社会与生活。因此"三中心"的提法略有欠妥，不如说为：以学生为中心，密切联系社会，密切联系生活，可称为"一中心两联系"。

3. 我国传统教学的渊源

概析我国传统教学理念的渊源。

古代，孔子的"不愤不启，不悱不发"缔造了"启发式"教学思想，寥寥八字却蕴含着深刻的教学理念：

① "不愤不启"，未感悟到极致则不予启导，蕴含着要求学生自我建构、提升创造性思维的建构主义教学理念。或者换句话来说，亦即是"置之死地而后生"，此言，似乎为精武之道，实际上是突变创造之道！

② "不悱不发"，未达到已明白但却难言的程度则不予言语点拨，蕴含着要求学生自我提升语言表达、提升交流沟通能力的教学理念。

③ "不愤不、不悱不"，意味着强调学生自我认知，蕴含着"以学生为中心"的教学理念。

④ "启、发"，是人才培养的基本教学原则。

⑤ "不愤不启，不悱不发"，大有"跳一跳、够得着"之意，蕴含着教学的"最近发展区"理论。

总之，孔子的教学思想，尽管距今2 000多年，但却孕育着当今某些先进的教学理念，岂不赞叹?! 只不过因为时代的局限性与历史的波动性而未能进行系统化研究。实际上，教育教学的发展，不仅受时代状况、人们认知能力及研究水平限制，而且还受社会变革及动荡的影响。学者谢文庆对中国古代教学原则和方法进行了量化分析①，得到了"在先秦、秦汉（第一次高潮）、宋元和隋唐、明清时期，古代教育明显呈现出两起两落的状态"的结果，"先秦、秦汉时期第一次高潮，隋唐五代时期第一次低潮，宋元时期第二次高潮，明清时期第二次低

---

① 谢文庆. 中国古代教学原则和方法的量化分析［J］. 长江大学学报（社会科学版），2010，33（4）：324－325.

潮"。显然，每一次"低潮"的到来，都会使教育、教学受到严重的伤害，尤其是明清时期的"低潮"更是严重影响了我国现代教育、教学的发展。

尽管说我国在商朝（约公元前 1600 年至公元前 1046 年）已有了十进制计数法，尽管说我国曾有《周髀算经》《九章算术》《海岛算经》《孙子算经》《五曹算经》《夏侯阳算经》《五经算术》《张丘建算经》《缀术》《辑古算经》十大算经，尽管说我国古代有四大发明，但从教育教学来说却表现为重文轻理，这从我国的科举考试即可看出：从隋朝（581—618）开始到清朝光绪三十一年（1905）举行的最后一科进士考试为止，经历了 1 300 多年，除盛唐期间有"明算"（即数学）考试外，余者均无"数理化"的考试，因此在古代，我们理科教学方面可谓空白。而文科教学，虽然孔子创造了"启发式"，但后人不仅没有发扬光大，而且几乎被雪藏。正如学者吕春枝所论："实际上，传统教学方法理论与实践严重脱节，孔门弟子竭力建构的教学方法理论体系，对当时以及其后的教学实践并没有起到应有的作用。机械记忆一直被推崇为最有效的学习方法，教师的职责在于监督学生的记忆情况。苦学、苦写、苦记，最后功成名就的教学案例比比皆是，广为传颂。'头悬梁、锥刺股'的读书精神激励了一代又一代的读书人。"① 尤其是最近的明清时期进入了第二次低潮，给我们留传下来的教学理念与方法除了"过分强调语言知识传授与知识记忆"的"结论式"，还能有什么?!

记得在 20 世纪 60 年代末，村里一位从"旧社会"过来的王培中老先生（应出生于 19 世纪末吧）多次与我聊过他所记忆中的学校——私塾、书院、学堂、学校的情况，从教学来说（因为我已当老师，所以会抽空去请教他一些关于学校方面的问题，尤其是教学方面的问题），他说他只知道私塾与书院的教学情况，学堂与学校他不清楚（因为他也没有上过学堂），关于私塾与书院的教学大概是这样的：

私塾的教学：私塾的学习内容主要是《三字经》《百家姓》《千字文》等。教学方法首先是识字、写字（毛笔）、诵读（先生领诵，学生跟读）、背诵，到一定程度才要"开讲"，也就是先生逐句讲解所学内容，讲课的样子就是摇头晃脑的那种。讲完课后，再要求学生复述等，应该说这种形式的教学在人们的心中印象很深，因为大多数人很难上得了较高层次的学堂或学校，尤其是农村，较好的就是上个私塾，有条件的可能上几年，条件不好的可能上几个月，能认个字写个字就好。

书院的教学：书院的学习内容主要是《四书》、《五经》、文学、历史等，教学方法主要是自学、讨论、讲学（本院教师或者聘请"名师"讲解某些内容）。

可见，私塾与书院的教学是名副其实的"结论式"教学，而"启发式"并没有被重视使用，因此"结论式"教学在我国民众的心目中根深蒂固。

---

① 吕春枝. 中国近代教学方法史论［D］. 保定：河北大学，2008.

近代，从 1840 年（鸦片战争）开始。实际上，"结论式"不仅在中国具有传统的历史，在国外亦是如此。有学者论：在西方教学思想发展史上，传统教学思想一般都强调知识的传授，认为学生掌握了学科知识，自然也就发展了智力，忽视以至否定了专门培养能力的可能性。[①] 而 1806 年，赫尔巴特发表了《普通教育学》，标志着近代教育学的诞生。

对中国来说，整个 20 世纪，有三种外国的教育理论对中国教育学的发生、发展产生过影响：一是赫尔巴特及其学派的教育学；二是美国杜威的实验主义教育学；三是苏联的凯洛夫教育学。[②]

首先是赫尔巴特学派的教育学传入中国。有学者论，赫尔巴特《普通教育学》在"教育学的学科基础、教育学学科体系、教育学内容"影响了中国教育学界的发展[③]；也有学者论赫尔巴特的"五段教授法"，对于普及小学教育，尽快建立近代小学教学体系起了积极的作用[④]；还有学者论，20 世纪初，赫尔巴特及其学派教育学导入中国，特定的导入动机、导入路径和导入时机使得我们在学习赫尔巴特教育学方面埋下了诸多的"先天不足"。1919 年以后，中国学习别国教育学的主潮几经更迭，先是杜威的实验主义教育学，后是苏联的凯洛夫教育学，由于缺乏对后二次学习与先前一次之间内在关联性的发现，学习杜威、学习凯洛夫成了变相批判赫尔巴特的过程，遂又导致对赫尔巴特甚至对整个教育学理论的学习都流于表层而无法深入[⑤]，等等，如此说明赫尔巴特及其学派教育学对我国的教育起了一定的作用，但没有能够深入。

其次是杜威的教育传入中国。据美国学者 J. E. 史密斯介绍[⑥]，1919 年杜威在东京帝国大学讲学时接到由胡适、蒋梦麟等签名的邀请书，请他到中国讲学，他欣然接受，不仅因为胡适等人是他早期的学生，而且他对当时的中国感到莫大的兴趣。杜威在中国一共访问了 11 个省，1921 年 6 月 11 日离华。杜威讲学的基本观点大都出自他的《学校与社会》《民主与教育》《哲学的改造》三本著作，讲学内容主要集中在经济、政治、文化三个重要问题上，其中文化的比重相当于政治与经济两个方面。其中关于教育，杜威"学校必须是儿童与社会的桥梁"的基本信念引发了"为生存而教育"的口号，大大地影响了中国学者，并成为

---

① 刘新科. 世纪之交西方教学思想发展的新趋势 [J]. 陕西师范大学学报（哲学社会科学版），1999（4）：164 – 168，173.

② 周谷平，叶志坚. 赫尔巴特教育学在中国：一个跨越世纪的回望 [J]. 教育学报，2006（5）：29 – 35.

③ 侯怀银，祁东方. 赫尔巴特《普通教育学》在中国的传播及其影响 [J]. 教育理论与实践，2007（19）：16 – 20.

④ 洪成. 赫尔巴特五段教授法在中国 [J]. 课程·教材·教法，1997（5）：61 – 63.

⑤ 周谷平，叶志坚. 赫尔巴特教育学在中国：一个跨越世纪的回望 [J]. 教育学报，2006（5）：29 – 35.

⑥ 史密斯，罗志野. 杜威在中国讲学中的基本观点 [J]. 哲学译丛，1990（6）：67 – 71，57.

一个重要的注意中心，成为活动的源泉。史密斯认为："不少中国学者没有看到在西方文明发展中宗教与道德传统所做出的贡献，他们只认为技术是唯一的影响元素。同时，杜威也低估了儒学传统在形成中国文化和精神生活中的作用。杜威似乎并不了解，他所提出来的源自科学态度的以及伴随出现的生活要求的那种道德，绝不能永远代替中国哲学伟大传统中已具体化了的智慧与忠诚思想。"从教育来说，史密斯的介绍至少说明了两点：其一，从"学校必须是儿童与社会的桥梁，教育横跨两者，它主要通过课程的设计安排，而不是集中于抽象的或孤立的事实上"来看，杜威的"社会中心"论也就是将社会活动与教学活动密切结合；其二，杜威的讲学"大大地影响了中国学者"，不过我国传统的儒学思想阻碍了杜威思想在我国的发展。

关于杜威对我国教育的影响，有学者①认为：① 杜威教育理论影响了学制改革过程的关键环节；② 杜威教育理论影响了新学制的标准和内容；③ 杜威通过一批追随者推动了新学制的制定和贯彻。又有学者②认为：杜威的教育思想对 20 世纪中国教育改革中的学制改革、教材改革、课程改革都产生了积极的影响。……作为对 20 世纪中国教育改革产生过广泛而深刻影响的教育家，杜威的影响几乎是全方位的。

现代，中华人民共和国成立以来，"结论式"教学理念始终禁锢着我们，比如我国数学教学始终没有真正地摆脱"定义→性质→定理→例题"的结论式模式，阻碍着数学素养、创新能力的培养。几十年来，这种模式不但难以改变，而且代代传承，几乎形成了教学的"天条"，不仅是教师，就是在普通大众的心灵中亦是"阴气不散"，因此也就导致了教育改革难以深入。非常奇怪的是，"知其然又知其所以然""授人以鱼不如授人以渔"的形象的祖传哲理，说起来头头是道，行动上却难见踪影，为何？很显然，不是别的，就是只知道这个理，不知道怎么做，或者说是缺乏具体践行祖传哲理的理念。

"结论式"教学为何根深蒂固？首先，据上文所论，"结论式"教学原本就是我国古代的教学传统。其次，尽管有赫尔巴特、杜威教育理论的引入，但都只是经历了萌芽期而没有深入发展。因为赫尔巴特理论引入的主要时间是 1901 – 1918 年，此阶段我国正处于清末民初的社会变革阶段，国内充满了封闭与开放、专制与民主、前进与倒退、革新与守旧等矛盾，因此尽管说教育急需从我国的传统形式向现代形式转型，但是赫尔巴特的理论却难以深入发展，并且不到 20 年就迎来了与之相左的杜威的教育理念。这样一来赫尔巴特理论在我国不仅没有立足而且又受到杜威理论的冲击。之后我国又经历了国民革命、土地革命、抗日战争、解放战争等的内外战乱，可想而知，无论是赫尔巴特还是杜威，其教育理念

---

① 元青. 杜威的中国之行及其影响［J］. 近代史研究，2001（2）：130 – 169，1.

② 吴健敏. 杜威的教育思想对 20 世纪中国教育改革的影响［J］. 教育评论，2001（6）：58 – 60.

在我国都难以得到发展。

中华人民共和国成立后，我国经济上极度落后，教育上一穷二白，国际环境险恶，因此也就出现了向苏联"一边倒"的状况，凯洛夫《教育学》（凯洛夫，1953）、苏式教材也就在我国生根发芽，凯洛夫《教育学》风靡全国，在各方力量推动下，很快成为教育界耳熟能详的图书，同时凯洛夫在赫尔巴特的"**五段教学法**"的基础上提出了自己一整套的教学组织体系，将课堂讲授划分为组织教学、检查复习、讲授新课、巩固新知、布置作业五个步骤[①]，为区别于赫尔巴特学派的"五段教学法"，我们称之为"**五步讲授法**"，显然"五步讲授法"是实实在在的"结论式"讲授法，对我国当代教育产生了深远的影响。

有必要比较"五段教学法"与"五步讲授法"。"五段教学法"是赫尔巴特的学生在赫尔巴特"四段教学法"基础上改进的，有学者论述[②]：赫尔巴特学派对教学阶段论的改造，以莱因的五段论最著名，他不仅使赫尔巴特的阶段论更加清楚、通俗，而且也更为严谨，容易为教师们所接受。特别是在美国，对绝大多数的教师来说，赫尔巴特的教学阶段论就是莱因的"**准备，呈现，联合，概括，运用**"五段论。莱因认为教师的任务就是要唤起学生大脑中的原有观念，使其愿意去"嫁接"新的教材：为了明确一堂课的目的，为了引起学生对教学的兴趣和集中其注意力，教师要能够及时地把学生的注意力吸引到课堂上来，为教学做好准备；这样，学生的大脑对感知教材已经有所准备，教师呈现的教材就能清楚、明了和具有吸引力；然后再进入新知识与学生大脑中原有观念之间的联合，熟练地运用各种方法使它紧密结合起来，形成一种模式；接着就是概括或抽象，它将检验新老模式刚进入学生大脑中的观念；最后就是在掌握了新知识的基础上以适当的方法去应用新的知识。

略考五段教学法，其中的"联合"意为将"新知识与学生大脑中原有观念之间的联合"，亦即是"同化或者顺应"；其中的"概括"意味着"概括或抽象，它将检验新老模式刚进入学生大脑中的观念"，亦即是通过概括或抽象的思维方法，将已经同化或者顺应的知识进一步结构化。如此理解，较五步讲授法，五段教学法更为"先进"。因此，中国教育被五步讲授法左右了几十年似乎很遗憾，不过也不必遗憾，因为对我们来说也是历史发展的必然。我们应该做的是避免极端、辩证思考、改革理念、开创教学新天地。

回到凯洛夫《教育学》，其关于"教学"的定义是："教师有系统地和循序地把知识传达给学生和组织学生的活动。"此处的"知识传达"表明了"告诉结果"之意；同时又将"教学过程"定义为"教师在学生自觉与自动的参加之下，以知识、技能和熟练技巧的体系去武装学生的过程"（凯洛夫，1953）。

①　李镌钊. 讲授法的历史演进与当代意蕴［D］. 上海：华东师范大学，2010.

②　蒋晓. 赫尔巴特学派教学理论评述［J］. 华东师范大学学报（教育科学版），1984（1）：70-77.

我们应该注意凯洛夫关于"形式教育"与"实质教育"的批判，他说：

形式教育认为：教学中的主要任务，是我们理智底"形成力"的发展，是智力与天才的发展；如果这个任务能够很好地实现，那末，学生就能在离开学校以后，自行获得他所需要的知识啦。要领会一切事实与一切科学的概括，反正是不可能的；所以最好还是不要去追求这些吧，还是在学校里尽量地多教授一些能够发展学生思维的东西，用独立思维和独立获得新知识的方法去武装学生吧。

实质教育认为：教学中最主要的任务，用积极的经验和现实的、实用的、适合于生活要求的知识来武装学生；如果学生掌握了一定的教材、一定的有益的知识体系时，那末，这就能更好地保证他们智力底发展；这个智力是满足他们实际生活所必须的东西。对于学生认识力的发展，再不必提出任何别的任务了。

他认为两者都是错误的，因为

他们反映着"资产阶级'教育学底唯心论的基础'"，反映着他们的阶级本质。前者和后者底理论，都没有认为用真正的客观现实底知识来武装学生是教学底任务；因为他们遵循着唯心论的哲学，否认人类认识客观现实的可能性。

关于"形式教育"与"实质教育"，凯洛夫的描述没错，但他的批判却没有哲学地思考问题，而只是简单地以"阶级"进行定位，于是导致了观念上的失误，从而形成了"结论式教育"教学理念。因为涉及观念问题，所以有必要哲学地审视：

首先，形式教育的主要代表人物可谓英国的教育家洛克（中国大百科全书总编辑委员会《教育》编辑委员会，1988；邢红军、陈清梅，2005），洛克是经验主义心理学创始人，从本体论来看，洛克是二元论者，不过也在二元论和一元论之间呈现出某些犹豫不决（崔永杰、张梅，2001）。据陈伙平先生的研究：洛克认为世界是物质实体与精神实体组成的，物质实体的性质只要通过外部感官的接触就能感受得到，所以感觉寄托于物质实体，而人的反省则寄托于精神实体。因为这种精神实体的性质通过感觉是把握不到的，只有心灵通过反省把自己的心理活动和所附带的内容作为对象而反观自照（张志祥、黎春娴，2006）才能认识得到。在此洛克看到了反省和感觉的作用的不同，认为反省的作用是感觉所不及的，初步察觉了心理活动的复杂性，具有可取的一面。（陈伙平，1988）可见洛克认为"精神实体"优于"物质实体"，由此也就形成了"形式教育"的思想。

其次，实质教育的主要代表人是英国教育家 H. 斯宾塞。斯宾塞"坚决主张实科教育，同时竭力抨击当时英国教育中的古典主义和经院主义，认为一般智力的发展是次要的，强调课程和教材的实用性"（中国大百科全书总编辑委员会《教育》编辑委员会，1988）。在这里，斯宾塞吸取了康德关于"自在之物"理论，提出了"力的一元论"，认为现象背后存在一种"力"，这种力是一切现象的基础，是事物普遍进化的推动力，是一切事物的最后的实体，亦即是说斯宾塞认为企图用这种"力"去统一"精神实体"与"物质实体"，实现其本体一元论理念。笔者认为，正是基于如此思想，斯宾塞方研究了生产与生活之种种现象，获得了一种"教育力"：实用型的科学教育。

凯洛夫称其教育"遵循马克思列宁主义的认识论"，并说"我们在教学过程与科学的认识过程之间，发现了一致之点。所以列宁所指示的那条路线，乃是认识真理的路线，使学生领会知识为目的的工作，也应该遵照这条路线去进行。'由生动的直觉到抽象的思维，再由思维到实践，这便是认识真理，认识客观现实的辩证法的路线①'这种原理应当作为我们组织教学过程时的指导"。按其逻辑对应，"教学过程"应该对应着"生动的直觉到抽象的思维"，然而，在其对教学及教学过程的定义中，很难找到"生动的直觉到抽象的思维"的影子。为何如此？实际上是认知观的问题。那么凯洛夫的观念为何出错且又错在哪儿？既然凯洛夫称其教育"遵循马克思列宁主义的认识论"，那么就需要从马克思主义哲学说起。

马克思在《关于费尔巴哈的提纲》（中共中央马克思恩格斯列宁斯大林著作编译局，1972）一文指出：一切唯物主义的主要缺点是"对事物、现实、感性，只是从客体或者直观的形式去理解，而不是把它们当作人的感性活动、当作实践去理解，不是从主体方面去理解"，事物、现实可谓物质，感性则可谓精神，因此可认为马克思的观点是把物质与精神都当作人的感性活动、当作实践去理解；同时又指出："唯心主义却发展了能动的方面，但只是抽象地发展了，因为唯心主义当然是不知道真正现实的、感性的活动本身的。"由此可见，马克思认为能动性是人的感性活动本身的。总之可认为，马克思的观点是物质与精神都是在人之能动的感性活动。丁春华指出，马克思主义哲学的本体论仍处于"物质"与"实践"的争论之中（丁春华，2009），但如果"物质"与"实践"中二选一的话，基于上面的分析，我们赞同"实践本体论"。但是从"能动的感性活动"来看，马克思主义哲学与怀特海的过程哲学更有共同点。实际上费劳德先生认为："马克思与怀特海的理论契合。"（费劳德，2004）闫顺利先生认为："马克思与怀特海都对传统思辨形而上学加以批判。马克思终结了传统思辨形而上学，以实践为基础展开其思想体系。怀特海重建形而上学，并极力把科学与哲学统一起来，以一种审美和价值取向统领形而上学的进程。二者体系不同，但都对过程思想进行深入思考。如果我们不拘泥于背景和体系的差异，仅就克服传统实体思维方式而言，马克思过程思想展示了与怀特海过程哲学同一维度的哲学探索。"（闫顺利、敦鹏，2009）杨富斌先生认为："过程哲学是一种与马克思的实践唯物主义和东方哲学相通的有机哲学。"（杨富斌，2011）等等。

---

① 中共中央马克思恩格斯列宁斯大林著作编译局. 列宁哲学笔记 [M]. 北京：人民出版社，1993：142.

　　至此可看出，凯洛夫称其教育"遵循马克思列宁主义的认识论"只是如此一说而已，他对教学及教学过程的定义完全与"能动的感性活动"相悖，从"把知识传达给学生"来看，知识、技能在凯洛夫那里就是永恒的结果和静态的文本，因此至少说凯洛夫教育学是传统的、形而上学的，并未考虑唯物辩证法。

　　上述讨论说明，教学改革的首要问题是观念的改革，而观念问题的根本是本体观问题，此问题不解决就不知道自己应该做什么。之所以哲学史上存在着物质实体与精神实体的纵横纷争，就是人们都期望自己的观念更有意义。洛克的二元本体观产生了"形式教育"，斯宾塞的一元本体论产生了"实质教育"，凯洛夫的形而上学观产生了"结论式教育"。我们当然不能否定他们的历史功绩，不能否认它们的积极因素，而应该用发展的眼光去审度其优点与缺点，将之引为己用或者引为己鉴。

　　譬如：形式教育实际上是智慧教育的倡导，洛克时期，英国刚取得资产阶级革命胜利，洛克代表当时英国资产阶级和新贵族的利益，为培养善于处理自己事务、能够增强英国经济实力的英国新绅士，提出形式教育设想，为巩固英国的资本主义体制做出了贡献；从当代来看，为了国家力量的强大，为了国家科学技术的高速发展，智慧教育与能力培养已是各国教育改革的追求，所以我们应该研究、汲取洛克教育思想的精华，也应批判其追求"智慧"而忽视"基础"的错误观点，美国教育从"新数运动"到"课程焦点"（李祎，2007）的跌宕起伏就是充分的例证。不过我们也绝不能认为美国"焦点课程"的出台意味着创新式教育的失落，因为那将是"傻瓜"之举！而"焦点课程"的出炉正是必要的教育战略的修正与调整，是新里程的开始。

　　再如：实质教育实际上是科学教育的追求（博仔，2005），斯宾塞时代，自然科学的巨大发展使英国进入了"黄金时代"，但教育却出现了与科学技术需求不相称的局面，于是斯宾塞研究科学知识的价值观与科学的课程论，其成果不仅为英国，而且也为世界做出了贡献。在当代，面对21世纪的挑战，从美国政府的《2061计划》到各个国家面向未来公民的科学教育发展战略，可见斯宾塞教育思想的前瞻性与可取性。但是，作为一种全局性教育理念，只注重实用学科教育是远远不够的，尤其在高新技术迅猛发展的今天，高素质人才既需要综合基础，又需要创新能力，这是不可抗拒的诉求。

　　中华人民共和国成立初期，面对"一穷二白"的困窘局面及以美国为首的国际封锁，如何迅速提高国家的实力，提高中华民族的科技文化水平，是非常迫切而又无比困难的任务，而凯洛夫教育理论的引入无疑为新中国的教育开创了良好的局面，这是不可否定的。实际上"结论式"教学之形式简单、操作方便、易于推广的优点也正好适应于当时我国科技文化落后的局面，亦可谓"功不可没"。然而，在科技风起云涌、信息瞬息万变的当今，简单的"结论式"教学已不能适应时代发展的需求，所以我们必须抛开"恋凯情结"（钟启泉，2009），打造全新的教学局面，当然也应研究保留传统教育之精华。

总之，我们认同动态的本体观，并且选择怀特海的过程哲学作为我们教学理念的哲学基础。既然说"马克思与怀特海的理论契合"，那么为何要选择怀特海？乃因为尽管说二者都在摒弃实体思维，坚持以过程观点看世界，但是马克思哲学侧重研究社会机体论，怀特海哲学侧重探讨宇宙机体论，并且怀特海明确地提出了"过程就是实在，实在就是过程"的"过程"本体观，提出了"事物的'存在'是由它的'生成'所构成"的"过程原理"，所以基于怀特海的过程哲学来思考教育问题更为方便。

4. 观念的确定

综合上面的讨论，提出我们的教学认知观：

知识是什么？知识就是其生成过程；

学习学什么？学习就要学知识的生成过程；

教学教什么？教学就要"教"知识的生成过程。

在这里，我们所说的知识也包括技能，因为技能是"能够完成一定任务的动作系统"，而这套"动作系统"必有其生成过程，对于技能的学习，也绝不能简单地模仿，而应该真正地理解其生成过程。因此，教学改革的关键是：**从"结论"走向"生成过程"**。之所以强调"生成过程"，是因为"生成过程"是理解知识、提升创造力的根本，比如说，"谁知盘中餐，粒粒皆辛苦"，如果只是口头上给学生说农民伯伯种庄稼如何辛苦，那么学生未必能够有所理解。但如果让学生亲历从种到收的全程，或者在课堂上给学生展现农民伯伯从种到收的过程——使学生的身心、情感投入其中，那么学生才能真正懂得"粒粒皆辛苦"的寓意，才能产生爱护粮食的思想。再如"模 m 的剩余类"的概念，笔者曾对刚学过近世代数课程的两个班级的 120 多名学生口头调查①：什么是模 m 的剩余类？结果是百分之百地说不出，为何这样？因为教材或者教学中模 m 的剩余类都是直接"下定义"的，学生对这种定义根本没有产生什么感觉。所以，笔者授此课时是从现实的"计时方法"说起，描绘了一个创造计时法、创造模剩余类的过程，结果学生不仅理解了模 m 的剩余类的概念，而且理解了模 m 的剩余类的应用价值，更是感受了一次创造性思维过程。

3.3.1.2.6 过程哲学视野中的"教学主体"观

上文讨论过教学主体问题，还讨论过主体突现节奏，现在主体突现节奏的基础上简述**主体突现教学观**。

_____

① 被调查者不是笔者的学生。

受二元论哲学的影响，教学中就产生了是"以教师为主体"还是"以学生为主体"这一难以解决的矛盾。其实，粗糙地想一下：一般地，一个过程中不可能由一个主体掌控到底，例如教学，讲授法教师是主体，自主学习学生是主体，但介于讲授与自主之间，就会出现教师讲解、学生理解的交替变化，这种变化也就是怀特海的主体突现，亦即是"在认识过程现实地发生之前，根本无所谓主体和客体之分。主体和客体是在现实存在的相互作用过程中逐步生成的，主体与客体的关系以及主体对客体的认识也是一个逐步生成的过程"（杨富斌，2003）。那么，主体和客体如何在现实存在的相互作用过程中逐步生成？怀特海使用了"摄入"的概念。怀特海认为：

> 每一种现实存在都可以用无数种方式进行分析。……把一个现实存在分解为各种摄入，一种摄入会在自身之中再现一个现实存在的各种一般特征：它与某个外部世界有关，因而在这种意义上，我们将称它具有某种"矢量特征"；它涉及感情意图、评价，以及因果关系。实际上，一个现实存在所具有的任何一种特征，都可以通过某种摄入而被再现出来。（怀特海，2003）

这就是说，一个过程可以据其特征分解为若干个"子过程"的合生，这样的过程，在主体突现节奏中已有论述，现在我们再举一例：

> ① 鱼缸里的小金鱼 B 引起了小猫 A 的注意，小猫 A 就想办法捞出了小金鱼 B 并且将它吃掉（A 摄入 B），此时小猫 A 就是主体，小金鱼 B 就是客体，吃完之后小猫变成了 A′，然后就睡着了。此时的小猫 A′已经不再是主体而只是这个家中的一只小猫，并且小猫 A′也不再是小猫 A，因为至少小猫 A′比小猫 A 的肚子里多了小金鱼的成分；
>
> ② 主人 C 回来后看到正在睡觉的小猫 A′旁边的鱼骨头，大发雷霆，饭也没有吃就将小猫 A′教训了一顿，此时的主人 C 就是主体，小猫 A′就是客体，训完后也睡觉去了。此时的主人 C′已经不再是主体而只是家中的一个人，并且也不同于原来的主人 C，因为至少是主人教训小猫而损耗了精力变成了 C′；
>
> ③ ……

这是实实在在、动态变化的过程，过程中的主体是随着过程的变化而改变的。显然，如此诠释实在过程才能揭示事物发展变化的真谛，教学过程也是如此。依此我们可以给出过程哲学视野中的教学主体观（或称**教学主体突现论**）：

> 教学中，教师或学生并非是恒定的主体，而只是教学过程的参与者。在教学进程中，当激起学生感受时，学生就成为主体；当教师酌情诱导时，教师就成为主体；当某现象摄入相关资源或生成某种结论时，该现象就成为主体；……如此

环节，环环相扣，就形成了整个教学过程。

上文曾说过当前教学主体中的种种问题及矛盾，甚至"主体－主导"说的威压会束缚教师的手脚，使教师在教学中无所适从。然而，符合自然规律的"主体突现论"却能够有效地避免这些问题及矛盾，使教师放开手脚，灵活机动地组织教学。

3.3.1.3　认知观的嬗变：走向意会哲学

上文，我们基于过程哲学，提出了"知识就是其生成过程"的认知观点，但这只是哲学维度的理性思考。要获得进一步确认，还需要认知理论的支撑——我们选择了波兰尼的意会认知哲学。

迈克尔·波兰尼是20世纪英国著名的科学哲学家，他的认识论思想在20世纪80年代引起了西方学界的关注，被誉为"认识论上的'哥白尼式的革命'"。"如果说弗洛伊德是发现了心理意识现象背后无意识活动的水下冰川，那么波兰尼则是透视了人类认知表层逻辑运转内部的隐性意会整合之地下火山。有人说意会认知机制的揭示必将造成逻辑理性的彻底翻转，这也许就是'哥白尼革命'的直接含义。"（波兰尼，2004）

之所以选择波兰尼的认知理论作为我们的认知基础，不仅因为其为"认识论上的'哥白尼式的革命'"，更因为波兰尼的认知理论与怀特海的哲学思想有着高度的一致性。

3.3.1.3.1　相关概念

认知论。认知论是关于认识的本质和产生发展规律的哲学理论，不过有史以来这个理论纷争不断，难有定论。如：经验主义认为知识源于经验，理性主义则认为知识源于理性，康德的批判哲学体系是近代理性主义和经验主义矛盾的结合，但因其二元论思想致其最终陷入了不可知论的泥坑。在此，我们不追究，其实也无法追究这些复杂的东西，而想说的是，既然认识论属于哲学理论，而我们首先选择的是过程哲学，那么就应该先说说过程哲学关于认知论的观点。从过程哲学看，首先，我们引用《怀特海过程哲学研究》中的一段关于**怀特海认知论观点**的论述①：

实际上，现代量子力学已经证明，原子和石头一样，并不是具有不可入性的坚实的实体。以近代牛顿机械力学为基础的这种"科学唯物主义"在认识论上的根本错误在于：一是坚持物质实体学说；二是以实体学说为基础来界定现实事物，认为所有不是实体的事物就不是现实的存在，所谓事物的第二性质乃是依附

---

①　杨富斌，麦克丹尼尔. 怀特海过程哲学研究 [M]. 北京：中国人民大学出版社，2018.

于实体而存在的，若没有实体，这些性质便不复存在，正所谓"皮之不存，毛将焉附"；三是以主体与客体相区分为前提，并以主体与客体都是实体为基础，来阐述其认识论。因此，近代哲学认识论的各种困难便由此而生。过程哲学认识论则从根本上反对这种以实体主义为前提的认识论，坚持过程就是实在，实在就是生成，要成为现实的存在，就要成为过程，并以此为基础来展开过程哲学认识论的理论建构。从过程哲学本体论上看，根本不存在独立自存的实体（包括物质实体和精神实体），日常生活和牛顿力学所说的物质实体，其实都是关系性的存在，在怀特海过程哲学中称它们为"事件"。对这些"实体"的认识，只有从它们所处的关系场中去认识，才能真正认识它们。同样，实体和属性的区分也是根本错误的，把"第二性质"归结为依附于实体而存在的东西，也是错误的，因为它们实际上也是客观世界中的现实存在。把主客体对立起来，再去研究主体如何认识客体，这在根本上也是成问题的。只有从主体间性理论出发，才能真正弄清现实的认识过程。随后的阐述会表明，过程哲学认识论的所有这些基本观点更加符合人的现实的认识过程，更能真正揭示认识的本质、过程、规律和认识的真理性的检验标准等。

此段论述，基本说明了怀特海过程哲学的认知论观点。其次，我们讨论一下怀特海过程哲学的认知原则。因为怀特海认为：认知论上的困难也只有诉诸本体论才能加以解决。[1] 而怀特海过程哲学的本体论可简述为：事物不会无中生有。由此本体论，我们可以得到许多东西，比如"事物的产生和消亡都是有原因的""事物之间都是互相关联的"等，所以我们可以**推断**：

世界上任何事物的产生和消亡都是有原因的，因此在认识世界的过程中，无论是肯定还是否定某种现象都必须具有充分的理由，理解或解释某种事物或现象，就需要根据与此事物或现象相互联系的事物本性去寻找另一种或多种造就此事物或现象存在的现实存在，就其关联性进行理解或解释。换个角度说，亦即是不能用抽象的"规律"或"普遍性"来说明具体事实或现象，否则就会犯"误置具体性之谬误"。

需要注意的是，我们所谓的科学规律实际上都是普遍性的抽象，这些科学规律其实在现实世界中并没有因果效应，而只是人类根据自己的思维构造出来的东西，这些东西只能说是客观事物或自然现象之本真的近似描述。当然，这不是要说要推翻已有的科学知识，而是说只有这样的认知才能保持清醒的头脑，才能在认识世界的过程中不要犯这样那样的错误。

---

① 怀特海：过程与实在 [M]. 修订版. 杨富斌，译. 北京：中国人民大学出版社，2013：241 –242.

这就是基于过程哲学认识世界的具体原则。再次，在怀特海过程哲学视阈下如何看待知识？其实上文中我们基于过程哲学及其他视角已经获得了"知识就是其生成过程"的认知观，现从过程哲学本体论予以阐述：因为"事物不会无中生有"，所以没有"生成过程"就没有知识，离开"生成过程"的知识只能是空中楼阁，不理解"生成过程"就不可能理解知识，因此从本体论来看，就可以说知识就是其生成过程。当然，这并非是知识的定义。另外，再陈述怀特海的几个与认知有关的言论：认识的可能性恰恰不应当是上帝之善的偶然产物，而应当依赖于相互联系的事物本性。① 如此说明了：认识事物，必须依赖事物间相互关联的本性。认识论的第一原理应当是：我们对于自然界的关系的不确定的、易变的方面是自觉地观察的首要论题。② 这又说明了：认识自然界变幻莫测的事物的首要方法就是"自觉地观察"，存在的联系性所涉及的是理解的本质③，总之，**理解的方式**是：

理解总是包含了结构概念。这个概念能够以两种方式中的一种出现。如果被理解的事物是有结构的，那就可以按照这一事物的因素以及将这些因素构成这一整个事物的交织的方式，来理解这一事物。这种理解的方法会显示出一事物为什么是一事物。……第二种理解方式是把事物看作一个统一体（不管它能否作分析），并获得关于它对其环境起作用的能力的证据。④

以上，讨论了怀特海过程哲学的认知论观点，不过，尽管怀特海在许多方面都讨论了有关认知论的话题，但遗憾的是怀特海并未专著认识论的篇章，所以有关认知论的论述并不系统。而幸运的是波兰尼的认知理论恰好与怀特海的哲学思想高度一致，且被称为"认识论上的'哥白尼式的革命'"，正好拿来为我们的教学改革而用，所以本部分重点讨论波兰尼的意会认知理论。因为认识论是重要的，所以本段最后附述另外两种认识论以做佐证。

一个是**马克思主义哲学的认知论**。上文已有说明，马克思与怀特海的理论相契合，也就是说马克思主义哲学也是一种过程哲学。从学者黄玮杰的研究⑤可以看出马克思主义认识论有三个特征：能动的认识论，实践是认识的来源，认识运动中的第二次飞跃⑥。其中，"能动性"与怀特海的"生成性"具有相通性；"实践"既有"过程性"又有"关系性"，因此"实践是认识的来源"与"对这些

---

① 怀特海. 过程与实在 [M]. 修订版. 杨富斌，译. 北京：中国人民大学出版社，2013：243.
② 怀特海. 思维方式 [M]. 刘放桐，译. 北京：商务印书馆，2004：28.
③ 怀特海. 思维方式 [M]. 刘放桐，译. 北京：商务印书馆，2004：30.
④ 怀特海. 思维方式 [M]. 刘放桐，译. 北京：商务印书馆，2004：42.
⑤ 黄玮杰. 马克思主义认识论的理论内涵与实践旨向 [N]. 中国社会科学报，2022 - 03 - 31（004）.
⑥ 认识运动中的第二次飞跃，意指从认识到实践的发展。

'实体'的认识，只有从它们所处的关系场中去认识，才能真正认识它们"具有相通性；"认识运动中的第二次飞跃"与"抽象的等级体系"也具有相通性。

另一个是**第二代认知科学**①。第二代认知科学认为，认知不是一个独立的事件，而是一个系统事件，是一个包含了脑神经系统在内的复杂的系统事件，它具有具身性、情境性、认知发展和动力系统四大特征。其中，"具身性"意指心智是深植于人之身体结构及身体与世界或环境的相互作用之中的活动；"情境性"意指认知与情境有关；"发展性"意指认知必然有一个种系发生和个体发生的历史；"动力系统性"意指认知不是一个孤立发生并局限于头脑中的事件，而是一个由多因素构成的系统事件，从最宏观的"身－心理－环境"的关系而言，具身心智的认知活动是与环境相耦合的，动力系统研究这种耦合情况下的认知发展的动力机制，耦合关系是一种元素之间互为因果和相互决定的关系，而不是简单的单向线性因果关系。（韦宏霞，2010；李恒威、黄华新，2006）可见第二代认知科学观点与过程哲学观点也有很大的吻合度。

知识。知识，这个最普通不过的概念，却无法给它下定义。2 300 多年前柏拉图把知识定义为"确证的真信念"［称之为 JTB（Justified True Belief）理论］，并被形式化地定义为：

$$S \text{ 知道 } P \Longleftrightarrow \begin{cases} (1) & P \text{ 是真的；} \\ (2) & S \text{ 相信 } P\text{；} \\ (3) & S \text{ 有足够的理由相信 } P\text{。} \end{cases}$$

为了方便，我们将此形式定义记为（JTB）。定义中的 S 代表认识主体，P 代表任何一个命题，S 知道 P，亦即是 S 具有知识 P。这个定义，直到 20 世纪 60 年代初仍被人们所信奉。然而，1963 年，盖梯尔在他的《得到辩护的真信念是知识吗？》一文中提出了反例，对 JTB 理论提出了诘难，之后哲学家们即从不同的角度开始了论战，至今尚无结果。

在此，我们不打算细述盖梯尔的诘难以及论战的情况，因为我们感觉论战不值，理由是谁也无法保证自己"确证"到了"真"！可能说，只要经过大脑缜密的思考或者严格的推理即可保证，然而，无论思考多么缜密、推理多么严格，都是"人为的"，而"人为的"就不是"自然的"，亦即人为的结果绝不是事物或

---

① 第一代认知科学是 20 世纪 50 年代"认知革命"的产物，基本特征是"基于表征的计算范式的认知研究"，该研究涉及心理学、语言学、神经科学、计算机科学、人类学和哲学等学科，以心理学、语言学和计算机科学为"核心"、心理学为"主导"，它的重大突破是超越了行为主义否认心智的狭隘观点，承认复杂的行为和认知能力是经由内在状态，但由于它的"离身"谬误（将大脑抽象推理的功能视作独立于人的身体）而带来了摇摇欲坠的危机。因此自 20 世纪 80 年代起，一些新的认知观念开始逐渐凸显和成熟起来，形成了所谓"第二代认知科学"。

现象的本真；还可能说，只要经过精密仪器的检测或者高能计算机的处理即可保证。然而，无论仪器有多么精密或者计算机有多么高能，仪器与计算机本身就是人为的，所以仪器与计算机的能力必然要被人为地控制，如此结果何能作为事物或现象的本真？等等。这也就是说，尽管我们手段用尽完成了自认为的确证，但也不能保证所获是真信念！譬如毕达哥拉斯，当时的他，坚定地确认"万物皆数"的真信念，然而，却被突然杀出的程咬金"$\sqrt{2}$"击得粉碎；再如欧氏几何，在创建之后漫长的 2 000 多年中，被数学家信奉为绝对真理，被物理学家信奉为物理空间的正确理想化，《几何原本》始终是数学家心中的《圣经》，几何领域被欧几里得一统天下。然而，这些被认为的"绝对真理""正确理想化""《圣经》""一统天下"却被几乎是连续诞生的罗氏几何、黎氏几何彻底击垮，等等。另外再换个角度思考：从 JTB 理论的形式表述来看，其"充分条件"中的"S 有足够的理由相信 P"，这个"足够的理由"能得到吗？看下例，假设有命题：

① 明天下雨；② 张三相信明天会下雨；③ 张三看到明天下雨的天气预报

显然，这三个命题满足（JTB）的右边，所以按照（JTB）应得到"真命题"：明天下雨。然而，这个命题一定为真吗？未必！问题发生在天气预报上。对此，一定会说不怪（JTB）而怪天气预报。但，这就又发生了与上相同且令人抓狂的问题：因为我们根本没有办法去准确地预测天气，无法得到自然的本真，也就是说，我们没有足够的能力使"③"百分百地为"真"，于是（JTB）本身就是人为的错误，属于误置具体性之谬误。

总之，"人类对自然探索的结果未必能揭示自然的本真"是基本的道理，所以我们也就无法给我们所得到的"知识"下定义，而所能做的只是给出描述性定义。比如《现代汉语词典》的解释：人们在改造世界的实践中所获得的认识和经验的总和（中国社会科学院语言研究所词典编辑室，2002），也就是描述性定义，并且是静态的描述。静态描述不符合过程哲学思想，所以我们坚持动态描述，比如我们可基于"知识就是其生成过程"的认知观将词典中的描述做动态化描述：知识是人们在改造世界的实践中产生认识和经验的过程。

个人知识。顾名思义即"个人的知识"。不过如此理解似乎矛盾，因为知识被认为是"与个人无关的、普遍公认的、客观的"（波兰尼，2000），但这也正是波兰尼的"攻击"之点，波兰尼旗帜鲜明地指出：科学从来就是由具有充分人性的个人知识构成的，科学研究是人的创造性活动，而不是物的外部静止投射。（波兰尼，2004）

实际上，我们不能不承认不同人的认知结构是不同的，也就是每个人都有自己的知识，尽管说一个班的学生在同一个学期使用着同样的教材，在同一个教室按照同一个老师的安排进行学习，但学期结束，全班学生绝不会有相同认知结构的人。甚至可以断言：全世界绝不存在认知结构完全相同的两个人！

言传知识与意会知识。波兰尼认为，人类知识有两种：一种是能以书面文字、地图或数学公式等加以表述的知识，称之为言传知识；另一种是未被精确化的知识（不可言传知识），称之为意会知识。（波兰尼，2004）意会知识亦即是"存在于人的实践－认识活动中，无法用言语表达，但却起着决定性作用的某种主体的功能性隐性意知系统"（波兰尼，2004）。需要注意的是所谓的不可言传，并非绝对不可言传，而是能否恰当地言传。而言传知识只是露出水面的冰山之顶，意会认识系统却是隐匿在水下的、宏大的深层意识活动群。（波兰尼，2004）

SECI 模型。日本著名学者野中郁次郎和竹内光隆提出了意会知识与言传知识相互转换的四种模式，简称为 SECI 模型，具体内容为（郭秀艳，2003）：

（1）**社会化**，亦即是从意会知识到意会知识，也是个体交流共享意会知识的过程。用"社会化"一词主要是强调与知识的交流是通过社会或团体成员的共同活动来进行的，最常见的就是工厂和学校中惯用的"师徒模式"。简记为"意→带→意"转换。

（2）**外化**，亦即是从意会知识到言传知识。通过努力，个体可以在一定程度上将意会知识转化为言传知识，并将之传授给他人。外化是知识创造的关键，因为知识的发展过程正是意会知识不断向言传知识转化和新的言传知识不断生成的过程。这个过程常需要使用一定的技术来帮助个体将自己的观点和意象外化成为词语、概念、形象化语言（如比喻、类比或描述）或者图像。简记为"意→生→言"转换。

（3）**组合**，亦即是从意会知识到言传知识。这个知识转换模型包括组合不同言传知识躯体。个人抽取和组合知识的方式通过文献、会议、电话交谈等媒体或计算机通信网络来实现，学校中的教育和训练通常采用这种形式。这是一种把概念综合成知识系统的过程。简记为"意→表→言"转换。

（4）**内化**，亦即是从言传知识到意会知识。这是把言传知识应用为意会知识的过程。它与活动式学习密切相关。简记为"言→转→意"转换。

3.3.1.3.2   意会知识的意义与特征

意义。波兰尼认为：意会知识是所有知识的支配原则（波兰尼，2004），"在人类的总体认识结构中，'意会认识是逻辑在先的'"（波兰尼，2004），因此科学发现不能通过明确的论述来获得，只能由思想的意会能力来达到（POLANYI M.，1969）。所以"知识的个人意会系数都表征着一个人能最终获取合并掌握知识的能力"（波兰尼，2004）。

特征。据文献［108］－［111］的研究，意会知识的特征有：① 非逻辑性，即不能通过语言进行逻辑的说明；② 不规则性，即不能以规则的形式加以传递，只能通过"学徒制"的方式进行传递；③ 非批判性，即不能加以批判性反思；

④ 整体性，即从整体上去把握认知对象；⑤ 生成性，即意会认识是一种动态的过程，它随认知主体、注意力的转移而突现式发生；⑥ 情景性，它会在特定的任务或是问题情境中展现出来；⑦ 实用性，即意会知识是人们达到自己认为有价值的目标的工具。

3.3.1.3.3　意会认知的系统科学思想

首先，波兰尼反对还原主义和客观主义。他认为还原主义把任何现象的复杂结构皆简化为可以实证的要素，用失去整体机制的构件来说明系统的性质，从根本上歪曲了科学研究的真实性；而客观主义造成了事实与价值、知识与人的主观分裂，造成了人之本质的异化。所以科学首先是不可还原为物的，科学是人创造的整体系统，它是人类主体的能动活动。其次在科学认知形成的全程中，个体的参与无时不在。（波兰尼，2004）可见意会哲学充分体现了系统科学思想。

其次，波兰尼认为："我们可以从知识的局部出发而迈向整体。这样的过程可能不费吹灰之力，也可能是相当困难的，事实上，可能非常困难，以致这个过程的成就本身就意味着一项发现。"（波兰尼，2004）"'摄悟'对象整体的肢解将使我们失去对这个理解整体的把握，从这个意义上说，关注某个整体的细部，是无法摄悟出这个整体的"（波兰尼，2004），由此可见，波兰尼的哲学具有整体涌现思想。

3.3.1.3.4　意会认知与过程哲学的契合

意会认知与过程哲学具有非常相似的观点，表现如下：

① 从基本观点看：过程哲学认为事物的本质是其生成过程，而摄入是生成的核心；意会哲学认为识知的本质是意会过程，而摄悟是意会的基石。

② 从基本特征看：过程哲学与意会认知都有整体性、生成性、创造性、开放性等性质（曲跃厚，2004），而这些性质也都契合于系统科学思想。

③ 比较二者细节：

其一，怀特海的"感受"与波兰尼的"理解"非常相近。怀特海认为，现实存在是由种种感受的过程所造成的合生，感受是一种积极的领悟，它表示合生的现实借以拥有那些构成其自身的材料的功能（曲跃厚，2003）；波兰尼认为，理解是一个摄悟过程，主要是"将互相脱节的细部整合成一个综合的整体"（波兰尼，2004）的意会认知过程，"我们的意会能力是通过重组我们的经验以便对它进行智力控制而取得这些结果的，有一个词能包括所有这些操作，这些操作在于领悟经验，即懂得它的意思，这个包罗了一切的词就是'理解'"（波兰尼，1984）。

其二，怀特海反对二元对立（曲跃厚、王治河，2004），而波兰尼则坚持认识论和本体论、认识和存在的统一（郁振华，2001）。

其三，怀特海认为，科学教育、技术教育、人文教育三者相辅相成，若只进行一种则必有失偏颇，但三者机械混合同样难以通达真理，关键是把握三者的必要张力，实现其最佳平衡（曲跃厚、王治河，2004）；波兰尼则强调科学和人文的统一，"如所周知，事实和价值、科学和人文的分裂是西方近现代文化的一个突出现象，波兰尼的默会认识论的一个重要的理论目标就是要克服这种分裂，在一个统一的认识概念的基础上，阐明自然科学和人文研究的连续性"（郁振华，2001）。

可见怀特海与波兰尼认知方式高度契合。

3.3.1.4　三维目标的诠释：过程化地识双基

《基础教育课程改革纲要》指出：国家课程标准是教材编写、教学、评估和考试命题的依据，是国家管理和评价课程的基础。应体现国家对不同阶段的学生在知识与技能、过程与方法、情感态度与价值观等方面的基本要求，规定各门课程的性质、目标、内容框架，提出教学和评价建议。这应是三维目标的出处。

于是三维目标是基础教育新课改对课程标准的基本要求，所以无论是从高等教育教学与基础教育教学接轨的自然需求思考，还是从高等师范教育培养合格的中学教师的必然目的思考，三维目标也应该是对高等院校课程标准，尤其是高等师范院校课程标准的基本要求。尽管十多年来，诸多学者都对三维目标进行了各种解读，但我们感觉不够深刻，下面给出我们的思考，供大家讨论。

3.3.1.4.1　相关概念

背景。引起事态发生、发展、变化的客观环境。"过程→生成"教学中的知识生成背景，是源于社会、生活、知识等方面的应用、思考或问题。

流变。流动性变化。本义是"液体的流动"，引申义为"相关元素的流动"。古希腊赫拉克利特用"人不能两次走进同一条河流"来说明客观事物是在不断变化的。过程哲学中"流变"的概念正是从"万物皆流"中孤立"流"的概念而论述的。怀特海将流动性确切地分为两种：合生流——具体存在物的构成中内在固有的流动性；转化流——具体存在物凋谢、重构新生原初要素，并不断重复的流动性。

合生。合生是"多"生"一"的过程，合生的结果是产生"新事物"。具体说即是通过把"多"中的要素，确定地整合到新的"一"构成的成分中去，从而获得某种个体的统一性。

摄入。即是对具体要素的每一占有过程（怀特海，1989），是过程哲学认识论的核心范畴，怀特海用摄入揭示现实存在之间的相互关系。

3.3.1.4.2　三维目标的困扰

1. 还原思维的困扰

有人将三维目标分解为"知识＋过程＋情感、知识＋过程＋态度、知识＋过程＋价值观、能力＋过程＋情感、能力＋过程＋态度、能力＋过程＋价值观、知识＋方法＋情感、知识＋方法＋态度、知识＋方法＋价值观、能力＋方法＋情感、能力＋方法＋态度、能力＋方法＋价值观"12个自认为"美妙"的分支，言称证明了"一线教师不能理解、不能设计以及不能落实'三维目标'是理所当然的"的结论。（张悦群，2009）对此问题，直白地说如此论证非常滑稽，为什么要分？分成这么多不嫌麻烦吗？难道说吃饭前要将"饭菜、吃法、心情"做一番"美妙"的分解组合才要开吃不成？实际上如此做完全是还原思维在作怪。

又有人认为"过程与方法、情感态度与价值观无法测评（邓友超，2007）"。"过程与方法"将在下文再讨论。要说"情感、态度与价值观"，的确是无法测评。不过面对这个问题，我们不得不考虑：① 因无法测评能否舍之？② 分而测之①行与不行？③ 是否一定要测评？关于①，众所周知，情感、态度、价值观在任何事情中都是非常重要的，没有情感就没有态度，没有态度就没有价值观，没有价值观就没有学习的动力，所以即便是无法测评，也不能舍弃；关于②，根据过程哲学的关系性特征及常识性思考可知，"情感、态度、价值观"是无法分离的，不过退一步想，即便是能够分离，那么分开测评的结论可靠吗？譬如，战争中表现非常非常"积极"者就一定不是"特务"吗？关于③，"情感、态度、价值观"一定要测评吗？其实不然！培养人才的目的，不是为了测评，而是教育的责任，我们应该想的是如何真正的培养具有热爱祖国的情操、奋发图强的胸怀、勇于拼搏的斗志、敢于创新的精神的人才，也就是说关于"情感、态度、价值观"，应该测评的是我们而不是学生。

事实上，把三维目标分解为12个分支进行考究，或者说对"情感态度与价值观"分而测之的思维都是典型的还原论方法，因为还原论认为"只要部分研究清楚了，那么整体也就清楚了"，它的思维基础是实体观，认为世界是物质的、既定的，存在一个由所谓"宇宙之砖"构成的基本层次结构，人们只要把研究对象还原到最基本的那个层次，搞清楚所谓的最小组分——"宇宙之砖"的性质，一切高层次的问题就迎刃而解了，事物的整体性质也就清楚明了了。

然而事实并非如此，因为尽管说对物质结构的研究已经达到了夸克层次，但是我们仍然不能解释物质的构造；尽管说对生命的研究已达到了基因层次，但是仍回答不了生命是什么。这是由于将研究对象进行化简、分割研究，企图用下一层次的特性去解释上一层次特征未必可能，亦即是说尽管精细的分解研究可获得很好的结果，但却不一定能回答整体性问题。比如可将一张桌子分解到木料，再分解到夸克，但却很难再从夸克、木料回推出该桌子的性质。所以尽管研究者把

---

① 此问题是从"目标分类学"提出的，其出发点就是"分"。

三维目标分解为 12 个"优美"的分支进行论证，最后却未能认识到三维目标的真谛，而是得到了错误的结果；尽管说拿着目标分类学的法宝去分解三维目标，但却走向了抵制客观真理的歧途。这正是传统的还原论面对复杂系统的悲哀。

我们并非要否定还原论，因为还原论是伴随着近代自然科学的产生、发展而得到人们的重视并普遍使用起来的，至今已有 400 多年的历史，也已帮助人类取得过辉煌成就，促进了科学的发展和人类的进步。应该说传统的还原论对于比较简单的事物是有效、合理的，但对于复杂性事物的认识研究，即显得苍白无力，甚至错漏百出，并且事物愈复杂，还原论方法就愈加无效与不合理，因为它的法则与复杂性事物的整体涌现性（即非加和性）是矛盾的，对此我们应该坚持"整体论与还原论的辩证统一"（金炳华，2001）的观点，合理、酌情地面对所要处理的对象。对于教育问题，我们必须清楚：宇宙的认知原本是复杂的，但迄今为止，人类对宇宙的认知却是非常肤浅的。由此，对于教育来说：教育是复杂巨系统，单纯的还原论方法不可能很好地诠释教育现象。于是三维目标的诠释与实践，必须坚持整体论思想，从整体视野去审视，绝不能分别对待，否则必然陷入迷茫与混乱。

2. 过程方法的困扰

有人问："过程与方法怎么区别？"（张悦群，2009）

从词义看：方法是解决思想、说话、行动等方面问题的门路、程序（中国社会科学院语言研究所词典编辑室，2002），过程是事情进行或事物发展所经过的程序（中国社会科学院语言研究所词典编辑室，2002）。于是方法相当于计算机的程序（静态的），过程相当于计算机的进程（动态的，亦即是一个具有独立功能的程序在 CPU 控制下关于某个数据集的一次运行）。或者说方法相当于工序，但对于某一工人在不同时间内、使用同一设备、同一材料、同种工序制造某种产品的全部过程则并非能由工序完全主宰的，也就是只要工人或者时间、设备、材料等发生稍微的变化，就会有不同过程的变化且会得到不同的结果，甚至会产生蝴蝶效应。

从过程哲学来看：过程哲学认为"过程就是实在，实在就是生成"，现实存在就是其生成过程，而过程基本方法是流变与生成，并且过程可分为宏观过程与微观过程。宏观过程是从已经达到的现实向正在达到的现实的转变，微观过程则是从纯实在的条件向决定性的现实的过渡（曲跃厚，2003），与此相应就有宏观与微观方法，宏观方法即是达到目的总体步骤，微观方法则是实现这些步骤的具体方法。具体到教育上，过程就是知识，知识就是过程，因此"知识＝其生成过程"，而生成过程的基本特征是"动态、流变、合生"。总之，宏观上看，过程是教学内容的生成过程，方法是从教学内容的初始条件创生教学目标的步骤措施；微观上看，过程是教学中间结果的生成过程（具体的摄入环节），方法是生成中间结果所需要的思想、思维及学科方法。

3. 实体思维的禁锢

有人说"过程作为目标令人费解"（邓友超，2007；魏宏聚，2010），是否如此？

这是观念问题。因为在传统哲学（包括常识性认知）静态实体观念下，知识就是静态的文本，所以教学就是传授"静态的文本"，而"过程"不是实在的"东西"，既然不是"东西"，那么就无法传授给学生，所以将"过程"作为"目标"就恍恍惚惚。在如此观念下，也就产生了"三维目标中的知识与技能'等同于过去的双基'"（李鹏程、罗兵，2004）的说法。

然而，在过程哲学视阈中，知识、技能就是其生成过程，要学习知识、技能就必须理解其生成过程，因此将"过程"作为目标，也就不足为奇。这就是说，传统的"双基"是静态的，只要能告知即可；而三维目标中的"双基"是动态的，要求动态地、过程化地理解。二者相差千里、天壤之别。所以我们说三维目标的本义是：过程化地识双基。

4. 三维分立的谬误

有人论：三维目标就像立方体的长、宽、高。

笔者认为，这个比喻不恰当，容易引起误解。因为立方体的长、宽、高是有方向与长度的，所以此喻容易导致人们偏执地追求三维目标之向度与量度。比如"三个维度的目标彼此纠缠"（张悦群，2009）"三维目标无法测评"（邓友超，2007）等，就是如此思维所带来的误解。

实际上，从系统思维方法来看，三维目标是一个系统，知识与技能、过程与方法、情感态度价值观三者之间密切关联，不能分立而论，所以指责三维目标"互相纠缠"（张悦群，2009）"无法测评"（邓友超，2007）严重违背了系统科学观点。从过程哲学来看，怀特海认为源于二元对立的现代教育割裂了科学、技术和人文教育三者间的内在联系，导致了狭隘的专门化，是"最糟糕的教育"，三者中只进行一种必然会有失偏颇，但三者的机械混合同样难以通达真理。关键是把握三者的必要张力，实现其最佳平衡。（曲跃厚、王治河，2004）类比来看，对三维目标的分立解读乃是"最糟糕的做法"，三维目标的简单"整合"也"难以通达真理"，我们应该做的是努力"把握三者的必要张力，实现其最佳平衡"。

5. 目标分类的局限

有学者认为三维目标违背了布鲁姆的目标分类学（邓友超，2007；魏宏聚，2010；吴红耘、皮连生，2009）（简称为"分类学"），三维目标之每一维都没有亚层级，导致了过程与方法、情感态度与价值观无法测评（邓友超，2007）。我们不赞同如此观点，理由如下：

第一，三维目标是《基础课程改革纲要》对课程目标的基本要求，并非具体的教学目标，所以套用分类学予以评价已是不妥。

　　第二，是否一切都能被测评？换个角度说，被分类测评为优秀的学生是否就是最好？这是必须注重的问题，实际上教育是复杂巨系统，其中许多东西都是隐性的，简单地依靠分类学予以测评是不可能的，甚至所得的结果可能是错误的！因为局部的评价并不能说明某个学生的整体素质，这就是说分类评价反而违背了系统科学原理，所以基于系统思维研究教育测量是当代教育改革的重要课题。笔者认为：循规蹈矩的学生难成大器，条条框框下的教学难出人才。因此如何测评学生的学习？如何测评教师的教学？如何测评学校的教育，是应该重新审视的问题！

　　第三，怀特海认为教育的全部目的就是使人具有活跃的智慧（怀特海，2002），钱学森大师也倡导大成智慧教育，三维目标"过程化地识双基"的宗旨也正是为了智慧与创造。面对如此要求，分类学显得力不从心，因为分类学是静态的认知，不适合动态的世界，如果拘泥于"分类条款"的限制，就永远不可能创新，世界就难以进步。当然我们并非要彻底否定分类学，而应该积极研究对"过程"的测评方法，建立"动态"的分类学。

　　第四，过程哲学、意会哲学都认为：物质和精神、身体和心灵作为同一个过程中的两个要素，两者密不可分，可见情感、态度与价值观是重要而无法单独测评的。

　　第五，波兰尼认为支配人的认识活动的是意会知识，而意会知识只能意会而不能言传，那么分类学能够测评意会知识吗？

　　总之分类学的确对教育发展产生了重大影响，然而也有其时代局限性，在科学高度发展的新时期，我们应该积极地改革分类学而决不能以分类学来阻挡改革。

3.3.1.4.3　三维目标的价值

　　21世纪的科学技术将会更加迅猛地发展，于是未来国际竞争的焦点是科学技术，其中最激烈的就是人才的竞争。[①] 美国科学促进会（AAAS）于1985年启动"2061计划"，以期帮助所有美国人提高他们的科学、数学及技术素养。2061计划被誉为"终极的科学计划"[②]。可见在21世纪，提高全体公民，尤其是未来公民的科学素养，是教育改革的核心。于是，什么是科学？什么是科学素养？这类解读对科学教育而言就非常重要。

　　什么是科学？很难回答。纵览群言，可归纳为以下几种观点：其一，静态

---

　　① 张玉台. 面向全体美国人的科学. 序［EB/OL］.［2012 - 07 - 18］. http：//2061. cast. org. cn/
n11115958/n11117730/n11153356/11158401. html.

　　② 罗斯曼. 关于"2061计划"［EB/OL］.［2012 - 07 - 18］. http：//2061. cast. org. cn/n11115958/
n11117695/11144621. html.

观——科学是认知的结果，如《美国百科全书》中将科学界定为"系统化的实证知识"；我国1979年版的《辞海》中将科学界定为"关于自然、社会和思维的知识体系"，等等。其二，动态观——科学是创造知识的过程，如美国学者威廉和玛丽认为"科学的本质就是模式建构的过程，是建构能够解释未知世界本质的心理影像的过程；思考、解决问题和形成概念是科学的全过程"（ESLER W K、ESLER M K，1993）；我国学者赵学漱等人也认为：科学是一种不断前进和自我矫正的探究过程（赵学漱，1995）。其三，静动综合观，如温·哈伦在《投入科学》中指出"科学既是一种方法，又是一系列思想；既是一个过程又是一种结果"（美国国家科学基金会教育与人力资源部中小学教育及校外教育处，2003）；我国学者陈琴、庞丽娟也认为"科学既是一种过程，同时也是一种结果"（陈琴、庞丽娟，2005）。

根据过程哲学，我们赞同动态观。因为知识是认知过程的结果，所以只有揭示了科学的过程才能真正地理解科学的结果。比如，摆在桌子上的一个玉米棒，如果说它天生就应该是那个样子，那就大错特错！因为如果在这株玉米生长的过程中对它进行了良好的施肥、培土，那么现在摆在桌面上的它就是穗大肥壮、颗粒饱满，否则也就是痿小瘦弱、颗粒干瘪，所以关键是过程，是这株玉米成长的过程！犹如马赫对牛顿惯性理论的批判：惯性的产生源于物体间的相互作用，在一个虚空的宇宙中，物体是没有惯性的，牛顿把它看作是物体自身所固有的性质，与运动相对性思想不符，是错误的。实际上马赫的观点距广义相对理论已经不远，爱因斯坦也正是沿着这条思路创立了相对论。怀特海由此得出"自然就是一个过程"的思想。（高剑平，2008）在这里，物体的相互作用是动态的，是过程的，哪怕是瞬间的过程。据相对论原理，时间与空间构成了一个不可分割的整体——四维时空，目前我们对世界的认识实际上都是四维时空模型，都具有时间维度，也就决定了其本质就是过程。

美国学者费士齐先生列举了数十位科学家对于科学的见解后提出，科学是一个包含知识、方法和态度三向度的活动。（钟圣校，2000）我国学者梁英豪先生经过综合研究列出了科学素养的主要内容有：① 科学知识；② 技能；③ 科学方法和思维方法（包括科学过程或过程技能）；④ 价值观；⑤ 解决社会及日常问题的决策；⑥ 创新精神；⑦ 科学、技术、社会及其相互关系；⑧ 科学精神；⑨ 科学态度；⑩ 科学伦理和情感。（梁英豪，2001）

参照费士齐先生"三向度"的结论，概括梁英豪先生的研究：

首先，①、②、③、④、⑨、⑩可概括为：A. 科学知识与技能；B. 科学方法、思维方法、科学过程、过程技能；C. 科学伦理和情感、科学态度、价值观。

其次，⑤ 是"解决社会及日常问题的决策"，按照"能鉴定作为全国和地方的决策的基础的科学问题以及表示在科学上和技术上有见识的观点"（梁英豪，

2001）的意义，简单说就是"为社会决策提供科学依据的能力"，而如此能力的基础是 A、B、C，并且三者缺一不可，缺 A 则至多是有心无力，缺 B 则至多是纸上谈兵，缺 C 则丧失了灵魂。

最后，⑥、⑦、⑧的基础也是 A、B、C。

这样分析、概括费士齐与梁英豪两学者的研究，科学素养的基本要素就是：科学知识与技能、科学方法与过程、科学情感态度与价值观。所以，三维目标"知识与技能，过程与方法，情感、态度与价值观"也就是科学素养的目标。

3.3.1.4.4　三维目标的核心

按照系统科学思想，三维目标是不可分割的整体，对三维目标的诠释不应该停留在对"知识与技能、过程与方法、情感态度与价值观"分别解读的层面上，而应使用"还原论与整体论辩证统一"的方法。

再谈"过程"与"方法"的关系，因为方法是问题解决或事物演变的步骤（静态的，相当于计算机程序），而过程是按照某种步骤（方法）解决问题的历程，或是事物按照某种步骤（方法）发展的历程（动态的，相当于计算机的进程）。或者说方法是工序，而过程则是按照某工序所进行的一次操作（其中包含人力、材料、设备等资源），不同人在不同时间对不同材料使用同一工序所做的操作是不同的过程。例如，解一元一次方程有其步骤，这种步骤就是"方法"，某个人使用该"方法"解方程就是一个"过程"，此人（或者其他人）对此方程再解一次就是另外一个"过程"。再如，研究性学习有一般的步骤，亦即是有其方法，某个教师在某个班级对某个内容进行一次研究性教学，就形成一个过程（过程 A），该教师在另外一个班级仍对此内容再进行一次研究性教学，就形成了另外一个过程（过程 B），A 与 B 是两个不同的过程。

再从过程哲学诠释"过程"，按照过程原理：现实存在的"'存在'是由它的'生成'构成的"，亦即是说"事物的本质即是其生成过程"，于是"过程就是实在，实在就是过程"（杨富斌，2003），这即是过程哲学的本体论。至于方法，就是现实存在的生成方法，此方法具有整体性、动态性、关联性、摄入性、生成性。

按照过程哲学理解"知识与技能"，我们已经阐明，知识与技能必须适合"过程原理"，亦即是知识与技能的本质就是其生成过程，所以学习知识与技能就必须学习其生成过程，所以教学也就必须使学生理解知识与技能的生成过程。这就是三维目标中"知识与技能"的真正寓意，如此而论，三维目标中的"过程与方法"绝不等同于传统教学中的"双基"。

既然"知识与技能"是其生成过程，那么就不能不问：如何才能知道它们的生成过程？的确，这个问题难度非常大，可以说我们很难知道每个知识的原创过程。不过，这倒不是问题，因为即便是知道科学家的原创过程，却也不可能将其搬上讲台，而能上讲台的只能是教师自己设计的生成过程，亦即是教师自己的再创造，这是备课的要点，也是难点。必须说：无论是践行何种教学方法——研究型的、讲授型的或者其他各种类型的，教师都必须有自己对所授内容设计一种或多种再创造过程（完全开放型教学中则需要多种准备，以应对突发性变故），哪怕是开放性教学，也必须有此准备，因为这种再创造过程可作为开放型教学的指导性航线——在这个再创造过程中选择一些关键点作为航标，当学生的探究远离航线时可酌情进行适度的点拨或导航，如此才能应对复杂多变的教学过程。

关于"情感态度与价值观"。从意会哲学来看"情感态度与价值观"属于个人知识的意会部分，所以在教学过程中"情感态度价值观"的表现就是隐性的；从过程哲学来看，怀特海总是把价值置于诸经验的过程中去考察，特别是诉诸模式的情感背景，并认为"物质活动和精神活动难解难分地相互交织在一起"（杨富斌，2003）。于是教学中的"情感态度价值观"是无法言传的，只能在具体的过程（言语的、行为的、情感的、思维的等）中激而发之、发而生之，谁也不可能把"情感态度价值观"分离出来，谁也不可能进行专门的"情感态度价值观"训练。

总之，根据"情感态度价值观"的隐性特点，可视之为过程的潜在的部分，那么就可以说"一切尽在过程中"，通过过程掌握知识、技能，通过过程形成情感态度价值观，于是我们就说：三维目标的核心是**过程化地识双基**。

3. 3. 1. 4. 5 三维目标的象喻

之所以我国传统教育的"双基"不扎实（请别说考满分就是基础扎实），是因为我们的教学是结论式的，学生只是被动地接受，对所学知识基本上都是"知其然而不知其所以然"，所以造成根基弱浅、难成大器的结果。那么如何使能知其所以然？过程原理告诉我们：事物存在的本质是其生成过程，要理解事物就必须理解其生成过程，所以学习知识与技能就必须理解其生成过程，教材与教学就必须模拟知识、技能的生成过程。

怀特海用"合生"来描述现实存在的生成过程。（怀特海，2003）合生的概念源自事物的"流变"，所以流变揭示了怀特海过程哲学本质，如杨富斌先生所述：怀特海明确指出他的形而上学原理所采用的基本方法是以流变和生成为基本特征的动力学方法，而不是静态的形态学描述方法。（杨富斌，2003）

过程哲学已经使我们明白了一个哲理：学习知识与技能就必须理解其生成过程，而"方法"与"过程"是相对的"静""动"关系，所以三维目标中，落实"知识与技能""过程与方法"的基本做法就是构建知识、技能生成过程。而上文已经说明：情感态度价值观是隐性的、无法言传的，只能在具体的过程中激而发之、发而生之，这使笔者想起幼时学过的一篇"情感教育"的课文：

　　一个国王有十个儿子，平时里互相钩心斗角、争权夺利，搞得皇宫不得安宁。尽管国王经常苦口婆心地教导儿子们要团结友爱，但一切都无济于事。究竟如何才能让儿子们团结起来呢？一天国王终于有了主意：他拿出十双筷子，每人一双要其折断，每个儿子都只轻轻一折就断了。然后又拿出十双筷子紧紧地捆在一起，让儿子们逐个折，可每个儿子都用尽了力气，谁也折不断。国王才说："你看，一双筷子容易折，而十双筷子合在一起就很难折。你们兄弟十人，如果分散开来，就很容易被外人打败。如果团结起来，就会有强大的力量，我们的国家才能不受外国的侵略啊！"儿子们领悟了团结的道理，都对自己以往的行为忏悔，记住了父亲的话，齐心协力，把国家治理得更加强盛。

　　为什么几十年苦口婆心都无济于事，而简单的折筷子却立竿见影？这说明情感教育绝非说教之所能，而只有在触及灵魂的过程中才能感受提高。这样问题也就清楚了：我们没有任何理由去孤立地谈论情感教育，而只有在学习过程中，亦即在知识、技能的生成的过程中使学生通过体验、感受才能逐渐地提升其情感态度价值观。

　　总之，三维目标是交织融合而无法分离的，任何割裂性解读都不能真正地揭示三维目标的本质与价值；三维目标是动态的，其核心是知识、技能的生成过程，只有使学生在知识、技能的生成过程中充分体验与感受，他们才能够真正地掌握和运用知识、技能，才能真正地增强情感态度价值观。

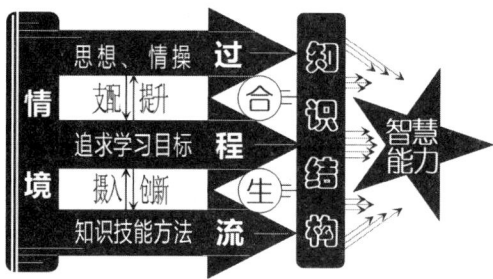

图 3.15　"三维过程流"示意图

　　交织融合、无法分离，正是过程哲学之流变特征。流，具有整体、连续、动态与不可分性，所以用"流"来描述三维目标的整体性恰如其分。其中"过程"能够揭示出知识技能的本质，所以抓好了"过程"即能保证"知其然又知其所以然"，即能达到"夯实基础"的目的；而"生成"孕育着创造，所以抓好了"生成"必能达到"力求创新"的目的。因此我们喻教学为"三维过程流"：

　　教学是师生共同参与的知识生成过程，该过程始于某种背景，在思想、情操的层层支配下，激起对学习目标的步步追求，诱导已有知识、技能、方法的循循摄入，形成流变与合生。在如此流变中创造新知识、获得新技能、形成新方法、增长新智慧、提升价值观念、扩展认知结构，提高基本素质，积聚创新潜能。

3.3.1.5　教学理念的构建：从"结论"走向"过程→生成"

上面的讨论中，我们多次提到了培养高素质、创新型人才需要构建与之相匹配的教学理念，下面来进行这项工作。

前面，我们论述了"思维观走向系统科学、世界观走向过程哲学、认知观走向意会哲学"三个议题，这是教学理念构建的理论基础；三维目标则是教学目标；高素质、创新型人才则是育人目标。下面我们就围绕这样的基础与目标进行构建。

3.3.1.5.1　过程：双基之本

本，事物之根基。无本之木，何能立足？所以说我国教育"基础无力"，是因为我国的教学根基浅弱。于是"夯实基础"的关键在于找到"基础"之本。综合上文对过程哲学的分析与讨论，我们认定：过程，是"基础"之本。

当然，这里的"过程"是"过程哲学"视野下的"过程"，关于"过程"的话题在上文已有很多的论述，此处便不再赘述。

3.3.1.5.2　生成：创新之根

根，植物的营养器官。缺乏营养，谈何创新？所以说我国教育"创新缺乏"，是因为我国的教学缺少创新的营养。于是"力求创新"的关键在于找到创新之根。本课题的研究认为：生成性思维，是创新教育之根。

因为过程哲学的过程原理是"存在就是生成"，所以我们认为"生成"是过程的灵魂。尽管在过程哲学的篇章中已多次论及生成，但关于生成与思维、生成与教育的关系没有专门的论述，所以在下面我们重点论述生成与思维及教育教学的关系。

1. 相关概念

思维方式。人们反映事物、思考问题的角度、方法和特征。

构成论。构成论的关系基本思想认为，宇宙及其间的万物的运动、变化、发展都是宇宙中基本构成要素的分离与结合。（金吾伦，2000）亦即是说构成论的观点是"整体等于部分之和，整体取决于部分，部分决定着整体"（李纬，2006）。

嵌入说。嵌入说是以"二元论"为基础，在认知问题上主张知识的"旁观者"理论。嵌入说认为，知识是对实在的"静态"把握或关注，是对现实的注视和反映，它不依赖于认知者而存在，不受认知者处理材料的影响。（李纬，2006）

预存论。预存论是从简单性原则出发，以构成论和嵌入说为基础的认识论。（李纬，2006）

简单性原则。建立在牛顿原理和笛卡尔方法论基础上的"简单性原则"认为，世界简单而有规律，简单是大自然的天性，事物的发展都有规律，一切都在因果之中并通过因果来把握；任何事物都可用线性的、程式化的方法得到确定的解答，任何事物的发展都是可预测的，且这种可预测性是完全的和绝对的。总之，简单性原则试图通过寻求复杂世界的确定性，以便更好地预测和控制事物的发展。（李纬，2006）

预成性思维。主要是指为事物预先设定本质和规律并按这种设定来认识和控制事物发展的思维方式。它的主要特征有（罗祖兵，2007）：一是实体性，即把存在视为实体、把宇宙万物理解为实体的集合，并以此为前提诠释一切的思维；二是规律性，即预设了事物的发展规律，认为事物运动现象万千，运动形态各异，但规律是统一的、不变的，于是研究事物的关键就在于找到支配事物发展变化的不变的规律，根据规律实现对事物发展的预测和控制；三是线性性，即认为事物之间或事物内部的关系为线性的，线性联系有这样几个特征：直接性、单值因果性和相加性；四是结果性，即因为事物的运动变化是受规律支配的，所以其发展过程不会有任何新意，于是关注过程就毫无意义；五是抽象性，即通过对事物各种现象进行概括而认识事物的本质和规律，而抽象和概括是理性能力，感性不能胜任，所以重抽象实际上就是重理性。简言之，预成性思维表现为重实体、重预设、重线性、重结果、重抽象。

生成。生成是由多到一的合生过程（王成兵、刘同辉，2009），是一种涌现过程，是一种持续创新的过程（金吾伦，2003）。

生成性思维。"生成"是指某物从不存在到存在、从存在到演化的过程。作为认识论，主要指用生成的观点来看待事物；作为本体论，则是指世界本质上就是一种过程性存在。总之，在生成性思维视野中，"一切都是生成的，都处于永恒的变化过程之中，不再存在一个预定的本质"。生成性思维的特征：重过程而非本质；重关系而非实体；重创造而反预定；重个性、差异而反中心、同一；重非理性而反工具理性；重具体而反抽象主义。（李文阁，2000）或者对应于预成性思维来说，生成性思维表现为重关系、重创造、重非线性、重过程、重具体。（罗祖兵，2007）

2. 生成：现代哲学的最强音

先有鸡还是先有蛋？常规思考很难回答。但是面对基本粒子碰撞的结果，我们不得不承认这种可能：在一定的条件下，一块石头也可能分裂为两只鸡，或者突变为一颗蛋。如此是说明认知观问题，不同的认知观有不同的认知结果。实际上自然现象变化的描述和理解历来就有两种观点，一种是构成论，它主张变化是不变要素的结合和分离；另一种是生成论，它主张变化是产生与消灭或转化。尽管构成论在科学原子论的基础上获得了巨大成就，并发展成为现代科学思想的主流，但在20世纪下半叶却面临越来越多的困难，并且物理学的前沿学科已经开始转向生成论，生命现象的描述也需要生成论，尤其是当今的量子场论描述粒子的产生和湮灭，则是一个典型的生成论的物理理论，它预示着生成论将日益成为描述自然现象的主流思想。（金吾伦，2003、2000）马克思认为"整个所谓世界历史不外是人通过人的劳动而诞生的过程，是自然界对人说来的生成过程"（中共中央马克思恩格斯列宁斯大林著作编译局，1979）。正如李文阁先生所论，生成：现代哲学的最强音。（李文阁，2000）

3. 生成：创新的基础

生成是一个过程，它是动态的，一个接一个，一个生成另一个。生成过程是一种涌现①过程，这种生成涌现过程就是一个持续创新过程（金吾伦，2003）。所以"生成的核心是创造"（李文阁，2000）。

从系统科学来看，涌现是系统整体出现了部分所没有的新质或新量（苗东升，2008），人们的创造性活动，从对企业和政府进行改革到创建新的科学理论，所有这一切也都涉及受控制的涌现现象（霍兰，2006）。涌现现象出现在生成系统之中（霍兰，2006），所以创造出现在生成系统中。

所以，生成是创新的基础。

4. 生成性思维：创新思维的核心

之所以传统的教学模式无益于创新能力的培养，是因为它把知识看作"既定"的形式向学生注入。李文阁先生指出："近代科学世界观包藏'本质先定、一切既成'的本质主义思维，那么现代生活世界观所蕴含的则是'一切将成'的生成性思维"（李文阁，2000），如此便揭开了结论式的面纱，指明了创新人才培养的走向。

想一下科学史上的创新壮举：牛顿在思考"为什么苹果会向地面坠落"的过程中发现了万有引力定律；爱因斯坦在思考"如果我能以光速运动，世界将会怎样"的问题过程中创立了相对论；……这些都不是原有知识的推演或重组，而是在生成性思维过程中的涌现。李文阁先生指出：生成性思维是过程性思维，它特别注重事物产生和灭亡过程；生成性思维是可能性思维，它始终关注事物变化中的一切可能；生成性思维是创新性思维，它无不闪烁着无中生有的灵感火花；生成性思维是差异性思维，它在任何生态环境中都呈现出盎然生机；生成性思维是具体性思维，它生于实践、长于实践、用于实践且高于实践。（李文阁，2000）

总之，生成性思维是人类创新最高的思维境界，生成性思维是创新思维的核心。

5. 怀特海的生成与创新思想

过程哲学坚持世界在本质上是一个不断生成的过程，事物的存在就是它的生成，因而过程才是真正实在的。（杨富斌，2011）所以，怀特海最大的问题是什

———————————

① 文献［96］中使用的是"突现"，本书统一使用"涌现"。之所以如此，也见文献［97］的论述。

么？是创造。（安乐哲，2004）杨富斌阐述：

> 每一种哲学理论中都有一种基本原则，在过程哲学中，"这种基本原则叫作'创造性'。……怀特海一方面坚持用创造性原则来说明宇宙及其过程，另一方面明确地提出了他的形而上学原理所采用的基本方法是以流变和生成为基本特征的动力学方法，而不是静态的形态学描述方法"（杨富斌，2003）。

如此充分肯定了过程哲学的生成与创新思想。下面具体叙述怀特海的生成与创新思想。

(1) 关于"生成"的论述。怀特海用合生来描述现实存在的生成过程。

① 合生的渊源。合生要从"流变"谈起。"万物皆流"是人们由非系统的、纯粹分析的直觉所制造的第一个含义不清的概念。而"事物流变"的概念则是从"万物皆流"中孤立"流"的概念而开始论述的。17－18世纪的各派哲学家群体发现：流动性有两种，一种是"合生"，另一种是从具体存在物到又一具体存在物的"转化"。洛克说："合生"是"某种具体存在物的实体内在构成"，而"转化"一方面在时间上是"永恒地凋谢"，另一方面又是与过去"力量"相一致的、现在的起源。然而洛克、休谟都没有在著作中将两种暗含的流动概念进一步阐述和归纳。只有到了康德的著作中，这一概念才得到明确阐述（尽管怀特海认为其描述是错误的）。然而流动性的双重概念，在黑格尔的进化一元论及其后继学派那里都遗失了。

借助于洛克的概念，怀特海将流动性确切地分为两种：合生——具体存在物的构成中内在固有的流动性；转化——在某具体存在物完成的基础上，重复该存在物之完成过程、并把该存在物作为一种原初要素而构成其他具体存在物的流动性。因此，合生，是向目的因运动，目的因是其主观的目标；转化，是动力因的载体，动力因就是永恒的过去。

② 合生的意义。合生是过程，这种过程是由许多事物构成的宇宙，通过把"多"之中的每一项要素，确定地整合到新的"一"的构成成分中去，从而获得某种个体的统一性。因而合生事例就是新事物，所以，合生不可避免的基本事实就是创造。

③ 合生的发生学描述。请见3.3.1.2.4中"反应→补充→满足"节奏。

(2) 关于"创造力"的描述。请见3.3.1.2.4中"潜力→创造力"节奏。

6. 思维观的嬗变：从预成走向生成

思维是基础，没有思维就一事无成；思维是导向，它决定着人的举止言行；思维是能力，没有生成性思维就不可能创新。总之，思维决定行为、决定方法、决定结果。一个讨饭人非常怕被狗咬，第一天出门随身带了一块石头，遇到两条狗，打跑了一条却被另一条咬了；第二天带了两块石头却遇到了三条狗，又被咬了一口；第三天就带了三块石头，结果……然而聪明的乞讨者发明了打狗棍。

(1) 传统的剖析。我国传统教学，尤其是数学教学，深受预成性思维的毒害，呈现出不利于数学素养与创新能力培养的症状：

其一，视知识为实体。认为课程就是知识的集合，只要记住了这些结果就可得到一切，而且只要记住了就是优秀学生，因此"高分低能"也就诞生了。

其二，预设教学规律。认为教学是有规律的，教学活动成功与否就在于对规律的把握和遵循程度，进而就预设了知识的"本质""规律""正确的答案与做法"，然而却压抑了学生的个性和创造性。

其三，恪守线性思维方式。所谓线性思维，即是一种直线的、单向的、单维的、缺乏变化的思维方式。线性思维的表现：① 把多元问题变成一元问题，一条道走到黑，养成了"死脑筋"；② 采用非此即彼，非对即错的二分方式，然而简单的二分抉择难免"成祸"。例如：车，抛锚在漆黑的夜晚，"没油了?"检查油箱，没有电筒，顺手掏出打火机，"轰"的一声……可怜啊，简单的线性思维。

其四，重结果不重过程。重结果不重过程必然会影响学生对知识本质的认识，这就是我国教育基础无力、高分低能的病根。

其五，重理性轻感性。重理性轻感性的结果必然会损失创造性思维的基础——直接性思维。我们不能不关注"爱迪生的灯泡灌水"的故事：数学家阿普顿刚到爱迪生研究所时，爱迪生想考察他的能力，就给他一只试验用的灯泡，叫他求灯泡的容积，一小时后，阿普顿仍在忙着测量、计算，爱迪生说："要是我，就往灯泡里灌水……"可悲啊，阿普顿！

讲一个关于学生思维的例子：在一次本科生考试的考场上，一位学生订试卷的订书针被折断了："⌐"变成了"∟"，于是紧急"求救"，然而不巧的是考场的订书针用完了，我说"你想个办法嘛"，但这个学生却抓耳挠腮。无奈，我将"∟"又折成了"⌐"，问题解决啦。此时这位学生竖起大拇指："老师你真棒!"棒，我倒没觉得，只觉得内心倍感悲凉：此法，就是没上过学的老农也能想到，然而……可怕啊，我们的学生……

可见，预成性思维不利于素质教育与创新人才的培养，生成性思维有益于人才的培养，所以摒弃预成性思维、弘扬生成性思维是教学改革的基本诉求。

(2) 观念的确定。既然生成是创新的基础，生成性思维是创新思维的核心，那么为了培养创新人才，我们就必须注重生成性思维的培养。那么如何生成？怀特海"由多而一、由一而长"的合生思想则是生成性思维的基本原则，前文所述的各种节奏模式："浪漫→精确→综合""反应→补充→满足""摄入→合生""潜力 - 创造力""三维细胞"等也都是基本的生成性思维模式，而预设性生成、分歧性生成、意外性生成、错误性生成、奇思妙想等都是生成性思维方式，都值得灵活应用、捕捉机会、深入研究。

　　首先，具体到数学教学，笔者认为怀特海的"抽象的等级体系"学说是基本的生成性思维方法，依此可以构建数学知识的生成过程：首先要尽可能找到实在、恰当的背景，进行第0级抽象，然后在"背景 +0 级结论"的基础上进行第1级抽象，再后在第1级抽象的基础上进行第2级抽象，如此下去。这也就是说在实际的数学教学中，知识的生成过程不一定都要从实际生活背景开始，也可以是从已有的理论知识开始抽象，但一定要"抽象"，"抽象"是重要的生成性思维。其实不仅怀特海这样认为，如凯洛夫所引用的列宁的思想"由生动的直觉到抽象的思维，再由思维到实践，这便是认识真理，认识客观现实底辩证法的路线"。

　　其次，20 世纪末，美国学者奥托·夏莫、彼得·圣吉①给出了一个用"U型"表示的"感知→生成"过程 ［见图 3. 16 (a)］，称之为圣吉 – 奥托"感知→生成"U 型过程（以下简称为"圣吉 – 奥托"），其中有"感知→呈现当下→实现收获"三个基本层面，这三个基本层面，是对所有学习过程中发生的活动的延伸。

　　感知阶段。在感知阶段没有多少深度，采集信息并不意味着悬挂习惯了的观察方式，或再引导我们的注意力去从一个现象或情况的内部来感知正在发生的事。通常情况下，我们很可能会通过采集信息来确认自己现有的假设。在某种意义上，我们看到的只是过去，是用我们的心智模式去反照的过去的经历。即使我们能够悬挂原有观点和模式并用新鲜的视角去观察，也不能保证我们会看清自己与现实存在之间的关联。相反，不要强加原先已有的框架，包括不能悄悄地这样做；然后，要让自己沉浸在现实的情况中，并最终"与现实状况融为一体"。标准的变革理论通常以决策为中心，先确定"愿景"，再通过某位有个人魅力的人物，要求大家"投入愿景"并行动。

　　呈现当下。即 U 的下行段所达到的深度会决定之后将出现的情况。从最深层的本源处观察，并成为那个本源的传播媒介。体悟当下是第三种观察，它超越对外部现实的观察，也超越从动态生命过程整体内部的观察，它是从呈现未来整体的源头内部的观察，是从未来回眸当下。如奥托·夏莫所说，这是一种依赖于我们运化的未来，"从你历史的小我，你的欲望和需要，到你的人我，代表你未来最高可能性的大我"。U 型的底部就是发现"作为仆人和世界所需要的东西的受托人，你究竟是谁？这就是所谓的'内心的觉知'。一旦你看清需要自己做什么，你就会自发地行动起来"。选择呈现当下这个词来描述这个状态，因为它就是关于达到完全当下意识的状态——感知我们周围更大的空间或场景，感知更大的自我，并最终感知正在通过我们来呈现的东西。

---

　　①　彼得·圣吉，奥托·夏莫，约瑟夫·贾沃斯基，等. 第五项修炼·心灵篇 ［M］. 张成林，译. 北京：中信出版社，2010.

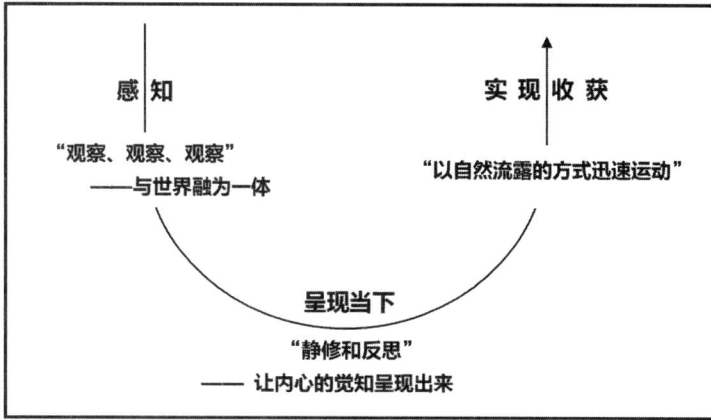

（a）"感知→生成"U 型过程

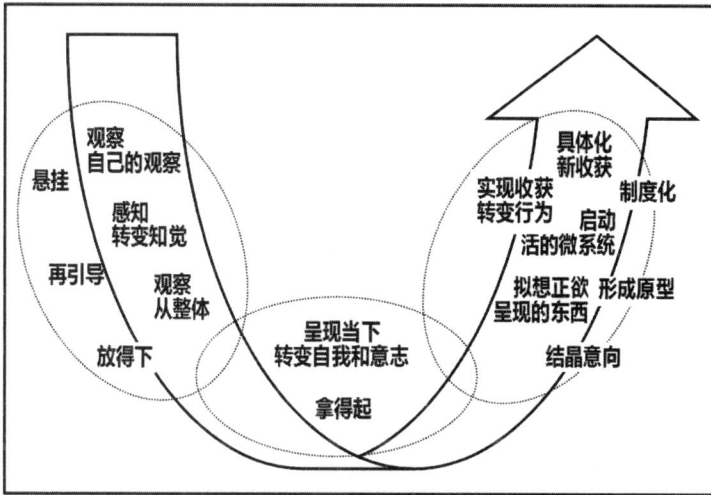

（b）U 型过程依赖七种核心容量能力

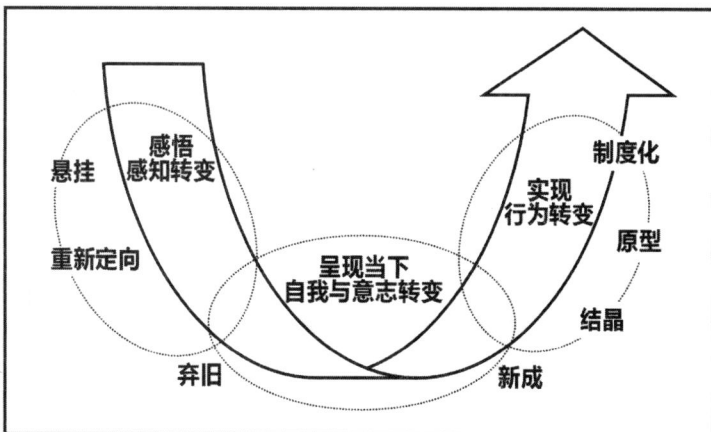

（c）生成过程的 U 型曲线

图 3.16 圣吉－奥托"感知→生成"U 型过程

　　实现收获。U 的上行段是创造新现实的过程，这与标准的学习模型一样，但这里的行动来源于比理性思维更深层的地方。不可思议的现象部分来自对新事物的感知能力，以及顺应感知到的要求而自发行动的能力。不可思议的现象的出现还源于我们的意识疆界的开拓，以及我们的动机的转变。U 的下行段要求不强加原有的框架，与此类似其上行段则要求不强加我们的意志。如约瑟夫所说，"仅仅试图把自己的意志强加在某件事情上，就永远无法看到在更大的目标和动机下运作时所生发的那种力量"。

　　一定要注意："下行段要求不强加原有的框架，上行段要求不强加我们的意志"是生成（创新）的基本要求。亦即是下行段要保持"**求异**"，上行段要力求"**突现**"。

　　圣吉 - 奥托认为①：

　　整个 U 型过程依赖七种核心容量能力及其所产生的行动。每一种能力都是通向下一个行动的门户：悬挂观点的能力使你能够观察自己的观察，而形成原型的能力使你能够启动活的微系统代表。但只有在所有七种能力都得到培育以后，才可能完成整个 U 型过程。

　　这七种核心容量能力为"悬挂，重新定向，弃旧，新成，结晶，原型，制度化"［如图 3.16（b）所示］。关于圣吉 - 奥托对"U 型过程"的论述，更要注意下面的两句话：

　　U 型理论的核心内容是"心灵的深层开放，并带到行动中去"。

　　怎么向 8 岁孩子解释所有这些？"我们对自己创造新世界的容量能力，还一无所知。"

　　尤其是第二句，隐喻着我们没有办法讲清楚如何创新！笔者还是认为：

　　创新能力的培养只能是使学生始终在充满创造性能量的生态环境中熏陶、感受、感悟、潜移默化中成长。

所以关键是如何营造"充满创造性能量的生态环境"？如何使学生的学习全程都充满创造性能量。

　　金吾伦、蔡仑先生概括出图 3.16（c）所示的"圣吉 - 奥托的生成过程的 U 型曲线"以说明生成过程的一般机制，认为生成过程应该有"三个阶段与七个步骤"：

---

　　① 彼得·圣吉，奥托·夏莫，约瑟夫·贾沃斯基，等. 第五项修炼·心灵篇［M］. 张成林，译. 北京：中信出版社，2010.

三个阶段：生成前（感悟、感知转变阶段）、生成中（显现自我与意志转变阶段）、生成后（实现与行动转变阶段）。

七个步骤：悬挂→重新定向→弃旧→新成→结晶→原型→制度化，是完成上述三个阶段的七种核心能力。

总之，U 型过程，可谓一种创新思维过程，也为在教学中构造知识的生成过程提供了有效的思路。

另外根据整体涌现思想及李文阁先生对生成性思维的论述，可将生成性思维概括为：在实践或已有理论思考的所有可能性中，经过差异思维而捕捉生机、突发灵感、产生奇思而涌现出新生事物的思维过程（如图 3.17 所示）。

这是一般的生成性思维模式，可能性、求异、生机、灵感、奇想，更是创新的关键。

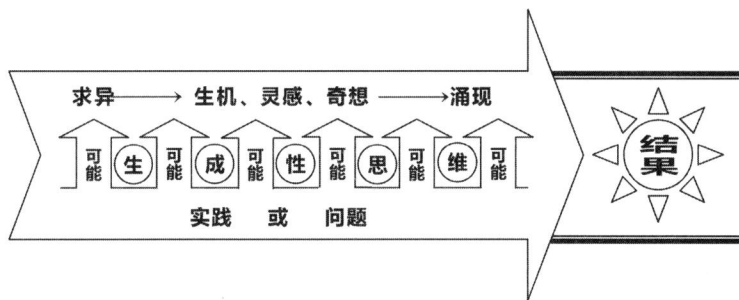

图 3.17　生成性思维示意图

至此，我们已从过程哲学与生成哲学维度认识到：**过程是教学之本，生成是创新之根**。综合二者，即得教学的真谛：**教学必须展示、模拟知识的生成过程；学习必须理解、感悟知识的生成过程**。或者说：**教学的本质不是静态地传授知识文本，学习的本质不是机械地记忆知识结论**。这是我们构建教学理念的基本观念。

3.3.1.5.3　意会：育才之道

意会哲学，在上文已有论述，下文将从"意会认知"进一步审视我们所构建的教学理念。之所以选择意会哲学作为我们的认知基础，除了意会认知具有系统科学思想、与过程哲学相契合外，还与我国"只可意会不可言传"的哲学思想完全一致。

早在战国中期，庄子（约前 369—前 286）在《庄子·天道》中就说"意之所随者，不可以言传也"，亦即是"只可意会不可言传"的哲理。不过遗憾的是这个非常重要的育人哲理从古至今不仅未做系统的研究，而且从未有人在乎。然，本书认为：意会认知，才是真正的育人之道。

3.3.1.5.4 构建：指向素质与创新的教学理念

前文，我们已在多种场合提到了"过程→生成"教学理念，本节详细阐述"过程→生成"理念的构建细节。

1. 理念构建的基本目标、经验基础与理论基础

（1）基本目标。具体指向：夯实基础，提高素养，力求创新，使基础教育改革落到实处，使高等教育与基础教育改革能够接轨；整体思考：使这种理念能够在学生的学习全程（或言教学全程）中实现。

（2）经验基础。笔者对中学课程、部分大学课程、数学及计算机的部分前沿知识的自学经验，笔者从事小学、中学、大学课程的教学经验，笔者从"揭示思维过程"到"过程教学"再到"生成教学"的研究经验。

（3）理论基础。

① **以系统科学指导教学。**通过对系统科学的研究，我们认识到：21世纪思维观必须向系统化转变；面对科技飞速发展、日趋复杂的时代，系统化必然是教育、教学及其研究的必行之道。

② **以过程哲学审视教学。**通过对过程哲学的研究，我们认识到：过程是双基之本，生成是创新之根，意会是育才之道，因此"过程→生成"是教学的真谛。换个角度说，亦即是教学的本质是要动态地展现知识的生成过程，因此教学必须模拟、展示知识的生成过程，学习必须感受、理解知识的生成过程。

③ **以意会哲学诠释教学。**通过对意会哲学的研究，我们认识到：素质与能力的提高关键在意会能力的提升，知识的生成过程只能通过意会的方式来实现，学生的意会系数表征着学生素质与能力。

④ **以三维目标主导教学。**通过研究我们认识到：三维目标是基本的科学素养（当然可以进一步细化），三维目标的核心是"过程化地识双基"，基于三维目标教学的本质是由"知识与技能、过程与方法、情感态度与价值观"融合而成的"三维过程流"。

2. 基本思考

原课题是"构建基于三维目标的高等数学过程教学模式"，不过研究中我们认为原课题定位有所不妥，故修改为"构建基于三维目标的创新型教学的基本理念"，见3.3.1.4.2。

经验思考：从自学经验、教学经验中提炼出具有整体性、连续性的"过程教学"理念，意在通过解决问题过程而营造一个培养学生创造力的生态环境，使学生在如此环境中学好双基、提高创新能力。实践证明，如此教学能够达到目的。

理论思考：通过对过程哲学、生成哲学、意会哲学的研究，认识到了教学的真谛——过程是双基之本，生成是创新之根，因此教学必须模拟、展示知识的生成过程，学习必须感受、理解知识的生成过程。

可见，经验基础与理论结果相一致，即都有"过程"，也都有"生成"，只

不过当初的"过程教学"尽管蕴含着"生成"却没有强调"生成",并缺乏理论支撑。

于是,剩下的问题就是我们的思考是否契合于基本的科学素养,也就是三维目标的需求?其实这是肯定的,因为已经界定:三维目标的核心是"过程化地识双基"。

因此,我们拟构建"过程→生成"教学理念。

不过依然存在问题:因为已有"过程教学""生成教学",那么我们的"过程→生成"与已有的"过程教学""生成教学"有无区别?肯定地说,"过程→生成"教学理念是笔者在自己的经验基础上经过理论研究而形成的教学理念,与他人无关,并且本质上也有别于他人的"过程教学"或"生成教学"。

研究中思考了以下问题。

(1) 发生认知思想。近代,"发生认识论"在理论层面逐渐达成共识。

发生认知思想可追溯到法国18世纪思想家卢梭。卢梭认为教育"并不是传给他确切的知识,而是养成他在需要知识时能够掌握获得知识的办法,教导他在掌握知识时尊重知识的价值,并且热爱真理甚于热爱一切"[①]。

之后,裴斯泰洛齐(瑞士著名教育家)、赫尔巴特(德国教育家)、福禄培尔(德国教育家)等对此都有进一步的发展。尤其是杜威明确地提出了"教育即生长"的理念。

20世纪上半叶,瑞士心理学家皮亚杰创立了"发生认识论",认为"学习的结果,不只是知道对某种特定刺激做出某种特定反应,而是头脑中认知图式的重建"。

英国思想家卡尔·波普尔认为:"一个人要分享人类缓慢取得的知识,我所知道的唯一方法,就是循着知识创造者的脚印再走一遍。"

美国教育心理学家布鲁纳认为"所谓学科的教学,不是灌输作为结果的知识,而是指导儿童参与形成知识的过程"。

我国的郭思乐教授(1982)提出的"加强知识发生过程"理论(郭思乐,1982),认为知识发生过程就是揭示新知识和更基本的知识的逻辑联系的过程。知识发生过程的教学的意义主要有如下几个方面:① 加强知识发生过程的教学,是由数学知识结构的系统性和科学性所决定的;② 加强知识发生过程的教学,是适应学生认识规律的需要;③ 知识发生过程的教学,是应用过程教学的基础;④ 从数学教学目的看,要把培养能力和传授知识统一起来,必须抓好知识发生过程。

我国的叶澜教授认为"一节好课不完全是预先设计好的,而是在课堂中有教师和学生真实的、情感的、智慧的、思维和能力的投入,有互动的过程,气氛相

---

① 滕大春. 卢梭教育思想述评 [M]. 北京:人民教育出版社,1984.

当活跃。在这个过程中，既有资源的生成，又有过程状态生成，这样的课可称为丰实的课"。

中共中央国务院《关于深化教育改革全面推进素质教育的决定》指出："要让学生感受、理解知识产生和发展的过程，培养学生的科学精神和创新思维习惯，重视培养学生收集处理信息的能力、获取新知识的能力、分析和解决问题的能力、语言文字表达能力以及团结协作和社会活动的能力。"

以上，概括起来说，也就是"教学要注重知识的发生过程"。

这些理念，从不同角度阐明了注重"知识发生过程"的重要性。然而，从我国来看仍只是停留在理论层面上，实际效果不尽如人意，譬如：理论研究走出了"过程教学""生成教学"两条路子，都不同程度地割裂了"过程"与"生成"；实际教学大都是口头上跟随而实际上却"涛声依旧"，更严重的极端主义思想——要么追求绝对的学生建构，要么坚守传统的结论传授，等等。

（2）笔者的"过程教学"思想的形成。

第一阶段——萌芽期。

受"追踪式"自学方法的影响，笔者在教小学时就将加法、减法连续讲，因为学习了"$1+1=2$"，很容易想通"$2-1=1$"，这是自然的思维过程；同样，乘法、除法也连续讲（思维过程如图 3.18 所示）；讲初中数学时，多项式乘法与因式分解连续讲，等等。

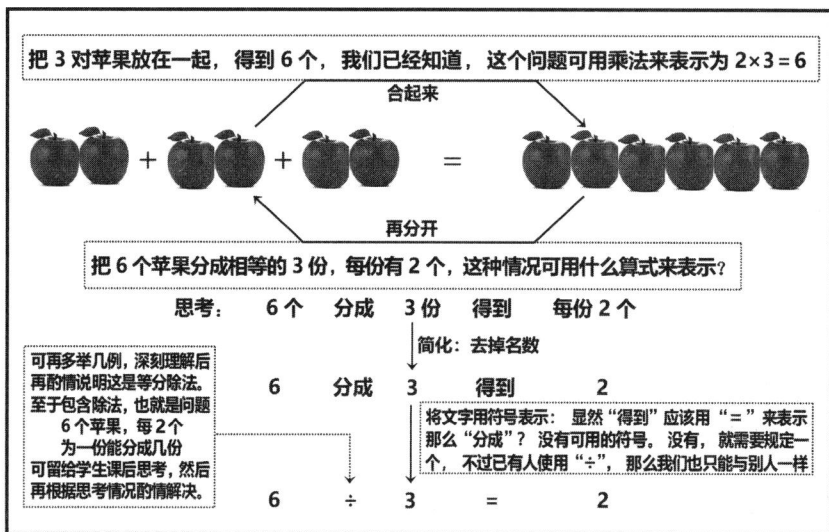

图 3.18　乘、除法连续讲示意图

第二阶段——出土期。

1990 年，笔者开始总结自己的自学、教学经验，开始了教学研究。

1993 年，笔者撰写了《逻辑图表教学法及其在高等代数教学中的尝试》[①] 一文，其中提出了用逻辑图表揭示"知识发现过程，思路分析过程"的思想，这是笔者总结自己的教学经验独立提出来的。

1994 年，笔者在《实施结构教学的有效方法——逻辑图表教学法》一文中明确地提出图表的设计要求：

认真研究整体知识结构，找出规律性、思想性的东西，剖析知识之间的联系、发展、变化，把一个个的知识点用联系、运动、变化的观点和数学思想、思维方法形成一个知识网络，展示给学生一个"动态"的知识生长过程。[②]

在这里，"联系""变化""发展""运动""'动态'的知识生长过程"已蕴含着过程哲学思想。在逻辑图表的使用上，笔者强调：

以原设计图表为基础，课堂上师生共同现想现推，协调发散思维和集中思维，灵活构图，动态生成一棵"思维树"，培养学生的创造性思维能力，使其认知结构具有"再生力"。[③]

在这里，提出了"动态生成一棵'思维树'"的概念，显然，这个"动态生成"也贴合于过程哲学思想。

第三阶段——生长期。

1998 年，笔者在山西省数学学会年会报告《关于素质教育的思考》[④] 中论述了时代对教育的要求且明确提出了自己的"过程教学"思想。概述如下：

首先，关于素质教育，笔者认为：

① 信息化时代的到来，使教育面临着一场严峻挑战。数学，作为各个学科以及人们生活、学习、工作的基础，必须与时代同步，才能满足社会和人们的需求。于是，"切合时代要求"是数学素质教育的目标。

②"大众数学"，这个由德国数学家达米洛夫在 1983 年的华沙国际数学大会的数学教育会议上提出的口号，更适应于即将到来的信息化时代，因为每个人要在瞬息万变的信息化社会中生存，就必须具备一定的素质，所以，"面向全体学生"，应是数学素质教育的方针。

③"问题解决"，这是 1980 年美国提出的口号，已成为 90 年代国际数学教育的中心课题，但在我国却没有什么动静，然而，在传统模式下培养出来的数学

① 王峰. 逻辑图表教学法及其在高等代数教学中的尝试 [J]. 华中师范大学学报（自然科学版），1993（专辑）：113－121. 王峰是笔者的曾用名。

② 王峰. 实施结构教学的有效方法——逻辑图表教学法 [J]. 晋东南师专学报，1994（3）：6－10.

③ 王峰. 实施结构教学的有效方法——逻辑图表教学法 [J]. 晋东南师专学报，1994（3）：6－10.

④ 王峰. 关于素质教育的思考 [G] //卢继传. 中国当代文论选. 北京：人民日报出版社，2001：160－162. 此文是笔者于 1998 年在山西省数学学会年会上所做的大会报告。

专业的大学生，连年金利息问题都搞不清楚（1994年笔者曾做过抽样测试），他们如何能在信息时代中驰骋？于是"问题解决"，应当是数学素质教育的核心。

④"再创造"，是国际数学教育权威荷兰数学家、数学教育学家汉斯·弗赖登格尔提出的教学原则，意在注重发现数学结论的思维过程。根据这个原则给学生创造一个解决问题的情境与过程，有利于"问题解决"，所以，"再创造"应是数学素质教育的教学原则。

总之，素质教育应该：以切合时代为目标，以面向全体为方针，以问题解决为核心，以知识再造为原则。

其次，笔者明确地提出了"过程教学法"的概念。所谓的过程教学法，亦即是①：

打破传统教法从理论到理论的模式，实施以问题解决的过程统率思维、方法、理论、知识点，比如把整个学习内容分为若干个模块，每个模块设计一个问题解决的过程（这个问题可以是实际的、数学的或其他科学的），通过这个过程，既使学生学习到有关基本知识，又能真正地提高学生的数学素质。这个过程，可以在课堂上进行，也可以在实际中进行。

过程教学法，是在揭示思维过程的基础上提出的，因为随着教学研究的深入，笔者认识到碎片化的揭示思维过程缺少了思维的连续性，原本笔者"加法、减法连续讲"的寓意之一就是打破这种碎片化，形成联系的思维过程，初始的理论阐述却未能表达这种思想，尤其是在1997年开始的计算机专业课程教学中，更加深深地感受到仅以揭示思维过程来组织教学甚是不够，不仅不利于学生思维能力的培养，也不符合自己的教学认知。

在此，需要说说在计算机教学中的感受。在讲授Visual FoxPro课程时，笔者并不是按照教材的格局孤立地叙述每一条命令和功能，而是以设计一个小型的信息管理系统为目标，层层推进，步步分析，形成一个实际的设计过程，最后获得一个小型的管理系统。通过这个过程，不仅使学生能够充分地掌握每条命令的意义及功能，而且学会了设计数据管理系统的方法。如果按照传统的教法，学生只能知道几个语句、命令，至于学过以后，根本谈不上能否设计管理系统，甚至连什么是管理系统恐怕都不知道。

其实，这样是完全可行的，因为人的知识大多数都是在生活、工作实践中获得的。细想一下，婴儿学语，并不是坐下来系统地去给他讲解字、词、句子，而是在生活中看到什么父母就随时随地教他什么，这是一朵红花，那是一朵黄花；这是一个角，那是一个圆；……日积月累，就学会了说话，并且也形成了概念。

---

①　王峰. 关于素质教育的思考［C］//卢继传. 中国当代文论选. 北京：人民日报出版社，2001：160－162.

一个人，也许他没上过学，但只要他不是哑巴，就会说话，并且还可能讲得有声有色，头头是道。这个事实，值得我们注意、思考！

传统的教学体系，过于条理化和形式化，不符合问题解决的实际思维，是强加于人的做法。如一元一次方程，总是莫名其妙地先讲等式的性质，再讲方程的概念，然后再给出一元一次方程的定义，最后才根据等式的性质给出"移项""同除以未知数系数"等。实际上，一个儿童，当他拿到一个苹果时会立即把它吃掉，因为他知道苹果能吃！然而，你突然塞给他一条等式的性质，那么他就会视而不见，把它扔到一边。

因此根据计算机教学的经验，综合了曾经的"揭示思维过程"理念，笔者提出了自己的"过程教学"理念。笔者的"过程教学法"，是为了"使学生学习到有关基本知识，真正地提高学生的数学素质"，而"再创造"是笔者始终关注的教学原则。笔者的"过程教学法"，完全是自己的经验总结及理论思考，完全不同于他人的"过程教学"。

1998 年 3 月，笔者在山西省数学学会年会上以《关于素质教育的思考》为题作大会报告①，明确地提出了自己的"过程教学法"教学理念，其核心实际上就是要营造一个更大的培养学生创造力的"生态"环境。

可见，在各个时期，笔者都非常注重创造能力的培养。萌芽期，加减法追踪式教学蕴含着创造性思维；出土期，揭示"知识发现过程"相当于创造性过程，并提出了展示给学生"动态"的知识生长过程、培养学生的创造性思维能力的思想；生长期，提出了过程教学就是要营造更大的培养学生创造力的"生态"环境的理念。所以在 2003 - 2009 年，关注到了关于生成教学的研究，2010 年发表了《高等数学创新教育的诉求：走向生成》② 一文，认为生成教育观是：

知识是从无到有或从有到有的创生与构建；教材是描述知识的生成过程及由这些生成过程所形成的完整的知识结构，是动态文本；教学是由教师和学生以及多种因素和相关信息组成的动态的知识生成过程；学习是学生在知识的生成过程中，创造自我、获取知识、激发创新能力的活动。总之，生成教育就是在教育的全部过程中，使用生成性手段，培养既有基础理论又能持续发展的创新人才的教育观念。

数学生成教学模式是：

模式结构。模式由知识生成、能力培养、品质培养三部分有机合成。
基本流程。创设情境→提出问题→问题研究→应用→反思→知识结构。

① 此报告被《中国当代文论选》（人民日报出版社，2001）收录。
② 王积社. 高等数学创新教育的诉求：走向生成 [J]. 中国成人教育，2010 (4)：110 – 111.

基本原则。过程设计要以学生为本，具体要求：① 探究性：过程要探究推进，杜绝灌输行为；② 数学性：过程要充分体现数学精神；③ 生成性：概念要在过程中形成（此处要注意言语措辞，如使用"起名字"之言来避免概念是"天生的"之嫌），性质、定理、方法都要推得或由"猜想→证明"而得，不允许先告诉再证明；④ 连续性：过程从始到终要保持思维及生成的连续性；⑤ 明了性：过程要自然不要做作，要合情合理不要牵强附会，要思路清晰不要纠缠不清；⑥ 简约性：过程要尽可能简约，避免无谓的曲折；⑦ 形式化：对生成的结果进行形式化思维训练。

基本策略。把握"重在过程、贵在生成、适度引导、渗透思想"十六字口诀。过程是教学的躯干，教师的教与学生的学要有机地融合为一个充满活力的动态过程；生成是过程的灵魂，知识、技能、思维、情操等都在生成；引导是过程的经络，基于学生的认知能力，基于过程的发展状况，力求适度引导，使过程健康发展；思想是过程的肌体，把握数学思想、情感态度的有机渗透，使过程潜存着潜移默化的能量。

动态策略。所谓动态：① 行动，即是在有限的教学时间内尽可能地让学生动脑、动手、动口；② 互动，亦即是师生的行为、言语、情感和思维交流；③ 意动，即是动态未必是言行的互动，乃可为师生思维的同步活动，也就是思维共鸣，在课时紧张的情况下更为重要；④ 生长：强调思维的萌发、突现、升华至完善，强调知识是从无到有或从有到有的连续生长；⑤ 动态的知识结构，亦即是所形成的知识结构不只是静态的知识点的集合，而应是知识点及其相关的信息要素所构建的活力系统。

这是继过程教学研究后，对生成教学的较为系统的研究。至此，初期、中期并未接触到过程哲学，而后期（2010 年左右）研究中，总感觉"过程"与"生成"是纠缠在一起的，所以在查找哲学方面的资料才注意到了过程哲学，之后也就基于过程哲学进入了下一阶段的研究。

第四阶段——结果期。

这一阶段，也就是本书所叙述的研究成果，故不再赘述。

(3) 过程教学的不足。这里说的"过程教学"不包括笔者的，因为从本质上来说，笔者的"过程教学"与其他的完全不同。

首先说明，明确提出且应用"过程教学"的是 20 世纪 60 年代末的 L1 学界：

20 世纪 60 年代以前，结果教学法在以英语为母语的写作教学领域一直占据着统治地位。20 世纪 60 年代末 70 年代初，L1 学界已认识到结果教学法的诸多局限性，开始了对过程法的研究。过程法的理论基础是交际理论。该理论的核心思想是"learn to do by doing（做中学）"，认为传统的结果教学法所采用的"correcting papers，evaluating student writing，and assigning grades is not the primary aim

of the writing class：teaching students how to write is!"（批改作文，评估学生写作，以及写作评分不是写作课的部分，教学生如何写作才是目的!）有鉴于此，过程法不再把学习的重点放在诸如语法、结构等语言形式上，而是注重学生学习写作的方法，如制订写作计划、寻找素材、撰写草稿、相互批改、审校等写作过程和技能上。①

英国著名课程论专家斯坦豪斯在 1975 年出版的《课程研究与开发导论》中，对目标模式的课程理论进行了分析批判，以此为基础，提出了过程模式的课程理论。对目标模式的批判是其课程开发过程模式理论阐述的前提和依据。斯坦豪斯认为：

课程的研究和开发不应当是按照某些事先决定的行为目标制订出一套"方案"，然后再加以评价，而应当是一个动态的、持续的过程，在这个过程中，课程的研究、开发、评价不是公开的、独立的，而是一体的，所有这些都集中在课程实践当中，且教师在其中起着重要的作用。

但因没有具体说明行动方式，也没有在理论上予以系统概括，使人感到难以把握，所以在课程实践中没有产生什么影响。②

而国内对过程教学的研究不多。时至 2012 年 9 月，我们在维普检索数学过程教学的研究文献，其数量不超过 200 篇，比较典型的是郭思乐 1982 年的文章《加强知识发生过程的教学—把传授数学知识和培养能力统一起来》（郭思乐，1982），其中指出当前数学教学中值得注意的问题有"忽视概念的形成过程，忽视结论的推导过程，忽视方法的思考过程"，提出了加强知识发生过程的"三化"建议，即"概念形成过程的步骤化，知识联系本质化，思考过程程序化"，也许此文是数学教学中"揭示思维过程"的开始（当年笔者没有看到此文）。之后，关于过程教学的论文大都是数学教学中揭示思维过程的讨论或者教学设计及教学体会，另外有少量的语言教学方面的探讨。

总之，这些研究都关注到了"过程"，说明感受到了"过程"在教学中的潜能，但遗憾的是所有研究都存在不足：首先，对"过程"的认识不够且没有注意到"过程"的特征，不足以夯实理论基础；其次，在过程中没有强调"生成"，不足以实现创新能力的培养；再次，没有形成系统的理论，基本上都只是板块式的"揭示思维过程"，也就是"孤立"地说明"概念的形成过程、定理的发现过程、证明的思维过程"，而没有考虑过程的整体性、连续性，有损于思维能力的培养。

（4）生成教学的缺陷。关于生成教学的研究，国外，维特罗克于 1974 年在

---

① 王吉良. 以形式为中心的准形式改写［J］. 安徽农业大学学报（社会科学版），2005（6）：118－121.
② 施良方. 课程理论［M］. 北京：教育科学出版社，1996：172－192.

《作为生成过程的学习》一文中率先提出了"生成学习"的概念（马向真，1995），之后生成性教学集中体现在后现代教学观①中。不过生成性教学思想应用比较彻底的是幼教和学前教育领域。（李祎，2006）关于儿童的生成教学研究，比较典型的是美国的伊丽莎白·琼斯和约翰·尼莫教授的生成课程理论。（伊丽莎白·琼斯、约翰·尼莫，2004）

国内关于生成教学的代表性研究，一是叶澜教授从生态学视角提出的多向互动、动态生成的教学思想，二是张广君、金吾伦等教授从哲学视角论生成教学。至2012年9月，在维普检索数学生成教学的研究文献，其数量小于300篇，其中多数研究或者基于叶澜教授提出（叶澜，1997）生成教学思想，或者从哲学维度进行研究（张广君、孙琳、许萍，2008），也是教学体会居多，且认为生成教学的特征是动态性、灵活性和开放性（李祎，2006；林天伦，2010），实施原则是差异性、过程性、平等性、开放性和关系性（林天伦，2010）。不过，尽管说此论文谈到了"过程性""关系性"等，但在大众的眼里，如其他的关于生成教学的论文，并没有注意到过程性。

---

① 在此，引用李方的观点说明"后现代教学观"。具体如下：

现代教学主张采用结构化前进式教学范式，如斯金纳等人的程序教学范式、布卢姆等人的掌握学习教学范式。特例：在现代教学理念中，"设计与机会""有序与无序"是两个矛盾和对立的二元结构。在这两个二元对立的结构中，"设计""有序"被现代教学理念所认可，"机会""无序"则往往被否定。

后现代教学理念则对现代教学范式进行"解构"，主张"教无定法"、灵活多变地进行教学。特例：后现代教学理念认为，"设计""有序"同时意味着对学生的限制与强迫，因而对"机会""无序"有时也应给予肯定，于是这两个二元对立的结构被"解构"了。事实说明，如果过分强调"设计""有序"，则会限制教学活动的创造性和学生学习的主动性，导致教学过程机械化，缺乏应有的生命活力。

后现代教学理念认为，传统的形式、概念、准则不再被人们理所当然地接受，规律并非不可更改和不以人的意志转移。埃格莱顿指出：解构是"抓住了经典结构主义所倾向于表征的一种典型思维方式，即二元对立的思维方式。这种思维方式喜欢在可接受与不可接受之间、自我与异物之间、真理与谬误之间、意识与无意识之间、理智与疯狂之间、中心与边缘之间、表层与深层之间，划定疆界"，所谓"解构"就是消解这种二元对立的思维方式。

后现代教学理念对现代教学上的二元对立进行"解构"，反对教学活动规则化和刻板地运用精确的模式，主张打破陈规，从实际出发，灵活多变地教学。这种教学规范的转型，正是当前我国基础教育新课程所倡导的教学新理念。

后现代教学理念并非全盘否定现代教学，而是在反思和继承现代教学的基础上有所超越：

其一，现代教学主张结构式、前进式教学范式，而后现代教学则主张随机应变和反思式。

其二，现代教学强调教学过程是特殊的认识过程，在重视教师指导下学生掌握知识、积极探究和发现的同时，突出智力发展；后现代教学强调教学过程是师生交往、沟通的过程，在重视学生主动获得知识经验、主动探究和发现新问题的同时，突出意义建构。

其三，现代教学行为以教师为主导，学生为主体，后现代教学行为"去中心"，双主体平等、交互转换。

其四，现代教学方法注重讲授、谈话、提问、讨论，后现代教学方法注重对话与阐释；

其五，现代教学评价注重目标取向，后现代教学评价注重过程取向和主体取向。

在学习化社会和教育全球化时代，在教学个性化、活动化以及关注学生生命世界与社会生活世界有机整合的大趋势下，后现代教学理念凸显了与时俱进的特征。

参见李方. 后现代教学理念探微 [J]. 教育研究, 2004 (11): 35-40.

从科学发展来看，生成性教学是创新能力培养的最佳选择，但是遗憾的是已有的生成教学研究及实践都存在着缺陷：首先，从过程哲学来看，过程是基础，生成是创新，没有过程就没有生成，就没有创新。但现有的生成教学则是以生成为主线来组织教学，颠倒了过程与生成的关系，降低了过程的功能，如此就势必会影响到基础。其次，因为生成教学过度强调开放、互动、学生自主生成而增加了教学的难度与课时的紧缺，因此也就导致了"生成性教学思想只能在幼教和学前教育领域中应用得比较彻底"的结果，大大降低了实用性。

实际上，"开放式"教学（如生成教学、建构教学等）的确是提升素质与能力的最佳选择，但是"难以实现"确是其最大的瓶颈。看一例：

有学者①为说明教学实践中因为"开放"而出现了过程与方法的"游离于知识、技能目标之外，游离于教学内容和教学任务之外，游离于学生发展之外，从而使过程、方法的价值丧失殆尽"的"游离"现象而引用了某《乡愁》教学案例：

有位教师上《乡愁》，设计了一个提问导语，目的是想让学生说出课题来。于是他叫起一个学生，启发道："如果有个人到了一个遥远的地方，时间一长，他开始想念自己的亲人，这叫作什么？"

学生答道："多情。"

"可能是我问得不对，也可能是你理解有误。好，我换个角度再问：这个人待在外乡的时间相当长，长夜里他只要看见月亮就会想起自己的家乡，这叫作什么？"教师又问道。

"月是故乡明。"学生很干脆地答道。

"不该这样回答。"教师有点急了。

"举头望明月，低头思故乡。"学生回答的语气显然不太自信了。他抬头一看，教师已是满脸阴云，连忙换了答案："月亮走我也走。"

"我只要求你用两个字回答，而且不能带'月'字。"教师继续启发。

"深情。"学生嗫嚅道。

好在此时下面有同学接口："叫作'乡愁'。"教师才如释重负。

该文由此例得到了结果："既不能重结论轻过程，也不能重过程轻结论，要努力在追求结论的活动中体现过程的价值并在探索过程中凸显结论的价值。"

这个结果看起来似乎有些道理，但实际上存在两个严重的问题：一是分离了"过程"与"结论"；二是缺失了生成性思维。总之，通俗地说，是偏离了自然规律；哲学地看，这是违背了过程哲学思想。

上例，从表面上看，还真是非常"游离"。的确，如此的"游离"也使人非

---

① 余文森. 论教学中的预设与生成 [J]. 课程·教材·教法，2007，27（5）：17–20.

常"头疼"，并且是通病。不过我们认为：此"游离"并非"过程、方法"之过错，而是形式地追求开放而惹的祸。说实话，如果不知道要学的内容是《乡愁》，那么无论如何引导，直到下课都难说到"乡愁"的主题，因为在同一情境中，不同人所感受到的结果是不一样的。这就是说过度、盲目、形式地追求开放、互动、自主、生成是行不通的！因为如此做缺少了作为认知基础的可行过程，也就是缺少了种子发芽、生根所必需的土壤及环境。此教学案例，尽管说有同学"突然"说出"乡愁"而拯救了教学，但毫无疑问：

这个同学绝非是通过自我感悟而生成了"乡愁"的回答，而是事先预习了课文或者临时看到了课文而作出的猜测性回答。如此"生成"，有意义吗？

其实，开放式教学（包括生成、建构等）如何进行，教师如何设计、如何辅助尤为重要。比如对《乡愁》的教学来说，如果备课时设计描述祖籍大陆的台湾作家余光中的四个场景或故事：

> 小时候寄宿学校时通过信件思慈母
> 成人后海外求学时期盼轮渡思贤妻
> 再后来慈母去世后隔着坟头拜先慈
> 年迈后闲来无事时望着大陆思故乡

上课时将学生分为四组（为节约时间、降低难度），每组中的学生就所分配到的场景或故事写四句诗来表达场景或故事的寓意（创作），再让学生各自或者按组将自己的作品与《乡愁》对比、分析、辨解……以达到理解感悟《乡愁》之写作手法及情感意境、提高自己的写作能力目的。如此做总比无谓的"开放式'猜题'"更有价值——为什么要设计那样的不可能得到结果的问题让学生去猜"课题"呢？浪费那个时间有价值吗？所以备课时必须注意教学设计的可行性，如果真想让学生猜谜，那么谜面绝不要给自己挖个坑，尤其是在开放式教学中。

(5) 综合思考。上面我们分别指出了已有的过程教学、生成教学中存在的问题，综合来看：

一是过程教学或生成教学的研究未形成规模和完整的体系。

二是过程教学的研究却未界定"过程"，也未深入"过程"的特征，更未突出"生成"，如此结果难以服人，如此做的结果势必会削弱基础、丧失创新。另外，受常识性观念之蒙蔽，"过程教学"一词也极易被人误解，认为过程就是过程，根本谈不到"生成"，甚至会认为过程教学就是教学过程。

三是生成教学颠倒了"过程"与"生成"的关系，因为：

① 从事物的发展、世界的进化来看，过程总是先在的。

② 从过程哲学来看，过程是基础，生成是创新，但生成教学却从生成入手，忽略了过程。如此，一方面势必损失基础，另一方面也很难获得真正的生成。

③ 据过程哲学理论，生成过程是连续的（怀特海，2003），但生成未必连续（金吾伦，2007）。所以强调生成而削弱过程，势必会导致教学过程沦为支离破碎的局面，而支离破碎的东西会把学生搞得晕头转向，会把教学搞得一无所获。如《乡愁》教学案例中对课题"乡愁"的开放式"生成"就是没有注重"过程"的"生成"，结果把师生会话搞得骑虎难下：教师第一句急于"生成"的无解问话就给自己挖了个坑，然后就因未能"生成"而陷入了束手无策的焦虑。我们不妨再详细分析《乡愁》案例会话过程：

首先，此教师问"如果有个人到了一个遥远的地方，时间一长，他开始想念自己的亲人，这叫作什么？"这，叫什么？不是白问吗？假设在那个遥远地方有无数个没有读过《乡愁》的人都在想念着自己的亲人，这时突然有人问："你们都在想自己的亲人，这叫作什么"，敢说，没有一个人能够说出"乡愁"。因为这个论断已被证明——这一个班的学生看着课本上的《乡愁》，经过几次"逼迫"后才有一个学生说出了"乡愁"。实际上，这样的提问原本就是无解的提问，结果使自己掉进了深坑。

第一回合教师没有得到期望的回答，马上就急了——立即言道"可能是我问得不对，也可能是你理解有误？"如此，看起来是"谦虚"，但，实际上是因为没有充分准备而情急下的托辞。这种表现首先说明备课时对课堂上的第一句问话就没有换位思考，也没有做可能性分析；其次说明教师根本没有弄清楚教学理念，而只是"跟风"，只是想做出一副改革的表象：我在"改革"，我在"生成"！岂不知自己陷入到不注重过程而只是为生成而生成的泥潭。

第二回合就换个角度问"这个人待在外乡的时间相当长，长夜里他只要看见月亮就会想起自己的家乡，这叫作什么？"叫作什么？还能叫作什么？都强调了"只要看见月亮"，还能不回答与"月亮"有关的东西吗？其实，如果想做一番诱导，也要有点"料"——哪怕在提问中带上一个"愁"字也许会使看着《乡愁》课文的学生来一个"幡然醒悟"，比如这样提问"有个人在外乡生活了很长很长的时间，他，很久没有回家乡了，每到晚上啊，就坐在山坡上，呆呆地眺望向远方的家乡，想啊想啊，愁啊愁……他，为什么会这样呢，他这个表现可用个什么词汇来描述呢？"如此设计，其中有"乡"有"愁"，再加上深情的朗诵艺术的渲染，在学生看着《乡愁》课文的前提下，也许会"生成"自己想要的"乡愁"。不过这种"诱导"并非是良好的"生成"，实际上，对《乡愁》的学习，生成"乡愁"这两个字对学生来说没任何意义，学生不可能也去写一篇题为《乡愁》的抒情诗，而应生成的是《乡愁》的思维构架、《乡愁》的创造手法等，通过学习若能写出超越《乡愁》的抒情诗最好不过。显然，《乡愁》案例的这种表现仍然是为生成而生成的认知在作怪，同时还看出课堂提问的技巧非常欠缺，不懂得如何去诱导学生。

第二回合的失败，导致了第三回合的训斥"不该这样回答"。这，还叫"开放"吗？还叫"生成"吗？

然，第三回合又失败了，于是就干脆限制：只能回答"两个字"并且不能带"月"字。这样的"限制式对话"有意义吗？

也许，或者就是"两个字"的限制起了作用，有学生说出了"乡愁"。尽管有了结果，但这样的结果绝不是生成的结果，这样的教学过程和结果毫无价值，纯粹是浪费时间。

④ 生成性教学过度强调开放性，不仅破坏了过程的连续性，而且增加了操作难度，从而降低了其实用性，也就导致了生成教学仅可能在幼教或小教中应用彻底。因此出现的不理想的结果是：随着学习层次的提高，完全开放式生成就很难实现，《乡愁》教学案例就是例证。

需要注意的是，如此开放式生成在语文教学中尚且如此，那么在理论性更强的数理化课程教学中又能如何？在初中、高中、大学所有课程教学中又能如何？

既然已有的过程教学的不足是欠缺了生成，生成教学的缺陷是忽视了过程，那么就应当将它们有机地融合。因为我们已经有了"过程是基础，生成是创新""知识就是其生成过程"等认知理念，所以我们构建的教学理念就应该体现出"在过程中生成知识"的本质特征，这个本质特征应该用逻辑中的蕴含运算符"→"来表述，亦即是"过程→生成"，并依此构建我们的教学理念："过程→生成"教学理念（或写为过程→生成^{n}教学理念①）。因为过程是双基之本，生成是创新之根，所以"过程→生成"堪当夯实基础、力求创新的重任。在具体描述"过程→生成"理念之前，先说明一些基本的思考：

① 因为如何生成难以言传，所以意会哲学是"过程→生成"教学的践行之道、立足之本。

② 过程的构成。从过程哲学来看，教学过程是合生过程，而合生过程的细节就是教学参与者（包括各种教学资源）的彼此摄入，所以宏观地看教学过程就是教师、学生、教学资源的相互摄入构成。

③ 过程的运行。因为教学过程是教师、学生、教学资源的相互摄入，而诸多摄入关系遵循着"主体突现"理论，所以教学过程的运行，要遵循"教学主体突现论"（参见3.3.1.2.6）。因此过程运行中，教师完全可以适度调整自己的主体"权值"（0≤权值≤1），酌情、适当控制"过程→生成"中的生成的开放度。

④ 过程→生成，因为"→"是"蕴含"符号，所以"过程→生成"就意味着"在过程中得到的生成"，过程是基础，生成是创新。所以，只有做好了过程，才能够夯实基础；只有抓住了生成，才可能谋得创新。所以"过程→生成"不能写成"过程＋生成"，因为"过程＋生成"只能理解为"过程"与"生成"

---

① 这里用了"n次方"的形式，用于彰显它的潜能。

的叠加；也不能写成"过程 – 生成"，因为"过程 – 生成"只能理解为"过程"与"生成"的拼接。

⑤ 根据教学主体突现论，"过程→生成"教学只能是：

$$教学过程 = 学习过程 = 知识生成过程$$

因此"过程→生成"教学就是学生、教师、教学资源所形成的和谐统一的活力系统，并且知识的生成过程决定着教学过程。所以实施"过程→生成"教学的关键即是如何设计知识生成过程，这需要教师备课时做好知识的"再创造"。

3. 构建

根据以上思考，我们具体构建"过程→生成"教学理念。

(1) 理论基础。

哲学观：过程哲学。

思维观：系统思维。

认知观：意会哲学。具体说：知识就是其生成过程；知识与能力源于意会知识。

教学观：因为知识就是其生成过程，所以"教"就应模拟、展现知识的生成过程，"学"就应感受、理解知识的生成过程，因此"教"与"学"就应统一在知识的生成过程中。于是教学过程 = 学习过程 = 知识生成过程。

学生观：一切为学生着想。

(2) 理念描述。

过程→生成：即"知识在过程中生成"，其中过程是基础，生成是过程中的涌现。

过程→生成"教学理念：教学，要基于学生，在适当的情境中由学生或者教师构建具有整体性、连续性、创造性的知识生成过程，从而获得具有思想性、思维性、应用性的知识结构。

基本目标：夯实基础、提升素质、力求创新。

基本原则：把握整体性、连续性、生成性、动态性、摄入性、意会性、活力性。

基本策略：主体突现，动态掌控，抽象等级，意会认知。

基本要求：营造具有整体性、连续性、创造性的知识生成过程。

基本说明：过程→生成，不是具体的教学方法，而是适用于各种教学方法的教学理念。具体教学中，应以"过程→生成"教学理念为指导，酌情选择适当的教学方法展开教学。如"过程→生成"自主式教学、"过程→生成"合作式教学、"过程→生成"探究式教学、"过程→生成"建构式教学、"过程→生成"讲授式教学等。

4. 注释

(1) 关于基本原则。

动态性原则。动态，一是行动，亦即在有限的教学时间内尽可能地让学生动脑、动手；二是互动，亦即是师生的行为、言语、情感和思维交流活动；三是意动，即动态未必是行为的互动，亦可是思维的互动（即学生与教师的思维同步活动）；四是生长，强调思维的萌发、涌现、升华、完善，强调知识是从有到有或从无到有的连续生长；五是动态的知识结构，即所形成的知识结构不只是知识点的集合，而是知识点及其相关的信息、逻辑关系等要素所构成的活力系统。

摄入性原则。摄入是过程哲学的核心范畴，是揭示现实存在之间的相互关联的思维方法。摄入是"对具体要素的每一占有过程"（怀特海，2003）。每个摄入过程都有执行摄入的主体、被摄入的材料、引发摄入的主观形式（情感、意图、评价、因果性、联通等）。摄入与主体突现理论密切相关，因为主体突现论认为"主体与客体是在现实存在的相互作用（摄入）过程中形成"（杨富斌，2003）。将摄入映射到教学中，至少有两大作用：

一是解决课堂主体矛盾（参见3.3.1.2.6）。

二是揭示出教学过程中的各种要素（如思想、思维、已有知识、已有技能、已有方法、教学资源、学生、教师等）之间的相互作用方式。怀特海把学习知识比喻为有机体摄入食物，他认为"教育绝不是往行李箱里装物品"，而相似于"生物有机体吸收食物"。（怀特海，2002）所以教学设计犹如制作营养美餐，美餐意味着有趣、有活力、充满生活（实际生活、学习生活等）气息，只有如此才能激发情感、诱发态度、提升价值观；营养则意味着有用、有价值、能使学生超越生活（超越：意味着追求、探索与创造）。因此教学中只有精制出美味大餐才能激发学生的食欲——想学、会学、抢着学；而美味大餐还必须营养丰富才能使身体苗壮成长——获得真知、提高技能、增长智慧。而如此美餐的制作者只能是教师，教师就是高级厨师，备课、上课都需要发挥自己"精湛的厨艺"制作出"美味大餐"去激发学生的食欲。

生成性原则。生成是创造的基础，也是过程哲学与意会哲学的追求，所以"过程→生成"式教学必须处处体现出生成性思维。那么如何体现？譬如在数学教学中：

第一，最基本的要求是概念、结论都要尽可能地生成，避免直接定义、直述定理。

第二，要体现怀特海"由多而一""由一而长"的创新思想，体现波兰尼的"由'突现'创化成新实在"的思想。实际上在知识的生成过程中总会面对无数种可能，其中必存在根本的、过去未有的新质，这种新质的获得就是创造，而欲获新质就必须敢于超越、敢于猜测、敢于奇思异想。所以教学就应该尽力模拟这种超越、猜测、奇思异想的过程（就是讲授，也要如此），不要总是顺着对的路径往下走，而要有意设疑、有意出错，摆出研究的姿态，使学生受到创造性能量的熏陶（实践的、思维的）、享受创造的喜悦，打造创造欲头脑。在此猜想重要，奇思异想更重要，"没有大胆的推测，就没有伟大的发现"（牛顿），"提出一个问题往往比解决一个问题更重要"（爱因斯坦）。

第三，要注意教学语言的生成性。其一，在行文措辞上要注意选择具有创造意义的词句。如"发现""猜想""得到"及"我们需要……，为了方便，根据……，给它起个名字，叫作……"等。其二，要尽量使用"逻辑图表"（王峰，1993）表述内容，好的逻辑图表具有直观性、趣味性、简单性、逻辑性、结构性等特点，不仅可提高记忆率与检索率，而且更能直观地表述生成过程。

第四，要注意生成的节奏性。怀特海使用"节奏"这个词汇描述学习过程，很有寓意。因为没有节奏的环境会使人浑身难受、头晕目眩，所以如果教师充分掌握好节奏的变化，那么即可使学生沉浸在一幅美好的配乐美景之中，享受无限的乐趣，才能真正地身临其境，接受教学情境的熏陶。关于节奏请参见 3.3.1.2.4 中的叙述，此处不再赘述，不过重要的是每个人都应有自己的节奏模式。另外 3.3.1.2.4 中所述的各种节奏，也只是分而述之，实际教学中则应该能动地将它们融会贯通。当然，如何操作，贵在教师自己的发挥。一般来说，教师应有自己的"思维库"，在自己的"思维库"中应该建立若干种自己顺手的节奏意向，只有这样，课堂上才可能酌情择取一种（或者几种）节奏意向而灵活地驾驭教学进程。

第五，在数学教学中，创建概念、性质、定理、思维、方法、应用等对象的生成过程要注重怀特海关于"抽象"及"抽象的等级体系"的思想（见 3.3.1.2.1 之 "7."），可以说"直接→抽象→推理→生成"是怀特海基本的科学创造性思维过程，在其"抽象的等级体系"理念的指导下，科学体系可以经过逐级抽象的过程而生成。于是在数学教学中，面对要学的数学知识，首先应该尽量从实在的背景开始抽象，但当不能时，也可以从已有的知识基础开始抽象，其实这样才能真正地体现出科学创造能力。下面简单讨论数学对象（概念、性质、定理、思维、方法、应用）的生成。

① **关于概念、性质、定理的生成**。第一，概念、性质、定理的生成需要设计情境，情境的选材可源于现实生活、可源于已有的知识基础，也可源于其他学科，并且要贴近学生的生活、适合学生的基础、适应学生的思维；情境的设计要具有关联性（情境要与生成的东西存在关联）、易行性（不要给自己挖坑）、趣味性、活力性；情境的展现须有得当的手段及高超的语言技巧。要注意，语言技巧非常重要！笔者听过许多课，原本是很好的背景材料，但说出来却枯燥无味，学生听得只打瞌睡。所以笔者总在想：教师应该多听听评书，多看看小品或演讲比赛，向评书大师、小品演员、优秀的演讲者学习语言技巧。

第二，面对情境中的问题，或者面对生成进程中所出现的问题，都需要考虑：会有什么想法或变化？会有多少不同的想法或变化？然后就是计划如何处理这些想法及变化：是重点突破呢？还是各个击破？或者是分类处理？等等。不过，需要注意的是这样的想法或变化的产生是非常重要且非常困难的，因为它们是创新的前兆。于是，重要的问题就是如何促使学生去产生这些想法或变化。当然，面对这样的问题，没有固定的方法，只能是随机应对、酌情处理，然而如果教师心中没底，却绝对不是好事（如《乡愁》案例中的教师心中就根本无底）。不过，无论面对何种情况，话总是要说好的，不要因为说话而自己给自己挖坑，尤其是提问，一定要想好如何提问更恰当？如此提问学生会有哪些可能的回答？因此教学设计时，教师自己就必须想一想有哪些想法或可能，并要针对自己的思考设计出促使学生产生想法或可能的"辅导台词"，必须要有提问设计。当然，所设计的辅导方法必须是可行且有效的，并且要尽可能地避免封闭式提问。如《乡愁》案例中的设计就是无效的，所以就导致了教学的异常。实际上，《乡愁》案例中所提的问题就是一个难解且毫无价值的问题，可以说这样的教学设计就是教师自己给自己挖了一个坑，结果导致学生郁闷、教师恼火，差点难以下台。为何会如此？可能是在做为"互动"而"互动"的"面子工程"。那么，如何尽可能地避免封闭式提问，尤其是避免"是不是""对不对"的封闭式提问①，而促使学生面对问题时能够产生想法或看出可能？下面给出一种**渐进辅导**方法供参考：

　　　学生探讨（让学生自主或合作式探讨）
　　　→暗示（如：实物暗示、行为暗示、语言暗示……）
　　　→诱导（如：使用相对模糊的兴趣法、激将法、演示法、类比法、反问法、讲述法……语言中显露出某些关键的字词，等等）
　　　→引导（如：使用相对清晰的兴趣法、激将法、演示法、类比法、反问法、讲述法……）
　　　→师生探讨（教师与学生共同探讨）
　　　→教师探讨（教师讲述自己的思考）

　　当然，这些需要课前做好准备、课上酌情使用，即便是准备了没用到也要准备。

　　第三，开放式教学中，对于某些复杂的生成过程，备课时应确定一些期望点，亦可为航标。因为开放式教学中必存在着"放"与"收"的"矛盾"，那么如可控制"开放"进程，一种做法是备课时教师应有自己的生成过程，然后在这个生成过程中选出一些关键点，我们将这样的关键点叫作"期望点"，一旦学生的"开放"远离某个应当的"期望点"，那么即可用适当的方式（比如渐进辅导法）使学生走向这个期望点。

　　第四，为了"生成"，一定要鼓励学生敢于猜想，或暗示、诱导学生产生猜

---

　　① 所谓"直接的"，也就是未经任何思考而直接提问"这个是不是""那个对不对"，这样的做法是应该杜绝的！其实，在需要时（也就是问题很难解决，或者客观条件不允许的时候），应经过一些思考产生某种感觉再提问"是不是""对不对"，哪怕这样的思考是教师做出的。

想；一定要激发学生的好奇心，或暗示、诱导学生产生好奇心；一定要捕捉学生千奇百怪的思维或行为，不要阻挠，尤其是不要讽刺所谓的"错误猜想"，也不要阻挠学生的胡说八道或奇谈怪论，反之应予适当的赞赏，因为"错误"也是相对的，我们说感觉到的"错误"也许就是自然的"真谛"。在这里我们说的是"生成性"的实现，要说应该是"开放"的，但，必要时亦可用"过程→生成"式讲授予以完成。

②**关于思维的生成**。在问题解决的初始阶段，会有多种思维的可能，对此首先要不厌其烦，不要回避，而要整体展现，并使用恰当的方法在充分分析、选择的基础上做出处理方案。如果学生自主处理，那么当学生的选择"错误"时，也不要阻止，如果时间可能，则要其进行到底！同样，某些被认为的"错误"未必一定有错，所以"错误"之中可能受益。另外，人的思维的结构中不可缺少错误的经验。同时，经历错误也是对学生之能力与灵敏度的磨炼，甚至需要"特别制造"一点曲折，等等。如此的目标，是要提升学生的思维品质，磨炼学生的元思维能力。

③**关于方法的生成**。在问题解决中，总会需要解决问题的方法或步骤，方法、步骤也不要直接告知，也要酌情生成，这就需要分析问题解决的各种可能，从中选择可能的方法，并尽可能地选择优质的方法。

④**关于应用的生成**。何为"应用"的生成？数学中，往往会先获得一些结论，但这些结论有哪些应用并不清楚，此时就需要考虑它的应用功能，这些应用功能也要探讨、生成。

话说"生成"，显而易见的是，教学中的"生成"过程不可能是科学家的原创，因为不仅是我们不可能知道科学家的原创，就算是知道也未必能够搬到课堂上。因此教学上的生成过程只能是一种再创造，或说是一种合情合理的模拟，在这种模拟中，情感、意识、思维、探究、推理、结论、语言、措辞都要表现出创造性精神。

对现有的教材而言，使用"过程→生成"方法编写教案，刚开始也许不适应，不过可先用一个简单的办法：先把过去的做法"倒过来"，即把"先下定义后解释"改为"先解释后下定义"，把"先写定理后证明"改为"先证明后写定理"，把"先引理后定理"改为"在定理证明中发现引理"，等等，然后再用一条思维线路将它们"穿"起来（体现持续性），即形成了一个基本的过程。如此做多了，也就积累了经验，不久就会得心应手。

整体性原则。系统科学的特征是整体，怀特海认为"教育需要解决的问题就是使学生通过树木看见森林"（卢瑞，2007），波兰尼认为意会认知过程要"将互相脱节的细部整合成一个综合的整体"[①]。所以"过程→生成"教学必须注重

---

① 卢获秋. 15 次国际奥数冠军何以换不回一个菲尔兹奖？［EB/OL］.（2009 - 07 - 26）［2012 - 05 - 09］. http：//lu-diqiu. blog. sohu. com/124647617. html.

内容、思维的整体性，注重探究过程的整体涌现性。关于整体性问题在上文已有不少讨论（如3.3.1.1.4与3.3.1.2.4中），此处就不再赘述。

活力性原则。知识、技能的生成过程要具有生命活力。重述上文的论述：活力的基础是有用、有价值，活力的本质是历险、是对真善美的追求；活力的表现是动态、是合情合理的生成；活力的境界是智慧、是创造行为的展现。简言之，过程要体现活力灵性、富于想象追求、保持动态生长、充满智慧创造。在实际教学中，活力性一要体现在内容的设计，二要体现在语言的表述，三要体现在气场的营造。注意，“动态”是活力的根本，不过“动态”未必是行动，也可是师生间精妙的思维互动，这就要看教师的思维气场能否吸引学生。关于“语言的表述”和“气场的营造”我们不再赘述，因为这些方面已有大量的宝贵经验，下面只对“内容的设计”试举一例予以说明。

例1　某初中数学教材有这样的内容（见图3.19）：

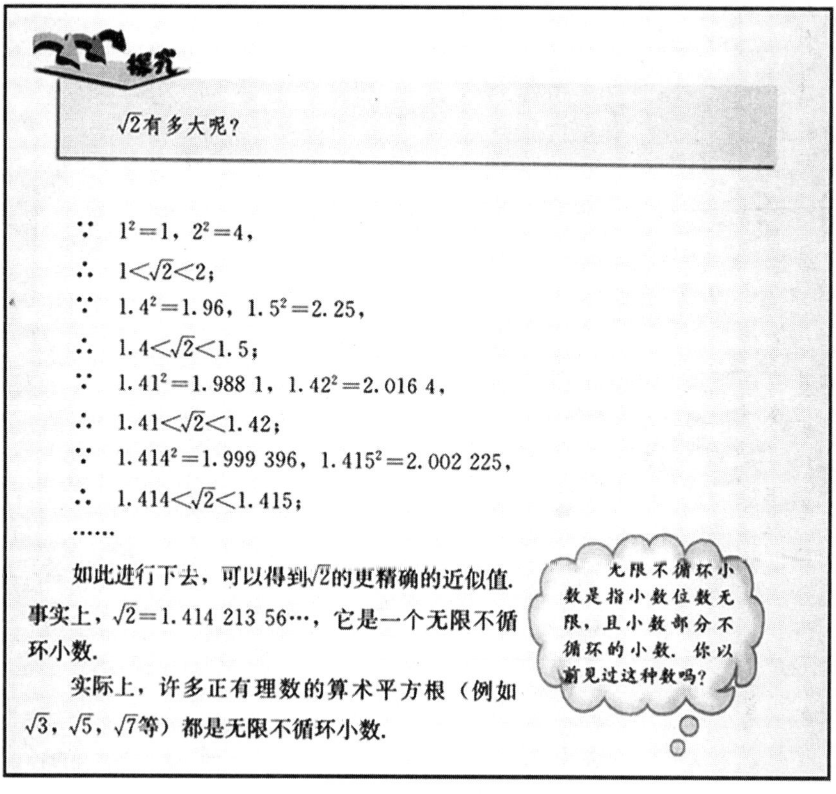
探究

$\sqrt{2}$有多大呢？

∵ $1^2=1$，$2^2=4$，

∴ $1<\sqrt{2}<2$；

∵ $1.4^2=1.96$，$1.5^2=2.25$，

∴ $1.4<\sqrt{2}<1.5$；

∵ $1.41^2=1.988\ 1$，$1.42^2=2.016\ 4$，

∴ $1.41<\sqrt{2}<1.42$；

∵ $1.414^2=1.999\ 396$，$1.415^2=2.002\ 225$，

∴ $1.414<\sqrt{2}<1.415$；

……

如此进行下去，可以得到$\sqrt{2}$的更精确的近似值. 事实上，$\sqrt{2}=1.414\ 213\ 56\cdots$，它是一个无限不循环小数.

实际上，许多正有理数的算术平方根（例如$\sqrt{3}$，$\sqrt{5}$，$\sqrt{7}$等）都是无限不循环小数.

无限不循环小数是指小数位数无限，且小数部分不循环的小数. 你以前见过这种数吗？

图3.19　某教材探究$\sqrt{2}$的设计

探究$\sqrt{2}$有多大，但此探究有何价值呢？学生面对那一串不等式，会如何呢？可能置之不理，也许将它们“背下来”，但背那一串没有生命力、没有活力的不

等式又有何用呢？然而书这样写，老师这样教——笔者带学生实习，五年走过五个学校，每次恰好讲这部分内容，所见无一例外地"雷同"。

怎样才能活起来呢？笔者设想：先诱导学生使用中点法寻找地下水管漏水之处，再让学生类比寻找漏水处之法确定$\sqrt{2}$在数轴上的位置，这样也可得到类似的一串不等式：

$1 < \sqrt{2} < 2$	$1.40 < \sqrt{2} < 1.45$
$1 < \sqrt{2} < 1.5$	……
$1.3 < \sqrt{2} < 1.5$	$1.414 < \sqrt{2} < 1.415$
$1.4 < \sqrt{2} < 1.5$	……

如此做学生会很有兴致：哇！我能找出漏水之处，我还能找出……是这样确定$\sqrt{2}$有多大，我还能确定……请不要说"中点法初中生理解不了"，在20世纪六七十年代，华罗庚先生推广优选法，初中数学即有"中点法""0.618法"等内容，学生不仅能够接受，而且都学得兴高采烈、兴趣盎然。当然如此设计，效果的好坏，还与"语言的表述"和"气场的营造"密切相关，这就取决于教师的能力。

连续性原则。怀特海认为"在合生过程中，存在着一种连续状态，其中，新的摄入通过整合以前的摄入而产生"（怀特海，2003）。因此生成是已有摄入产生新的摄入的连续的合生过程，并且是环环相扣地、非线性地进行。知识、技能的生成当然也是这样。关于连续性，上文中已有多处讨论，此处也不再赘述。

（2）关于基本策略。

主体突现策略。教学主体突现是"过程→生成"教学的基本策略，只有如此理解教学主体，才能解放思想，活跃课堂。如果坚持主客二分论，那么必然束缚教师的手脚、扰乱教师的心智，影响教学正常进展。

动态掌控策略。我们说"过程→生成"理念的落实，既可开放，也可讲授，显然后者容易前者难，而难就难在开放度的控制上。上文说过期望点，其实开放式"过程→生成"教学中，期望点是控制开放度的有效方法。因为生成过程是若干个摄入的合生过程，所以将每个摄入过程看作一个教学环节，每个环节酌情设定一组期望点，教学中即可根据教学进程与最近的期望点的偏离程度作出适度调整。当然，调整的方法应该是渐进的，而不是暴力的。如果将期望点的个数称为掌控系数，那么当掌控系数为0时教学过程就完全开放，掌控系数越大教师的参与度就越高，掌控系数为1时就是"过程→生成"讲授法。

注意，在开放式教学中，教师的主导不能是结论式而应是探讨式，并且探讨中一定要注意措辞、语气、语调的控制；期望点的设定也并非是知识的预成而是必要的教学手段，因为"过程→生成"教学中，知识总是以"生成"的方式获得。

抽象等级策略。所谓"过程始于某种背景"，一般地说"背景"不一定是生活的，也可以是知识的，因为对于较高的学习层次，问题不一定都能从实在的背景论起，而应该遵循怀特海的"抽象等级体系"学说来做。抽象等级体系，上文已有，不再赘述。

意会认知策略。我们说讲授法没有错，关键是如何讲授。在"过程→生成"教学中，学习层次越高，"过程→生成"讲授法的使用率必然会越高。那么如此讲授能否提高、或者说如何提高学生的创新能力？我们看一下波兰尼的说法。

首先，波兰尼认为：科学的发现只能由思想的意会能力来达到（POLANYI M，1969），因此提高学生创新能力的根本是提高其思想的意会能力。那么如何"提高学生思想的意会能力"？首先，波兰尼认为"意会认知的结构在理解的行为中显得最为清晰"（波兰尼，2004）"纯粹的思想意会过程就是理解过程……对语词或其他符号的理解也是一个意会过程"（波兰尼，2004），所以理解是关键。因此通过高超的讲授技术，尽力实现"言↔意"转换，展现符合学生思维的知识生成过程，使学生能够充分地理解，是提高思想意会能力基本策略。

其次，波兰尼又认为："在师傅的示范下通过观察和模仿，徒弟在不知不觉中学会了那种技艺的规则，包括那些师傅也不言传地知道的规则。一个人要想吸收这些隐含的规则，那就只能毫无批判地委身于另外一个人进行模仿。"（波兰尼，2000）我们认为，师带徒的示范可是行为的，也可是思维的，所以如果在学生的认知基础上，教师向学生展示连续、完整的思维过程，给出一种良好的思维范例，使引起学生的思维共鸣，达到师带徒的效果，也是提高思想意会能力基本策略。

（3）特别说明。

① 过程→生成"理念的向往。当今的教学方法可归结为三种：一种是极端开放式，亦即是绝对的学生自主学习；另一种是极端封闭式教学，亦即是纯粹的结论式教学；第三种是介于极端之间的改良式，也就是在结论式教学上做点花样。极端封闭式或者改良式都不利于高素质、创新型人才的培养。

极端开放，的确有益于素质与能力的培养，但严重的问题是学习层次越高，开放的难度就越大，课时用得就越多，所以极端开放并不可能大面积实现。因此，实际的局面必然是学生学习全程中的多数课堂或为改良式或为极端封闭式，这是不利于高素质、创新型人才的培养的，所以我们不希望这样。因此，为了高素质、创新型人才的培养，就必须弥补开放式教学的不足，也就是解决"学习层次越高，开放难度就越大，教学用时就越多"的问题。而此问题的解决，肯定不可能在"难度"与"课时"上做文章，但注意到当"开放"不能时，就沦陷为封闭式或者改良式，而封闭式、改良式本质上都是结论式讲授，这就是说，无论如何，是离不开讲授法的。于是"弥补"的思路就只能是提高讲授法的身价，使之适应于高素质、创新型人才的培养，而"过程→生成"讲授则堪当重任。这就是"过程→生成"理念的向往。也就是说，在学生学习全程中，只要能，就一定进行"过程→生成"的开放式，否则可灵活使用各种"过程→生成"式教学，但最低限度是使用"过程→生成"式讲授。

② **过程→生成"理念与传统的教学方法**。"过程→生成"只是一种教学理念，至于具体的教学方法，我们说"过程→生成"教学理念不仅不排除已有的教学艺术与教学方法，而且需要且非常需要它们的支撑，并且它们是能够支撑的！因为方法及手段是静态的，被不同理念驾驭，就有不同的价值，如在"过程→生成"理念作用下的讲授法、注入法、灌输法，与在结论式理念作用下的讲授法、注入法、灌输法的价值截然不同，前者都有提升素质与能力的能量，而后者，不能说绝对没有，至少是非常微弱。

③ **过程→生成"理念的困难及解决设想**。我们说"过程→生成"理念的向往能够实现，但也存在着一定的困难，因为尽管说"过程→生成"式的讲授法可以节约教学时间，但较"结论"式讲授法所用的时间还是较多，并且备课的难度很大，尤其是从"结论"走向"过程→生成"存在着一定的难度。

这些问题如何解决？我们的思考是：首先要编写"过程→生成"式教材或教辅资料，以此解决备课的难度大、理念转变难的问题。其次是辅以"过程→生成"式的微课、慕课、课堂翻转等手段解决课时不足的问题。

3.3.1.5.5 从"意会认知"审视"过程→生成"

意会哲学认为，意会知识是所有知识的支配原则，科学发现只能由思想的意会能力来达到，并且知识的个人意会系数表征着一个人获取、掌握知识的能力，所以我们要考虑的是"过程→生成"方法是否有益于提高学生的意会系数。

(1) 从基本特征看。

已知意会知识有非逻辑性、不规则性、非批判性、整体性、生成性、情景性、实用性等特征，所以要考察"过程→生成"教学是否有益于提高学生的意会系数，就需要分析"过程→生成"教学能否实现这些特征所具有的功能。

① **审视非逻辑性特征**。非逻辑性特征，亦即是不能通过语言进行逻辑的说明，亦即是"不可言传"，而"不可言传"并非是完全不可言说，而是能否"恰当地谈论它"（波兰尼，2000）。

那么，如何才能做到"恰当言传"？波兰尼的回答是"理解!"，因为"我们的意会能力是通过重组我们的经验以便对它进行智力控制而取得这些结果的，有一个词能包括所有这些操作，这些操作在于领悟经验，即懂得它的意思，这个包罗了一切的词就是'理解'"（波兰尼，1984），并且"意会认知的结构在理解的行为中显得最为清晰"（波兰尼，2004）。并且波兰尼认为，理解是一个摄悟过程，是一个由认知者主动参与的"将互相脱节的细部整合为一个综合的整体"的"内居"式摄悟过程。（波兰尼，2004）

相比较易见，怀特海之"摄入→合生"过程与波兰尼的"内居"式摄悟过程非常相似，换个角度说，波兰尼的"内居"式摄悟过程也给"过程→生成"理念勾画出一种具体的实践模式。如此可看出"过程→生成"具有非逻辑性特征。

另外，直接从"不可言传"来看，我们分析一例：关于《悯农》诗的教学。如果仅仅是讲解诗句的本意："农民正当午时在烈日下锄禾，汗水滴在了禾苗生长的土地上，然而有谁知道盘中的饭食，每颗每粒都是农民用辛勤的劳动换来的呢？"那么学生就只能从字面上理解诗句意义，而不可能真正理解《悯农》诗的深刻含义。当然，使学生深刻理解的最好方法是"田间实践"，然而"田间实践"的条件一般是不具备的，或者说从时间来看也是不允许，不过，根据"过程→生成"理念，通过恰当的言传方式构造一个会话过程，比如设计提问链：

同学们，大家干过体力活吗？有什么感觉啊？大家在夏天灿烂的阳光下干过体力活吗？又有什么感觉？大家在夏天午时的火红的阳光下干过体力活吗？什么？没有啊，那么谁能想象一下：如果夏天的大中午，头顶烈日，挥动着锄头，在田地里锄地，会是一种什么样的情景啊？……

再通过与学生声情并茂的对话（在适当的时候辅以适当的图片），使学生在心灵深处生成对农民伯伯辛苦种植、流汗耕耘的真情实感与真切理解，然后再品读悯农诗《锄禾》，才能真正地认识到：农民伯伯是如何辛苦劳作的，庄稼的种植是如何的不易，浪费粮食的行为是多么可耻。

这就是说，设计"恰当的言传"过程，也是"过程→生成"教学的宗旨之一。

实际上，波兰尼认为"在所有的思想层级中，真正起决定性作用的是思想的意会力量，而非言传的逻辑运作"（波兰尼，2004）。毋庸置疑传统的"结论式"教学所掌握的仅仅是"言传的逻辑运作"，而"过程→生成"教学则既能够进行"言传的逻辑运作"又能够进行"非言传的逻辑运作"。

② **审视不规则性特征**。不规则性特征，亦即是当意会知识不能以规则的形式而传递时，就只能通过"师带徒"的方式。原本"言传身教"是"师带徒"基本方式，但是需要注意的是，对于"不规则性"的东西，就是在师带徒的方式下也无法"言传"而只能"身教"，因为不规则的东西是很难说清楚的东西，不过"身教"总是有效果的。

无可否认，素质、创造都属于不规则的东西，是无法言传的。因为尽管说研究者给素质做出了种种界定，先不说这些界定是否准确、全面，想想看，如果按照所界定条款去说教素质，势必有"国王苦口婆心教导儿子们要团结友爱"的结果，这就是说素质是无法言传的，同样我们业已说过创造力也是无法言传的。因此就需要考虑：班级授课中如何通过"身教"进行素质与创造力的培养？

身教，有"以身示范"与"手把手指导"两种做法，还有"身"与"心"两种形态（当然，身心是统一的，但在不同问题中必然会有所侧重）。显然，"手把手指导"引申到课堂上也就是"教师指导下的学生自主学习"，有益于素质与创新的培养，于是我们就只需要考虑剩下的两种状况：侧重于"身"的以身示范（称之为**形体示范**）与侧重于"心"的以身示范（称之为**思维示范**）。然而，形体示范在技能型教学中（如乐器、体育、美术、实验等）可以施行，但在非技能型教学中却难当重任。于是课堂上的侧重于"心"的"身教"就只能是思维示范，显然，"过程→生成"教学恰有思维示范的功能，因为基于"过程→生成"教学理念，通过精湛的语言为学生描述出一幅动人心弦、栩栩如生的知识生成过程，使学生的思维与教师的思维发生共振，接受教师"素质场能"或"创造意识"的熏陶，即可潜移默化地提升自己的"品行素养"与"创新素养"，即能在思维上达到"师带徒"的效果，这就是思维示范，或谓之"心传"。当然在"心传"过程中离不开"身传"（即肢体）的配合。

需要注意的是师范教育的本质就应该是"师带徒"，于是如果只依靠教育心理学、课程教学论来培养、提高学生的教学技能，根本不行！而应该所有的教师在所有的课堂上都"言传身教"地"带徒弟"，才能真正提高学生的教学能力。

③ **非批判性特征**。关于批判与非批判，波兰尼的解释为：言传知识是人们通过明确的"推理"过程获得的，因此就能够通过理性的过程加以反思与批判；但是意会知识是人们通过身体的感官或理性的直觉而获得的，因此不能够通过理性的过程加以批判和反思。由此而论，首先，"过程→生成"教学的"生成性"只能是通过"身体的感官或理性的直觉"而获得，哪怕是"过程→生成"讲授，这种"生成性"只能是通过"恰当的谈论"而彰显，从而使学生通过"身体的感官或理性的直觉"而获得；其次，"过程→生成"教学的实际操作中，知识的生成过程是随着实际教学进程而变化的，譬如同一教师分别在不同的班级讲同一节课，进程完全不同，并且很可能产生"蝴蝶效应"，因此就有非批判性特征。但"结论式"教学，同个教师在不同班级授同一节课，情况必然是大同小异，因为结论式教学方案是预定的，因此也就具有批判性特征。总之，"过程→生成"教学具有非批判性特征。

④ **审视整体性、生成性、情景性、实用性特征**。关于整体性、生成性、情景性、实用性特征前面已有大量论述，此处就不再累赘。

（2）从基本结构看。

意会认知是从（from）各种线索、细节、部分等辅助意识转向（to）关于对象的集中意识的动态过程，此过程不仅依赖于来自对象的信息，还要依赖身体的诸项机能，依赖作为背景知识的各种以往的经验和理论，整合各方面的辅助意识，从而对研究对象达成集中的认识（谭兆敏、段作章，2006），这即是意会认知的（from-to）结构。如此动态过程契合于过程哲学的合生过程，所以"过程→

生成"教学与意会认知的（from-to）结构相互契合，或者说意会认知的（from-to）结构为"过程→生成"教学提供了一种知识生成的模式。

（3）从内居思想看。

波兰尼提出，认知的过程就是一个内居的过程，亦即是在人们认识对象时，首先是通过自己的存在去意会地认知对象，即构成"我－它"关系；其次是只有把自己的存在投入到对象之中（人的知识框架、信念、情感和价值等），才可能获得有关对象的特定认识时，亦即是使认知进入"内居"的层面，造成"我－你"关系；最后是当认知进程不再是一般的直射，也不是主体的匮乏性探索，而成为一种静观和在对象中发现有我的"欢会神契"时，认识就达到全部认知过程的最高点，即进入"我－我"境界。这样通过使"我－它"与"我－你"都根植于主体对自己身体的"我－我"意知，就填平了"我－它"与"我－你"之间的鸿沟，达到了最高层次的内居。可见内居是一种认知整合，这种整合是将对象与主体融合为一体而达到神交地步的过程。波兰尼说："这就类似于我们借以做成新发现的那种创造性的重组过程。"（波兰尼，2004）

如此，即联想到怀特海"过程是外在的客观际遇和内在的主观享受的统一"（曲跃厚，2003）的思想，过程哲学把物质和精神、身体和心灵看作是同一个过程中的两个要素，认为二者不可分割地联系在一起，这与波兰尼的"内居"思想是多么的一致。于是无须多言，只需要强调在"过程→生成"教学过程中，应用波兰尼之"填平'我－它'与'我－你'之间的鸿沟而进入'我－我'最高层次的"内居"式意知认知过程"。实际上，在教学过程中，教师与学生、学生与教师、学生与知识之间都存在鸿沟，而教学的最佳境界即是填平这些鸿沟，使得教师、学生、知识统一进入最高层次的"内居"境界，发现"欢会的神契"，而达此目的的途径就是洞察学生心灵、恰当诱导学生，使之沉浸在能动的知识生成过程中。

（4）从意会认知的范例功能看。

范式是重要的意会能力培养方式。波兰尼在讨论技能、技艺和鉴别力的培养时，特别强调通过示范方式学习。"一种无法详细言传的技艺不能通过规定流传下去。因为这样的规定并不存在。它只能通过师傅教徒弟这样的示范方式流传下去。"（波兰尼，2000）细想一下，的确如此，例如：

剪纸：一张白纸，一把剪刀，精湛的剪艺，即能做出一幅复杂而美丽的图画，然而谁能总结出具体的剪纸规则？

木雕：一块木头，一把刻刀，精湛的雕工，即能传造出可视可触的艺术形象，然而谁能描绘出具体的雕刻规则？

珠算：面对珠算口诀，就能打好算盘吗？

语言：关于课堂语言有诸多的论述，然而看了这些论述就能表述得很好吗？

…………

以上答案都是否定的！此处的"示范方式"亦即是"范式"，而"示范方式"的原文是"example"，故准确地说应该是范例，波兰尼如此论断实际上说明了范式的优先性，不过说得比较隐晦，库恩则明确地给出了"范式优先性"原理。

所谓范式，广义上说即是科学共同体所共享的全部规定性。库恩在《再论范式》一文中把这一意义上的范式称为"专业母体"，它包括符号、模型和范例。其中范例最重要，它是科学共同体成为可能的最核心的规定。范例正是狭义的范式所指，库恩主要在狭义上使用范式。（刘梁剑，2004）

库恩认为："尽管在一段时期内明显存在着为一个科学专业的所有实践者都坚持的规则，但这些规则本身不可能囊括这些专家在实践中所共同具有的一切。常规科学是一种高度确定性的活动，但它又不必要完全由规则所确定。"于是规则导源于范式，但即使没有规则，范式仍然指导研究，这即是"范式优先性"原理。（库恩，2003）

总之，库恩认为，在常规科学的研究中，范式优先于从自身中抽象出来的任何规则，范式比规则更具约束力、更加完备。（郁振华，2008）在范式支配的科学教育过程中，学生们逐渐获得了一种特殊的能力，库恩借用波兰尼的术语，称之为"意会知识"。他认为，意会知识是"通过实践获得但不能明确表达的知识"，是"通过做科学而不是通过获得做科学的规则而学到的知识"。

对于带徒弟的学习方式的结果，波兰尼认为："在师傅的示范下通过观察和模仿，徒弟在不知不觉中学会了那种技艺的规则，包括那些师傅也不言传地知道的规则。一个人要想吸收这些隐含的规则，那就只能毫无批判地委身于另外一个人进行模仿。"（波兰尼，2000）

在论述范例的同时，波兰尼还指出，"当科学中的言述内容在全世界数百所新型大学里成功地接受的时候，科学研究中不可言传的技艺却未渗透到很多这样的大学中"（波兰尼，2000），这是一个亟待解决的问题，这也是"过程→生成"教学的目的之一。

事实上，数学之型如"定义→性质→定理→例题"的结论式教学正是以纯言传的手段传递着数学结果，而数学研究中不可言传的技艺，亦即是数学研究中的科学思想、过程方法却被抛弃在九霄云外。波兰尼已明确地说明："一件无法理解的证据不能令人信服；记住一例不能使我们信服的数学证明并不能使我们的数学知识有所增加。"（波兰尼，2000）这即是波兰尼对数学的结论式教学模式的强烈不满与抨击。

那么数学如何教为好？波兰尼认为：无论是词语、符号都无法通过它们自身来理解它们所示信息，尽管信息发送者自己清楚，但信息的传递效果最终取决于信息接收者对信息的知性理解。（波兰尼，2004）那么，什么是理解？理解就是纯粹的思想意会过程（波兰尼，2004），所以理解的功能应该是"探求我们的意图是什么、我们的意思是什么、我们正在做什么"（波兰尼，2004）。所以数学教学应该做的是设计具有如此功能的理解过程，设计"类似于人类完成新发现的创造性的重组过程"（波兰尼，2004）。

过程→生成^{n}理念也正是期望通过良好的"知识生成过程"来展现"科学研究中不可言传的技艺"，给学生展示一种生成性的范例，提供一种意会、模仿的场景。如此来做，无论是从知识、技能学习来说，还是从培养合格教师来讲，都能产生"师带徒"的效果。

总之，我们有理由认为："过程→生成"式讲授，形式上看是思维范式，功能上说是思维上的师带徒。

3.3.1.5.6 "过程→生成"教学中的"言↔意"转化

道理已经非常清楚：因为"意会成分支配一切"（波兰尼，2000），所以教学的任务就是帮助学生建立意会知识结构。那么在"过程→生成"理念下如何操作，就是必须考虑的问题。注意到"过程→生成"理念与意会认知理论相契合，故只需做好言传知识与意会知识的转换（简称为："言↔意"转化）工作即可。

在具体教学中，教师教学的基本依托是教材与教师个人的认知结构，一般来说，教材知识基本上是言传的，而教师个人的知识结构又分为言传与意会两部分，因此根据 SECI 模型，我们设计出教学中的"言↔意"转化关系图（见图 3.20）：

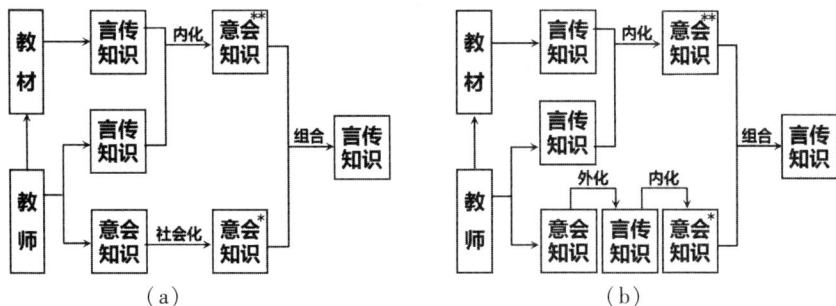

图 3.20　教学"言↔意"转换图

我们重点考虑**"过程→生成"教学**，尤其是"过程→生成"讲授法在"言↔意"转换过程中需要注意的问题。

(1)"言↔意"转换图的基本说明。根据 SECI 模型中相关概念的定义，对教学"言↔意"转换图做一些基本的说明。

①转换图的意图。因为知识的个人意会系数都表征着一个人能最终获取合并掌握知识的能力，所以转换图的意图是：先将相关知识都转换为意会知识，然后再用组合的方法将所得到的意会知识转换为知识结构。

②**"言→意"转换**。相关知识中，言传知识有教师个人的言传知识与教材中的言传知识，将这些言传知识使用内化方法转化为新的意会知识，也就是通过活动式方法将其转换。

③**"意→意"转换**。相关知识中，意会知识主要来自教师，此处的"意→意"转换，目的是将教师的意会知识转换为学生的意会知识。转换方法有两种：一种是图3.20（a）所示的社会化方法，也就是通过师生共同交流，将进一步融合优化师生的意会知识；另一种是图3.20（b）所示的外化→内化方法，首先是外化，即教师将自己的观点和意象用可言传的语言或者可展现的图像表达出来，这个转换过程存在着创造性因素；其次是内化，即使用活动式学习方式将所得到的言传知识应用为意会知识。

④**"意→言"转换**。也就是就是①中说的使用组合方法将所得到的意会知识转换为知识结构。

（2）"讲授"与"内化"的相容性。教学"言↔意"转换中有"内化"方法，而"内化"涉及"活动式"学习，然"讲授法"似乎与"活动"不相干，那么是否存在矛盾？其实不然，因为活动可分为两类：一类是行为活动，一类是思维活动，于是我们完全可以把讲授法定位于"思维活动"的意义上，也就是教师引领学生参与自己的思维活动，当然，要达此目的，教师必须以高超的教学技术来展现自己的思维过程，而教学技术则涉及：

语言技巧。语气语调、轻重缓急、抑扬顿挫、优美幽默、有情有趣、生活化、多样化等。语言非常重要，如评书艺术，单凭一张嘴，即可展现出刀光霍霍、万马奔腾的战斗场面，又可展现出蝉鸣翠柳、鱼跃碧水的无限春光，若能如此，学生岂能不追赶思维进程？学生岂能不打开意知大门？须注意：教学语言要自然，要接近生活语言；教学语言不要嗲声嗲气、怪声怪气，教学语言不是诗歌朗诵、不是经文诵读……

笔者早年指导学生教学实习时，曾予学生十六字要诀，"字字入耳、句句中听、有声有色、引起共鸣"，当时的学生受益匪浅。

教学手段。恰当使用网络资源、多媒体技术、教具、挂图、小黑板、实物等烘托"真实"情境，使学生能够身临其境。

教学艺术。如设疑、启思、激趣、激将等，诱发学生翻江倒海的思绪，激发学生的创造性思维。

（3）传统的结论式讲授法中的"言↔意"转换。将教学"言↔意"转换作用于传统的结论式教学可得到以下做法：对每个知识点，首先，教师描述知识点的内容（展示知识）。其次，通过师生活动使学生初步认识这个知识点（初步认识）。再次，通过师生共同交流，将教师对这个知识点的意会认知转化为学生的意会认知；或者教师先将自己对这个知识点的意会认知使用恰当的可言传方式讲述给学生，然后再通过活动的（当然可是思维的活动）方法将所得到的言传知识转换为学生的意会知识（深刻理解）。最后，通过"意→表→言"转换形成知识结构（形成结构）。

(4)"过程→生成"教学中的"言↔意"转换。将教学"言↔意"转换作用于"过程→生成"教学，情况就不同于传统的结论式教学，因为"过程→生成"教学中只有一个连续的知识生成过程，于是如何在"过程→生成"教学中进行"言↔意"转换，则需要另行分析。下面针对图 3.20 中（a）、（b）两种情况分别讨论。

①关于图（a）。图（a）中存在"内化"与"社会化"两条路线，故需要将两条路线融合为一条。采用这样的思路：首先找出这两条路线中的关键词，然后再设计一个针对教学内容的生成过程，并使这个生成过程蕴含所有的关键词的寓意。先确定关键词，"内化"过程的关键词有：言传知识、活动式学习、应用、意会知识；"社会化"过程的关键词有：意会知识（教师的）、个体交流共享、意会知识（学生的）。根据生成过程的性质，关键词"言传知识、活动式学习、应用、个体交流共享"的寓意完全可以蕴含在知识的生成过程中，剩下的就是意会知识，而使学生获取意会知识的关键有二，一是在过程中感受感悟，这个正是"过程→生成"教学的本意；二是"恰当地言说"，这个问题则需要在生成过程的设计、描述中倍加注意。综合以上讨论，我们只要重点对待"恰当地言说"，问题也就解决了。

②关于图（b）。图（b）中存在"内化"与"外化→内化"两条路线，根据对图（a）的相关讨论，看来只要搞定"外化"即可。因为"外化"过程是"使用一定的技术来帮助个体①将自己的观点和意象转化为词语、概念、形象化语言（如比喻、类比或描述）或者图像"，其中的第一个关键是"使用一定的技术"，而"过程→生成"教学中，"设计知识的生成过程"就是一种卓越的技术；第二个关键是"帮助个体将自己的观点和意象转化为词语、概念、形象化语言（如比喻、类比或描述）或者图像"，关于其中的"帮助"，对学习来说，"言说"的效果肯定不好，效果好的只能是"意会"，亦即是使学生在优质的知识生成过程的熏陶中感受感悟，如此，对学生来说就是一种意会过程，这种意会过程就是对学生学习最好的帮助；第三个关键是"将（学生）自己的观点和意象转化为词语、概念、形象化语言（如比喻、类比或描述）或者图像"，这是"外化"的本质，简单说也就是要帮助学生把自己的观点及意象恰当地表示出来，而做此事，有两种方法：

一种是让学生尽量说出自己的观点或意象，然后教师帮助学生校正表述语言，反复地进行下去，直到学生表述得差不多了即可停止。然而，此法似乎很不

---

① 按"外化"的定义，传统的结论式教学中，这个"个体"就是教师。但在"过程→生成"教学理念中，这个"个体"应该是教学过程中的每一个参与者。

现实，一是学生说出的，尤其是第一次说出的未必是正确的表达，假如第一次就说"歪"了，那么即使反复修正，最终的结果也未必能比较准确地表达学生的意象；二是恐怕教学过程中根本不可能有那么多的时间进行如此操作，因为所面对的不止一个学生。

另一种仍然是使学生在知识的生成过程中感悟感受，当然，最好的方式是通过学生亲力亲为的活动来实现（开放式学习），可惜的是开放式学习不可能应用在学生的学习全程中，所以没有办法时，就只能退而求其次——使用"过程→生成"讲授法，通过教师思维的引领，使学生的思维产生蜕变，亦可能达到目的。注意，其中最基本的关键仍然是教师在讲授中做到"恰当地言说"。

换个视角，在"外化"概念的诠释中，外化是知识创造的关键，由此来看，"外化"在"过程→生成"教学中的实现根本就不是问题。

总之，"外化"的要求总能够通过"过程→生成"教学去实现，当被客观条件限制时所限时，也可通过"过程→生成"讲授法去实现，不过教师的讲授必须做到"恰当地言说"。

③ **关于图3.20中的"组合"**。图（a）、（b）中的最后一步都是用组合的方法将所得到的意会知识转换为可言传的知识结构。组合，也就是"把概念综合成知识结构的过程"，所以需要考虑的问题是：概念应该综合为一个什么样的知识结构。对"过程→生成"教学来说，按照"过程→生成"理念，应该综合为一个"具有思想性、思维性、应用性的知识结构"。简单说，所综合成的概念必须具有活力的知识结构。

何谓有活力的知识结构？我们认为：首先是教学中要与学生共同动态地构建，而不是简单的组合，并且要具有完美的形态。其次是要有根、有脉络、有再生力。所谓再生力，即是知识结构图中的元素不是孤立的存在，而要具有逻辑关系；知识结构图自身也不是孤立的存在，而要有知识的再生点，总之要表现过程哲学之"生生不息"的创造性理念。在这里，根是思维的基础，脉络是思维的路线，再生是思维的最高境界。如此结构图便于学生同化或顺应。

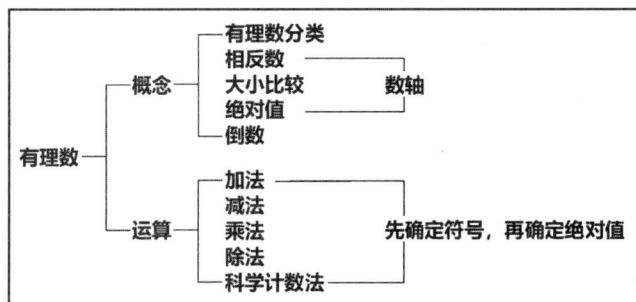

图3.21　马博士有理数知识结构图

例如：关于有理数知识结构图。图 3.21 所示是"马博士教育"网站的有理数知识结构图①，毫无活力，是典型的"结论式"表现。

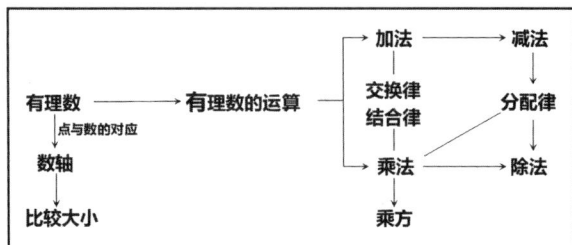

图 3.22　某教材有理数结构图

图 3.22 是某教材七年级上册第一章之"小结"所给的有理数知识结构图（课程教材研究所、中学数学课程教材研究开发中心，2007），该图也是活力不足，因为无根，无脉络，也无再生点。顺便再说笔者的一点看法，笔者认为图中术语"点与数的对应"不妥，改为"数与点的对应"较好，因为按照习惯思维，"点与数的对应"蕴含着"点到数的映射"，然而在此内容中，我们仅是将有理数对应到数轴上的某些"点"，而并非是把数轴上的点完全对应到数。

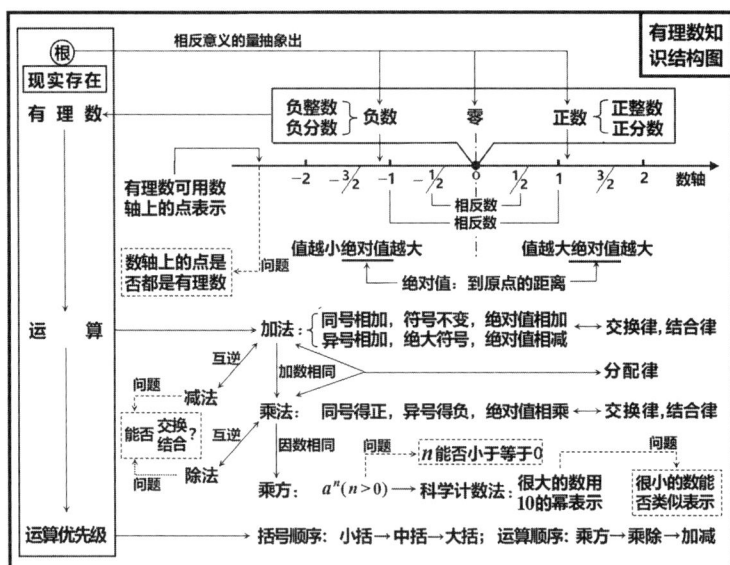

图 3.23　笔者设计的有理数知识结构图

①　佚名. 有理数知识结构图［EB/OL］.（2010 - 08 - 17）［2012 - 08 - 13］. http：// xueke. maboshi. net/sx/sxsc/cz/zss/14551. html.

图 3.23 是笔者设计的有理数知识结构图，其根是"现实存在"，从根开始能推出有理数的主要知识，并有 4 个"再生点"（虚框部分）。

（5）关于"恰当地言说"。关于"恰当地言说"，笔者想起当年学石匠时抡大锤砸石头的情景，抡大锤不仅要有力气，而且还要有技术，否则再有劲也砸不开或者砸不好。当时老师傅边示范边告诉我们"要把后手放低"（这是典型的师带徒），然而小伙子们愣是不明白什么是"把后手放低"，结果半天下来不仅总是做不好，而且还震得虎口疼痛不止。幸好笔者自学了中学物理，根据力的分解原理，很快悟出了"后手放低"的寓意：亦即是打锤时，握在锤柄后面的手要适度地下压，以保证锤头与石头接触的瞬间锤头平面要与石头表面完全贴合（即平行）[如图 3.24（a）]，也就是在锤头与石头接触的瞬间，"锤力"的方向要垂直于石头表面，这样，锤的力量才能全部传到石头上。但如果后手高了[如图 3.24（b）]，那么锤头平面只是很少的部分与石头表面接触，所以锤头的力量只是部分传到了石头上，而另一部分锤力则会传到锤柄上，所以这时不仅砸不开石头，而且手还会被震疼。老师傅不明白这个道理，自然很难言明，也就只会传递其师父的说法：把后手放低。笔者把这个道理告诉了同伴，并给他们演示说明，大家很快就明白了其中的道理，掌握了打锤的要领。当然不可能去给他们说明"力的分解"，而只能使用通俗的语言去直观地说明，因为"同伴"们最多是小学毕业。

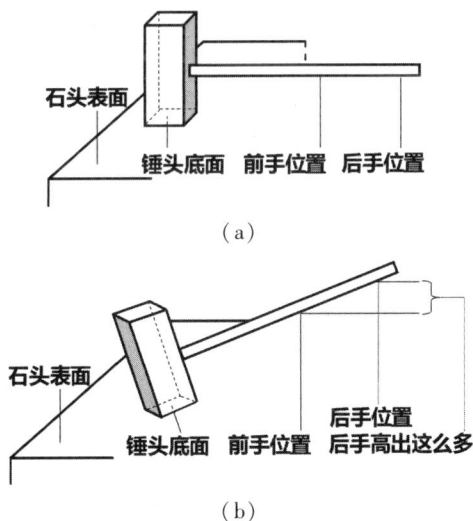

（a）

（b）

图 3.24　打锤示意图

这是对意会知识恰当言说的例子，说明了恰当言说的重要性。因此，说话者，尤其是教师，不仅要善于说，而且要善于"说好"，要想办法"说好"，首先是自己必须明白表述的对象的本质或原理，其次自己必须有足够的语言修养，最后必须琢磨"如何措辞才能说好"。这是非常重要的，上文中《乡愁》教学案例中的无奈，也就是"不恰当的言传"导致的恶果。

再分析一例：1986 年的一天，下着毛毛细雨，街上人很少，笔者在上海徐汇区打听一个朋友住的地方怎么走，还好遇到了一个中年人，满怀希望地拿出写着地址的纸条上前询问，但这位仁兄却只冒出三个字"向北走"即立马走人。然而，笔者懵了——"北"在哪啊？笔者在徐汇区本来就不知道东西南北，再加阴雨天，到哪去找"北"？这又是"不恰当言说"惹的祸。

实际上，面对问路问题，要区分对待：如果问路者是一个幼童，那么因为幼童的认知能力不足，所以就应该指着方向回答："小朋友，你先往那边走，走到前面那个地方再问一下，好吗"；如果问路者是一个成年人，那么就应该搞清楚问路人对这里的地理位置的了解程度后再酌情回答；如果是阴雨天问路，那么问路人就可能无法区分东西南北，所以回答时就应从前后左右去说明，等等，若能这样去处理，就不至于使问路人拼命去找"北"。

说到这儿，突然想起手机导航，在陌生的地方步行导航，经常听到向东、向南、向西、向北的提示，很烦！根本就不知道东西南北，这导航有什么用？就不能说前后左右吗？这是软件设计者不懂得"恰当言说"惹的祸。

因此，教师的语言必须"恰当"，绝不能让学生找不到"北"！这就要求：

备课时，必须充分地"备学生"，充分考虑学生整体和个体的认知水平，在每个关键之处都要认真思考学生可能如何？会有什么意外？发生如何应对？如何表述才是恰当，如何把自己的意知转化为学生能够明白的言传知识？等等。

课堂上，需要充分、正确地理解学生提出的问题或给出的回答，才能予以恰当的解释或者给出恰当的评说。

另外，教学中也必须注重培养学生"恰当言说"的习惯，比如，回答问题，尤其是数学教学，不要认为答对了就好，还要注意语言的质量，语言不好，就要指出缺点，让其重新回答，直到把话说好为止。绝对不要让自己的学生在将来去摆让人"找北"的乌龙。

3.3.2　"过程→生成"教学案例的研究与设计

3.3.2.1　数学"过程→生成"教学的一般模式

首先给出一个数学"过程→生成"教学的一般过程：

创设情景→提出问题→问题研究→应用研究→问题反思→知识结构

具体见图 3.25，供参考。

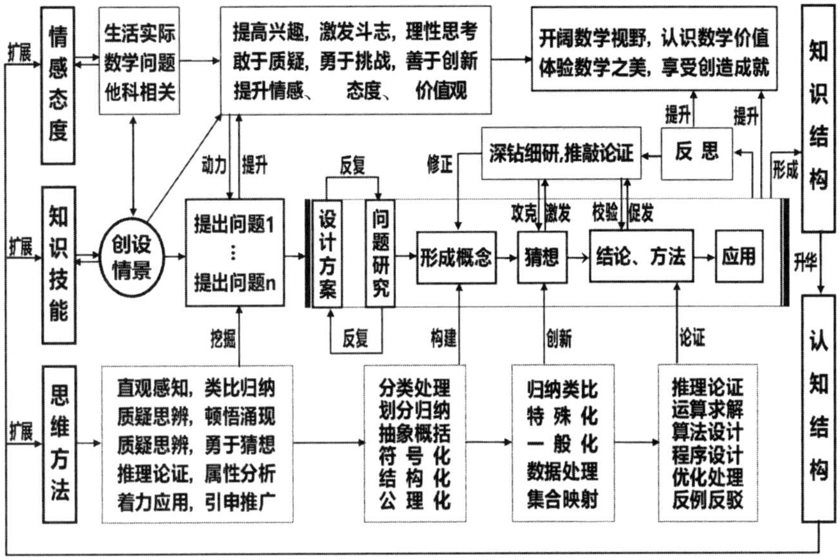

图 3. 25　数学"过程→生成"教学一般示意图

3.3.2.2　"过程→生成"讲授法

讲授，是课堂教学的基础，任何教育都离不开讲授。讲授法的好坏不在于此法本身，而在于讲授者，在于讲授者的讲授观，不同的讲授观就有不同的讲授效果。我们倡导的是"过程→生成"讲授法。

3.3.2.2.1　相关概念

先陈述讲授法、注入式、满堂灌的某种定义，再陈述我们的观点。

讲授法。教师通过口头语言向学生描绘情景、叙述事实、解释概念、论证原理和阐明规律的教学方法。（中国大百科全书总编辑委员会《教育》编辑委员会，1988）

注入式。教师在教学中，不顾学生学习认识过程的客观规律及他们的理解能力和知识水平，把现成的知识结论灌输给学生，主观地决定教学过程，并强迫学生呆读死记的教学方法。（中国大百科全书总编辑委员会《教育》编辑委员会，1988）

满堂灌。缺乏启发性而又全堂课一讲到底的教学方法强迫学生呆读死记。（刘书生、董燕桥、张永泰，1990）

关于"讲授法""注入式""满堂灌"的上述定义，笔者有如下看法：

（1）关于"讲授法"。我们认为，上述讲授法的定义有所不妥，如讲授法未必是"解释概念"，而可能"生成概念"。例如，直接告诉学生"有两边相等的三角形是等腰三角形"的确是解释概念，但"通过比较区分而生成等腰三角形的概念"也是讲授，却不是解释概念。于是我们认为讲授法最本质的定义应该是：**讲授法是通过口头表达方式向学生传授知识的教学方法**。至于怎么传授，那就要看教学理念，不同教学理念作用下可形成不同类型的讲授法。如此思考，才能正确认识讲授法。如新课改中的谈"讲"色变、硬性规定教师的讲课时间等现象与做法，都是对讲授法的严重误解而产生的结果。再一次陈述我们的观点，任何教学方法，都仅仅是一个工具，被不同理念所作用就会形成不同的效果，这是认识、评价教学方法的关键。所以定义一种教学方法，应揭示其最本质的内涵，而不应带上某种色彩。

(2) 关于"注入式"。我们认为，上述定义并不正确，如"把现成的知识结论灌输给学生"就是对"注入式"的歪曲。因为"注入"的本意是"泵入、灌入或流入"，所以注入式教学的意思就是像"注射"那样将所讲内容一口气地推给学生。于是假如我们不间断地给学生讲述一个知识的生成过程，难道不是"注入"吗？难道是"把现成的知识结论灌输给学生"吗？所以我们认为：**注入式是将所讲内容滔滔不绝地传输给学生**。

如此看，注入式肯定有缺点，其缺点是因为滔滔不绝的注入会使学生来不及思考、理解及记忆，至于是否"不顾学生学习认识过程的客观规律及他们的理解能力和知识水平"，是否"把现成的知识结论灌输给学生"，是否"强迫学生呆读死记"等，都不是"注入式"本身的问题，而是注入者的教学理念问题。实际上，在某种特殊情况下，比如在万分紧急时也只得强行注入，至于效果如何则取决于教学理念，亦即是要看注入的是什么样的东西。

这就是说，注入法本身有缺点但并无罪过，于是是否使用要看情况，特殊情况下可根据客观条件选择适当的教学理念用其教学，这里，何谓选择适当的教学理念？比如说时间允许，可在"过程→生成"理念指导下进行注入式讲课，但如果实属无奈，亦可在结论式教学理念指导下进行注入，但绝非提倡。

(3) 关于"满堂灌"。我们认为，上述定义也不正确，因为说其"一讲到底"没有异议，但说其"缺乏启发性"却是莫须有的罪名。同样的理由，如果说我们讲一个"知识的生成过程"一讲到底，能说"缺乏启发性"吗？于是我们认为：**满堂灌是一讲到底的教学方法**。因此，满堂灌本身并无罪过，关键是要看"灌"的是什么东西。当然，满堂灌有其缺点，比如缺少了师生互动就是其缺点。不过评述其好坏，要看场合及需要，比如面对上百人的大课，或者时间非常有限，那么不"灌"又能如何？但，除非必要，不要灌输"结论"。

总之，我们的观点是：教学方法是静态的工具，本身没有思想，没有好坏之分。用之教学，效果的好坏取决于使用者，取决于教师的教学理念。因此教学理念极为重要！

3.3.2.2.2　讲授法的审度与抉择

首先，讲授法、注入式、满堂灌之间的关系可用图3.26所示。但如果给它们染色，比如分别染上"结论式"教学理念的颜色，或者"过程→生成"教学理念的颜色，那么即有图3.27与图3.28所示的关系：

　　显然，图 3.27 中的各种教法无益于素质与能力的提升，图 3.28 中的各种教法则可不同程度地提升素质与能力。

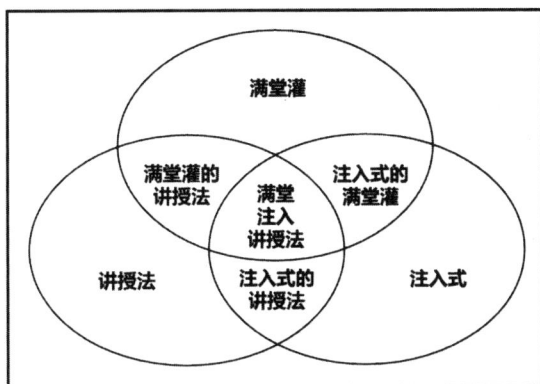

图 3.26　讲授法、注入式、满堂灌关系图

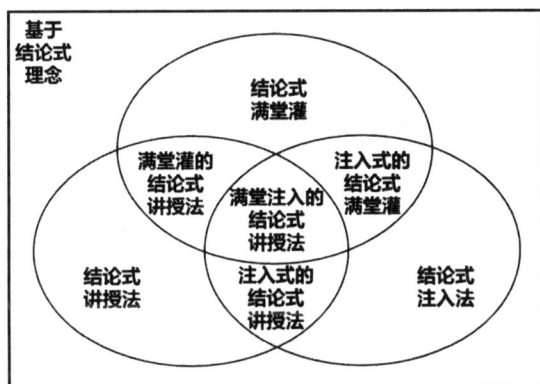

图 3.27　结论式教学理念下讲授法、注入式、满堂灌关系图

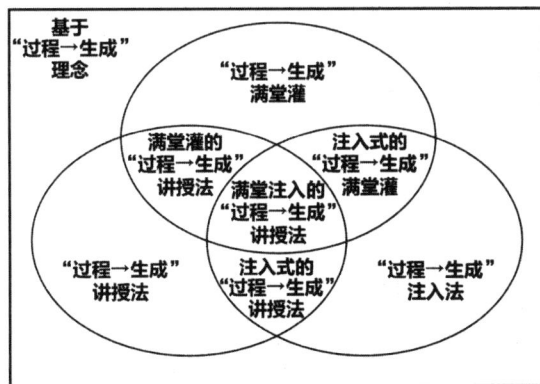

图 3.28　"过程→生成"教学理念下讲授法、注入式、满堂灌关系图

讲授是教学的基本的行为，任何教学或教法都无法弃之，如图 3.26 至图 3.28 所示，不同的教学理念可形成不同的讲授法。我国传统的讲授法即是注入式或满堂灌的讲授法。而在当今的教学改革中，我们倡导"过程→生成"讲授法，亦即是：基于"过程→生成"理念，使用口头表达方式，辅以必要的教学手段，描述生动活泼的知识生成过程的讲授方法，其目的是使学生从思维上真正地感受、理解知识的生成过程，形成科学、能动的认知结构。

作为基于"过程→生成"教学理念的讲授法，首先的要求是必须坚持讲授过程＝知识的生成过程的基本规则，因此"过程→生成"讲授法的教学设计的重点就是尽可能地设计恰当的知识生成过程，所谓"恰当"，并非是要追求科学家的原创（实际上也无法追及），而是自己设计符合于学生的认知基础、认知能力的再创造。至于如何再创造，没有固定的模式或做法，应该是仁者见仁、智者见智。下面是笔者的几点思考：

① 过程的备与行。

备：即知识的生成过程的准备。

首先，知识生成过程的设计必须遵循"过程→生成"理念的基本原则。

其次，备课必须设计恰当且详细的知识生成过程，要注意每一个细节，并要确定"期望点"，因为讲授也不能"念教案"，此时的期望点就是教师讲授的"航标"，写教案的目的首先是为了做到心中有数，其次也是"备忘录"，再次就是教学资料，更重要的是为了教学研究的基础。从讲课来说，心中有数是重要的，那么如何才是心中有数？背下来吗？当然，如果记忆力超强，也未尝不可。不过，一般来说，记住一些"期望点"才是较好的做法。

再次，从数学教学来说，概念、性质、定理等需要生成，例题最好是顺应思路而生成，例题的解题思路或方法需要生成，学习内容的小结或总结也需要动态地生成——生成具有活力的知识结构，等等。

行：即知识的生成过程的践行。

首先，要强调知识生成过程的践行也必须遵循"过程→生成"理念的基本原则，这里的强调与上面并不重复，因为实际的讲授过程很难是备课所设计的过程（除非念教案），而应是顺势而发的生成过程。相对于备课来说，这个生成过程应该是期望点的拟合，但绝不能为了拟合期望点而附会，更不能对教学过程中涌现而出的生成点（备课中没有想到的，或者是根本不可能想到的）置之不理。

其次，如果是非纯粹讲授（有师生互动的环节），那么讲授过程中应该抓住所有的期望点、涌现点做适当停顿、酌情的提问、分段推进，并且提问要善于诱导、适度引导，达到激发学生首创精神的目的，达到在师生思维同步共鸣的意境中创生知识的目的。要注意，我们说"善于诱导、适度引导"，是要尽可能通过"诱导"而解决问题，因为引导会毁灭学生的创造性思维。另外，哪怕就是纯粹的讲授，也不要舍弃诱导过程，因为，诱导过程更是重要的思维过程。

② **语言的备与演**。

备：即语言的准备。课堂语言一定要设计，一定要准备。尽管课堂上语言是即兴的，但也必须有基本的设计与准备，尤其是在一些特殊的地方要准备一些特别的语言，犹如曲艺艺术中甩"包袱"艺术，做好了即能引起学生的兴趣、调整学生的注意力、活跃课堂气氛，起到能醒脑提神的作用，更可能促成学生的顿悟。

演：即课堂语言的表演。课堂语言是特别重要的，是面子工程，并且是能被认可的面子工程。往往，优秀的教学设计会被糟糕的教学语言所湮没。笔者认为教学语言的最低标准是：**教学语言 = 生活语言 + 演讲技巧**。亦即是既要通俗又要生动，否则从语言上来说，就不是合格的教师。关于语言技巧，已有很多优秀的经验与论述，上文也有讲到，在此就不再赘述。但是我们认为教师应有评书艺术家的语言修为，演讲艺术家的语言风度，相声艺术家的幽默诙谐，达到单凭一张嘴就能达到"无形而有形，无景可见景，无人却有人"的效果。当然，一位老师，不可能十全十美，但必须有其自己的特长，特别能够充分吸引学生的特长。

③ **多媒体的备与用**。现实教学中，多媒体是重要的教辅工具，尤其是 PPT 的应用更为广泛。然而目前来看多媒体的应用已被歪曲，本来叫"多媒体辅助教学"，却变为"多媒体主宰教学"，致使传统的"教师照本宣科"升级为"多媒体照书转播"，并标榜为"多媒体教学"，更贴上"优秀"的标签。譬如在大学的课堂上，有的教学，PPT 一放到底——全部内容都在 PPT 上；有的文科教学，整堂课就是播放电影；课堂评价，也要有"是否使用了多媒体"；就是一位年过七旬的、自己都不会使用多媒体的"老教师"听课后的评价也要说上一句"有多媒体"，等等，如此，何以得了？

备：即多媒体的准备。在"过程→生成"讲授中，需要准备的一是背景、情境，需要注意的是背景、情境要恰当，必须与所讲内容相关，必须能推演出主要的教学内容；二是提出的问题或例题；三是用逻辑图表表述的知识生成过程；四是知识结构图；五是严格的推理证明过程或解题步骤。

用：即多媒体的使用。第一，背景、情境的使用要把握好时机；第二，问题或例题可直接推出，不必在黑板上书写，这样可节约时间，但要注意给学生留出适当的思考时间；第三，知识的生成过程并非先展示再讲解（因为那样就失去了过程的活力性与生成的动态性），也不是边讲边播放（因为那样就限制了教师的言行），应该做的是：知识的生成过程要在黑板上动态生成，最好用逻辑图表来实现，当然内容较多的（如大学课程）也可采用条理式的，而准备的多媒体，应该在动态生成完成后，再予展示，如此做的理由是：动态生成的可能不规整、板书也不完美，所以完成后要给学生展示一个规整、完善、赏心悦目的结果，可让学生可拍摄下来"存档备用"（当然，可能会说"上课不容许玩手机"，其实只要课讲得足够吸引学生，那么就不要担心学生在课堂上玩手机，希望不要做手机不能进课堂的呆板规定）；第四，知识结构图的使用，如果说结构图规模不大，那么可动态生成后再展示，否则亦可边生成边展示（不过这样要束缚思维，不够灵活，所以除非不得已最好不用）；第五，推理证明或解题步骤，应该先动态完成，然后再予以严格的理论展示，这是必须的，不能说只追求过程生成而忽略理论的严格严谨性！

最后再综述一遍：在"过程→生成"讲授中，不要用 PPT 直接描述整个知识生成过程，因为知识的生成是即时、动态的，直接用 PPT 去描述，必然要限制思维、语言和进程，从而会失去活力。所以在"过程→生成"讲授中，PPT 的使用重在描述某些确定的内容，比如数学教学中，问题的背景、定理严格的证明过程（因为定理的生成过程是即兴的、随机的甚至会是烦琐的，但是定理的证明是严格有序的，这就是说在培养学生的创新能力的同时，也必须培养学生严密的逻辑思维能力与严谨的科学研究态度，因此使用 PPT 表述定理及其严格的证明，可做到既规范整齐，又节约时间，且不需要学生做笔记——课后可以把 PPT 发给学生）、知识结构图的生成（多数情况，使用 PPT 生成能达到既动态又整齐的效果），等等。

特别说明：以上是对"过程→生成"讲授而言，但也适用于其他形式的"过程→生成"教学，或者说其他形式的"过程→生成"教学，都可参照上述说明准备或使用。

3.3.2.2.3　案例设计

以同济大学《工程数学线性代数》（同济大学数学系，1978）"逆矩阵"一节为例，设计"过程→生成"讲授法案例如下（只设计生成过程）：

1. 逆矩阵生成过程设计

（1）提出问题。因为方程组 $\begin{cases} a_{11}x_1 + \cdots + a_{1n}x_n = b_1 \\ \qquad\vdots \\ a_{n1}x_1 + \cdots + a_{nn}x_n = b_n \end{cases}$ 可表为矩阵方程 $AX = \beta$，

所以联想到一元一次方程：

$$\text{当 } a \neq 0 \text{ 时，} ax = b \text{ 有解 } x = a^{-1}b$$

于是就形成问题：

$$\text{是否存在某种条件，使得 } AX = \beta \text{ 也有形如 } X = A^{-1}\beta \text{ 的解？}$$

（2）探究问题。

① 概念的生成。

分析　之所以 $ax = b$ 有解 $x = a^{-1}b$，是因为：

$$当 a \neq 0 时，存在 b，使得 ab = ba = 1$$

称 b 为 a 的倒数，如果记 $b = a^{-1}$，那么就有：

$$ax = b \Leftrightarrow a^{-1}ax = a^{-1}b \Leftrightarrow x = a^{-1}b$$

这就是说：原本是给 x 乘了一个系数 a 变成了 ax，但再用 a^{-1} 去乘 ax 却又回到了 x，这说明这个 a^{-1} 具有"逆"的功能，通过这个功能可把 x 解出来。[①] 由此想象：

$$对于矩阵 A，如果存在 B，满足 AB = BA = E \tag{1}$$

那么，类似地，如果记 $B = A^{-1}$，这个 A^{-1} 就也有"逆"的功能，也就会有：

$$A^{-1}AX = A^{-1}\beta \Leftrightarrow X = A^{-1}\beta$$

目的也就达到了！

这就是说，满足（1）矩阵 A^{-1} 即可解决我们的问题，看来这个 A^{-1} 非常有用，因此需要给它起个名字。叫什么呢？因为它具有"逆"的功能，所以就称它为 A 的逆矩阵较为恰当，于是我们定义：

定义　对于 n 阶方阵 A，如果存在 n 阶方阵 B，使得 $AB = BA = E$，那么就称方阵 A 可逆，B 为 A 的逆矩阵，且记 $B = A^{-1}$。

② **寻求可逆条件**。我们在定义中说："如果存在 n 阶方阵 B"，是因为我们现在确实不知道这样的 B 是否存在，再联想数 a^{-1} 的存在是有条件的，而矩阵更复杂，所以应该先探讨 B 的存在条件，亦即是 A^{-1} 的存在条件。

分析　仍然类比倒数的性质探究。因为：

$$a 存在倒数 \Leftrightarrow a \neq 0$$

所以首先想到的是：是否

$$A 可逆 \Leftrightarrow A \neq 0$$

仔细观察即会发现不成立，因为 $A = \begin{pmatrix} 1 & 0 \\ 0 & 0 \end{pmatrix} \neq 0$，且对任意的 $B = \begin{pmatrix} b_{11} & b_{12} \\ b_{21} & b_{22} \end{pmatrix}$，都有 $AB = \begin{pmatrix} 1 & 0 \\ 0 & 0 \end{pmatrix}\begin{pmatrix} b_{11} & b_{12} \\ b_{21} & b_{22} \end{pmatrix} = \begin{pmatrix} b_{11} & b_{12} \\ 0 & 0 \end{pmatrix}$ 未必等于 E，即说明这个非 0 的 A 不可逆。

---

① 此处分析得比较细腻，一是展现了思维细节，二是给下面的 A^{-1} 起名字做了铺垫。

于是就换个思路：先寻找必要条件，再判定这个必要条件是否充分。

A. 寻求必要条件。假设 A 可逆，那么根据定义，必存在 n 阶方阵 B，使得：

$$AB = BA = E \tag{2}$$

罗列现有的条件：

$$A、B \text{ 都是方阵；} AB = E；BA = E$$

注意到条件中的方阵，就想到对付方阵的有力措施——行列式，于是就对（2）中等式取行列式，即得到：

$$|A||B| = |B||A| = |E| = 1$$

由此立即可得到 $|A| \neq 0$ 是 A 可逆的一个必要条件，将它作为一个定理：

定理 1 设 A 是 n 阶方阵，则：A 可逆 $\Rightarrow |A| \neq 0$。

B. 判断必要条件是否充分

设 $|A| \neq 0$。那么 A 是否可逆，就要确定是否存在 B 使得（2）成立。为此分析现有的条件，选择确定 B 的方法。现有条件如下：

$$\text{已知 } A，\text{也就可假设 } A = (a_{ij})_n；$$

$$|A| \neq 0，\text{由此可产生一种联想：方程组有解。}$$

于是，联想我们的目标 $AB = BA = E$，就设 $A = (a_{ij})_n$，$B = (x_{ij})_n$，据 $AB = E$ 可得方程：

$$\begin{pmatrix} a_{11} & a_{12} & \cdots & a_{1n} \\ a_{21} & a_{22} & \cdots & a_{2n} \\ \vdots & \vdots & & \vdots \\ a_{n1} & a_{n2} & \cdots & a_{nn} \end{pmatrix} \begin{pmatrix} x_{11} & x_{12} & \cdots & x_{1n} \\ x_{21} & x_{22} & \cdots & x_{2n} \\ \vdots & \vdots & & \vdots \\ x_{n1} & x_{n2} & \cdots & x_{nn} \end{pmatrix} = \begin{pmatrix} 1 & 0 & \cdots & 0 \\ 0 & 1 & \cdots & 0 \\ \vdots & \vdots & & \vdots \\ 0 & 0 & \cdots & 1 \end{pmatrix} \tag{3}$$

解方程（3）。根据矩阵乘法可得：

$$\sum_{k=1}^{n} a_{ik} x_{kj} = \begin{cases} 1 & i = j \\ 0 & i \neq j \end{cases} \tag{4}$$

这是一个庞大的方程组，直接求解非常困难，但是从形式上看，联想到 A 的行列式的依行展开性质：

$$\sum_{k=1}^{n} a_{ik} A_{jk} = \begin{cases} |A| & i = j \\ 0 & i \neq j \end{cases} \tag{5}$$

将 (5) 与 (4) 比较，期望能够"统一形态"，而正好有 $|A| \neq 0$，所以即可得：

$$\sum_{k=1}^{n} a_{ik} \frac{A_{jk}}{|A|} = \begin{cases} 1 & i = j \\ 0 & i \neq j \end{cases} \tag{6}$$

于是 (4) 的解为：

$$x_{kj} = \frac{A_{jk}}{|A|} \quad (k, j = 1, 2, \cdots, n)$$

亦即：

$$B = \begin{pmatrix} \dfrac{A_{11}}{|A|} & \cdots & \dfrac{A_{n1}}{|A|} \\ \vdots & & \vdots \\ \dfrac{A_{1n}}{|A|} & \cdots & \dfrac{A_{nn}}{|A|} \end{pmatrix} = \frac{1}{|A|} \begin{pmatrix} A_{11} & \cdots & A_{n1} \\ \vdots & & \vdots \\ A_{1n} & \cdots & A_{nn} \end{pmatrix} \tag{7}$$

这样我们就既说明了 B 的存在性，并且也得到了 B 的求解公式。于是如果记：

$$A^* = \begin{pmatrix} A_{11} & \cdots & A_{n1} \\ \vdots & & \vdots \\ A_{1n} & \cdots & A_{nn} \end{pmatrix}$$

那么就有 $A^{-1} = |A|^{-1} A^*$。

由 (5) 可见，A^* 的元素 A_{ij} 恰好是 A 的元素 a_{ji} 的代数余子式，或者说 A^* 第 i 行元素恰好是 A 的 j 列元素的代数余子式，很有规律，因为 A^* 与 A 关系密切，相当于 A 的伙伴，所以就给 A^* 起个名字叫作 A 的伴随矩阵。

综合上面的讨论，我们就得到了方阵 A 可逆的条件，将其概括为以下定理：

定理 2　设 A 是 n 阶方阵，则：

$$A \text{ 可逆} \Leftrightarrow |A| \neq 0。$$

并且 $A^{-1} = |A|^{-1} A^*$，其中 A^* 是 A 的伴随矩阵。

C. 进一步探讨定理 2 的结果。

定理 2 说，当 A 可逆时

$$A^{-1} = |A|^{-1} A^* \tag{8}$$

当然也可写为

$$AA^* = |A| E \tag{9}$$

或

$$A^* A = |A| E \tag{10}$$

这也就是说，当 A 可逆时（8）与（9）等价，（8）与（10）等价，当不 A 可逆时显然都不等价。当然，不等价不能强来，不过我们看到的是，（9）、（10）这两个式子非常漂亮，也就是：

$$AA^* = A^* A = |A| E \tag{11}$$

这个式子很漂亮，如能证明这个式子对于任意的 n 阶方阵 A 都成立，那么最好不过。这个问题留为作业，请大家课后思考，并写出你所得到的全部结果。

③ **探讨可逆矩阵的属性**。

我们已经有了逆矩阵的意义及存在条件，但是对"可逆"的认知仍还很肤浅，因此需要继续探讨可逆的性质。首先，我们总希望数学研究对象是唯一的，所以应探讨可逆矩阵的唯一性；其次，当可逆矩阵的逆矩阵唯一时，即可把"求一个矩阵的逆矩阵"看作一种运算——求逆运算，这样就应该研究求逆运算与其他运算之间的关系，比如：当 A、B 可逆时，A^{-1}、$A + B$、kA（$k \neq 0$）、AB 是否可逆？等等，这些问题请读者自行考虑，本书不再讨论。

(3) 应用练习

略。

(4) 深入思考。由例可见，求逆公式很不实用，因为如果阶数超过 3，那么计算量就会急剧增加，于是还须寻找其他求法。既然 A^{-1} 与 $AX = \beta$ 的解与 X 有关，而 X 又可用消元法求得，那么即可猜想：用消元法求得 A 的逆可能更为方便，这就是接下来需要探究的问题。

A 可逆 $\Longleftrightarrow$ **存在 B, 使得 $AB=BA=E$**

$\Longleftrightarrow$ **存在 B, 使得 $BA=E$**

$\Longleftrightarrow$ **存在 B, 使得 $AB=E$**

$\Longleftrightarrow$ $|A| \neq 0$ ——问题—→ **研究求 A^{-1} 的其他方法**

$\Longleftrightarrow$ $A^{-1} = |A|^{-1}A^*$ ——问题—→ **研究 A^***

性质: $(A^{-1})^{-1}=A$; $|A|^{-1}=|A^{-1}|$; $(kA)^{-1}=k^{-1}A^{-1}$ $(k \neq 0)$

$(A')^{-1}=(A^{-1})'$; $A^{-k}=(A^{-1})^k$ $(k$ 为正整数$)$

当 A、B 都可逆时, $(AB)^{-1}=B^{-1}A^{-1}$; $(A+B) \neq A^{-1}+B^{-1}$

图 3.29 可逆矩阵知识结构图

例 9 **行列式 $|A|$ 的各个元素的代数余子式 A_{ij} 所构成的如下的矩阵**

$$A^* = \begin{pmatrix} A_{11} & A_{21} & \cdots & A_{n1} \\ A_{21} & A_{22} & \cdots & A_{n2} \\ \vdots & \vdots & \ddots & \vdots \\ A_{1n} & A_{2n} & \cdots & A_{nn} \end{pmatrix}$$

称为矩阵 A 的伴随矩阵, 简称伴随矩阵. 试证

$$AA^* = A^*A = |A|E$$

图 3.30 伴随矩阵的介绍

设给定一个线性变换

$$\begin{cases} y_1 = a_{11}x_1 + a_{12}x_2 + \cdots + a_{1n}x_n \\ y_1 = a_{11}x_1 + a_{12}x_2 + \cdots + a_{1n}x_n \\ \cdots\cdots \\ y_1 = a_{11}x_1 + a_{12}x_2 + \cdots + a_{1n}x_n \end{cases} \quad (7)$$

它的系数矩阵是一个 n 阶矩阵 A, 若记

$$X = \begin{pmatrix} x_1 \\ x_2 \\ \vdots \\ x_n \end{pmatrix} \quad Y = \begin{pmatrix} y_1 \\ y_2 \\ \vdots \\ y_n \end{pmatrix}$$

则线性变换 (7) 可记作

$$Y = AX \quad (8)$$

以 A 的伴随阵 A^* 左乘上式两端, 并利用例 9 的结果, 可得

$$A^*Y = A^*AX \quad 即 \quad A^*Y = |A|X$$

当 $|A| \neq 0$ 时, 可解出

$$X = \frac{1}{|A|}A^*Y$$

记 $B = \frac{1}{|A|}A^*$, 上式可记为

$$X = BY \quad (9)$$

图 3.31 使用伴随矩阵推导矩阵的逆矩阵

(5) 知识结构

（见图 3.29）。

2. 评述

该例，首先体现了生成性：所有知识都是创造出来的，如：可逆的概念是由线性方程组的"矩阵式"联想到一次方程"$ax=b$"的求解公式，经过分析思考而生成的；矩阵的可逆条件是先寻找必要条件再探讨是否充分的方法而生成的；而矩阵与其伴随之间的关系 $AA^*=A^*A=|A|E$ 则是通过探讨矩阵的可逆条件而发现的，等等。

其次体现了连续性：所有探讨环节都是环环相扣，形成一条连续的思维链。尤其是矩阵求逆公式的推导，一般的都是先单独地定义或用某种形式给出伴随矩阵的概念，然后再用其解决逆矩阵的问题。如文献《工程数学线性代数》（同济大学数学系，1978）就是在例题中定义伴随矩阵并证明 $AA^*=A^*A=|A|E$，然后再用其推导求逆矩阵的公式（见图 3.30 及图 3.31，图中的内容是笔者重新编辑过的）。这种表达方式就是典型的结论式，对此，学生只能是莫名其妙地、机械地去强行接纳，但不可能洞察它内在的玄机。而我们的设计则是在探索矩阵可逆条件中自然地生成了伴随矩阵，不仅给学生展现出一种生成性思维，而且也能使学生感受到伴随矩阵的奥妙。

3.3.2.3 "过程→生成"研究性教学

研究性学习是提高学生分析问题和解决问题的能力，培养学生实践能力和创新能力的有效方法，但遗憾的仍然是践行难度很大。因此教学实践中，或者是很少应用，或者是掺和着结论式教学方法的"改良版"，这样的表现无益于提升学生的素质与能力。于是我们期望：用"过程→生成"理念去剔除"改良版"中的"结论式"成分而使之蜕变为有益于提升学生的素质与能力的"优化版"，以使学生的学习全程中始终充满研究性、创造性气息。

3.3.2.3.1 相关概念

研究性学习：是指学生在教师指导下，从自然、社会和生活中选择和确定专题进行研究，并在研究过程中主动地获取知识、应用知识、解决问题的学习活动。[①] 而实施的一般步骤是：确定课题→制订计划→搜集资料→总结整理→交流评价。（崔允漷、安桂清，2003）

研究性教学：何谓研究性教学？似乎不太清楚。笔者的观点是将研究性学习转化为研究性教学。于是参照研究性学习的概念，我们拟定研究性教学为：针对实际问题或学习内容，以"提出课题、研究课题、获取知识、应用知识解决问

---

① 教育部. 普通高中"研究性学习"实施指南（试行）［EB/OL］.（2001 - 04 - 09）［2011 - 10 - 26］. http://www.moe.gov.cn/publicfiles/business/htmlfiles/moe/s3329/201001/xxgk_82009.html.

题"为过程的师生共同研究探讨的教学。

研究性教学的一般步骤：提出课题→拟订方案→搜集资料→探究论证→总结应用。

"过程→生成"式研究性教学：是在"过程→生成"理念指引下的研究性教学。也就是在研究性教学过程中，坚守知识的生成过程理念，遵循动态性、摄入性、生成性、整体性、活力性、连续性的基本原则，使学生感受、理解知识的研究、生成过程，构建科学、能动的认知结构，提高科学研究情感态度价值观。当然，一般地说，教学的践行是师生共同实现的，具体地说，如果用 T（$0 \leqslant T \leqslant 1$）表示教师的参与度，那么当 $T = 0$ 时就是纯粹的学生研究性学习，当 $T = 1$ 时就是纯粹的"过程→生成"式讲授，当 $0 < T < 1$ 时就是教师酌情调控参与度的可变式"过程→生成"研究性教学。

3.3.2.3.2 案例设计

基于张禾瑞、郝𬭎新的《高等代数》教材（张禾瑞、郝𬭎新，2007），设计线性变换对角化问题的研究性教学案例（主要是生成过程）。

1. 教学过程设计

(1) 提出课题。

教师陈述事实：我们已有结果

若 V 是数域 F 上的 n 维向量空间，$\sigma \in L(V)$，$\{\alpha_1, \cdots, \alpha_n\}$ 是 V 的一个基，σ 关于此基的矩阵为 A，如果

$$\forall \xi = (\alpha_1, \cdots, \alpha_n)X \in V, \text{其中 } X = (x_1, \cdots, x_n)^{\mathrm{T}}$$

那么 $\sigma(\xi)$ 关于 $\{\alpha_1, \cdots, \alpha_n\}$ 的坐标即是 AX，于是 $\sigma(\xi)$ 的坐标的计算复杂度完全取决于 A。

面对这样的事实，你在想什么？或者想做什么？……

期望点：找到 V 的一个基，使得 σ 关于此基的矩阵比较简单。注意到对角形矩阵既简单又使用方便，所以就希望：

$$\text{找到 } V \text{ 的一个基，使得 } \sigma \text{ 关于此基的矩阵为对角形} \tag{1}$$

此点，尽可能由学生思考或诱导学生思考完成。

(2) 拟订方案。

方案由教师组织学生讨论确定。下面给出一个参考方案。

① 确定研究目标。

A. 组织学生寻找使（1）成立或不成立的例子。

期望点：既能找到成立的例子，也能找到不成立的例子，从而得到结论：
（1）不一定成立。

B. 继续探讨：既然（1）不一定成立，那么请考虑把要求放宽一点，即用一种比对角形略微复杂且有规律的矩阵来代替对角形。

期望点：选择"准对角形"。

C. 于是，就继续寻找使

$$找到 V 的一个基，使得 \sigma 关于此基的矩阵为准对角形 \qquad (2)$$

成立或不成立的例子。

期望点：找到成立的例子，也找到不成立的例子，并得出结论：（2）也不一定成立。

D. 要求是不能再放宽了，因为再宽就不简单了。刚才的讨论说明什么？

期望点：一般来说（1）或（2）不一定成立，所以应该做的是，寻找使（1）或（2）成立的条件。

E. 那好，请考虑我们现在应该怎么做？

期望点：因为对角形是准对角形的特例，所以先研究（2）成立的条件，然后在（2）成立的基础上再研究（1）。

这个期望点就是研究目标。为了说话方便，对使（1）、（2）成立的情况给出一种说法：

定义：对于 $\sigma \in L(V)$，若存在 V 的基使 σ 关于此基的矩阵是对角形（准对角形），则称 σ 可对角化（可准对角形化）。

这样，**研究目标**就是：先研究 σ 可准对角化的条件，然后在 σ 可准对角化条件的基础上再研究 σ **可对角化的条件**。

② **确定研究路线**。

A. 考虑面对研究目标所存在的困难。

期望点：因为 n 维空间有无穷多个基，所以不能一一试探。

B. 寻求解决困难的策略。

期望点：根据"从一般到特殊"的思想，确定一种可能的做法。

任取基 $\alpha = \{\alpha_1, \alpha_2, \cdots, \alpha_n\}$，设 σ 关于 α 的矩阵是 A，想办法将 α 变到某 $\beta = \{\beta_1, \beta_2, \cdots, \beta_n\}$，使 σ 关于 β 的矩阵为准对角形。

暂定此为**研究路线**。

③ **确定研究方案**。

根据研究目标及研究路线，确定**研究方案**如下：

对于 $\sigma \in L(V)$

（1）研究 σ 可准对角形化的条件及方法；

（2）在准对角形化的基础上，研究 σ 可对角化的条件及方法；

（3）对于准对角形化但不能对角化的 σ，研究特殊的准对角形矩阵问题。

注：亦即是期望研究有理标准形、若当标准形问题，如教学计划没有要求，可请同学们自行研究。

（3）搜集资料。

根据方案搜集相关的资料，由学生进行。

（4）研究论证。

研究论证，由教师组织学生进行，下面给出的是论证的参考内容，具体研讨过程就不再赘述。

① 探究 σ 可准对角形化的条件。

对于 $\sigma \in L(V)$，探究 σ 可准对角形化的条件。

欲求之，先设之，寻觅方法。设：

$$\sigma \text{ 关于基 } \{\beta_1, \cdots, \beta_n\} \text{ 的矩阵为准对角形 } B = \mathrm{diag}(B_r, B_{n}-r)$$

B_r、$B_{n}-r$ 的下标表示该方阵的阶数，那么由

$$\sigma(\beta_1, \cdots, \beta_r, \beta_{r+1}, \cdots, \beta_n) = (\beta_1, \cdots, \beta_r, \beta_{r+1}, \cdots, \beta_n)\, B$$

可得：

$$(\sigma(\beta_1), \cdots, \sigma(\beta_r)) = (\beta_1, \cdots, \beta_r)\, B_r$$
$$(\sigma(\beta_{r+1}), \cdots, \sigma(\beta_n)) = (\beta_{r+1}, \cdots, \beta_n)\, B_{n-r}$$

若令 $W_1 = L(\beta_1, \cdots, \beta_r)$，$W_2 = L(\beta_{r+1}, \cdots, \beta_n)$，则发现：

事实一：$\sigma(W_1) \subseteq W_1$，$\sigma(W_2) \subseteq W_2$，这样的 W_1、W_2 能保证 B 是准对角形。

所以应该重点考虑这样的子空间。为了说话方便，起个名字，即称这样的子空间为 **σ 的不变子空间**（简记为：σ – 子空间）。

显然，如果只考虑 σ 在 W_i 上的作用（为方便，称"只考虑 σ 在 W_i 上的作用"为 σ 在 W_i 上的限制，记为 $\sigma|_{W_i}$），那么 $\sigma|_{W_i}$ 即是 W_i 上的线性变换，且 $\sigma|_{W_1}$ 关于 $\{\beta_1, \cdots, \beta_r\}$ 的矩阵是 B_r，$\sigma|_{W_2}$ 关于 $\{\beta_{r+1}, \cdots, \beta_n\}$ 的矩阵是 B_{n-r}。

事实二：$V = W_1 \oplus W_2$，如此即说明 W_1 与 W_2 的基构成了 V 的基，并且 σ 关于此基的矩阵就是 B。因此猜想：

若向量空间 V 能分解为不变子空间 W_1 与 W_2 的直和，那么就存在 V 的基，使得 σ 关于此基的矩阵就是 B。

于是接下来的研究就是：研究不变子空间，证明猜想并予推广等，参见教材《高等代数》（张禾瑞、郝鈵新，2007）。

② 寻求 σ 可对角化的条件及方法。

A. 基本分析。据① 结论可以想到：

$$\sigma \text{ 可对角化} \Leftrightarrow V \text{ 能分解为一维 } \sigma - \text{子空间的直和}$$

并且

当 V 是一维 σ – 子空间 W_1，$\cdots$，W_n 的直和时，任取 W_k 的基 $\{\beta_k\}$，则 $\sigma(\beta_k) = \lambda_k\beta_k$ 且 $\{\beta_1, \cdots, \beta_n\}$ 构成 V 的基。

于是

$$\sigma \text{ 关于 } \{\beta_1, \cdots, \beta_n\} \text{ 的矩阵是 diag } (\lambda_1, \cdots, \lambda_n)$$

可见具有性质 $\sigma(\beta_k) = \lambda_k\beta_k$ 的基是可对角化的关键，为了方便称满足 $\sigma(\xi) = \lambda\xi$ 的 λ 为 σ 的**特征值**、ξ 为 σ 属于 λ 的**特征向量**（其中 $\lambda \in C$，$\xi \neq 0$，因为基向量不能为 0）。这样又可说：

$$\sigma \text{ 可对角化} \Leftrightarrow \sigma \text{ 存在 } n \text{ 个线性无关的特征向量}$$

所以研究"对角化"应从特征根与特征向量开始。

B. 特征根与特征根向量的研究。研究特征根与特征向量，首要的问题是有没有。因此应做如下的研究：

首先，考虑是否任一线性变换存在特征根与特征向量。为此可考查已知道的线性变换［如教材《高等代数》（张禾瑞、郝钠新，2007）第 255 ~ 257 页之例 1 至例 8 及第 265 页之第 2 题等］，结果是"不一定"。于是就需要：寻求特征根与特征向量的存在条件及求法。

对于 $\sigma \in L(V)$，由"特征根与特征向量"的定义知，特征根与特征向量与 V 的基有关，于是先取定一个基 $\{\alpha_1, \cdots, \alpha_n\}$ 进行分析：

任意取定 V 的一个基 $\{\alpha_1, \cdots, \alpha_n\}$，且设 A 是 σ 关于 $\{\alpha_1, \cdots, \alpha_n\}$ 的矩阵，则 $\forall \xi \in V$，都存在 $X \in F^n$，使得

$$\xi = (\alpha_1, \cdots, \alpha_n)X \text{ 且 } \sigma(\xi) = (\alpha_1, \cdots, \alpha_n)AX$$

于是

$$\sigma(\xi) = \lambda\xi \Leftrightarrow AX = \lambda X \Leftrightarrow (\lambda I - A)X = 0$$

进而得

ξ 是 σ 属于特征根 λ 的特征向量 $\Leftrightarrow (\lambda I - A)\, X = 0$ 有非零解 $\xi \Leftrightarrow |\lambda I - A| = 0$

所以

（1）λ 是 σ 的特征根 $\Leftrightarrow \lambda$ 是 $|\lambda I - A|$ 的根

（2）$|\lambda I - A| = 0 \Rightarrow \sigma$ 有属于 λ 的特征向量，并且

$$(\lambda I - A)\, X = 0$$

的任一非零解都是 σ 属于 λ 的特征向量

也就是说可从 A 来求得 σ 的特征根与特征向量。

说"可从 A 来求得 σ 的特征根与特征向量"，需要注意的是"A 是特定的"，因此就存在着这样的问题：如另取基 $\{\beta_1, \cdots, \beta_n\}$，$\sigma$ 关于 $\{\beta_1, \cdots, \beta_n\}$ 的矩阵是 B，对 $\{\beta_1, \cdots, \beta_n\}$ 重复上面的分析，否会得到 σ 的不同的特征根与特征向量？

这个问题必须考虑，而考虑这个问题应从 $\{\beta_1, \cdots, \beta_n\}$ 与 $\{\alpha_1, \cdots, \alpha_n\}$ 的关系想起。

根据不同基的矩阵的关系知 $B \sim A$，于是即有

$$f_B(\lambda) = f_A(\lambda)$$

这说明特征根的计算与基的选择无关，于是又有

$$B \sim A \Leftrightarrow B = T^{-1}AT$$

所以

$$(\lambda I - B)\, X = 0 \Leftrightarrow T^{-1}(\lambda I - A)\, TX = 0 \Leftrightarrow T^{-1}(\lambda I - A)\, Y = 0 \Leftrightarrow (\lambda I - A)\, Y = 0$$

又说明特征向量的计算也与基的选择无关。

总之，求 σ 的特征根与特征向量与基的选择无关。因此甚至也可说任取一个可逆矩阵进行。于是就可以这样说：

任取 V 的一个基 $\{\alpha_1, \cdots, \alpha_n\}$，设 A 是 σ 关于 $\{\alpha_1, \cdots, \alpha_n\}$ 的一个矩阵，称

$$f_A(\lambda) = |\lambda I - A| = 0$$

为 σ 的特征多项式，且可记 $f_\sigma(\lambda) = f_A(\lambda)$，$f_A(\lambda)$ 的根 λ 就是 σ 的特征根。于是称

$$(\lambda I - A)\, X = 0 \text{ 的解空间}$$

为 σ 属于特征值 λ 的特征子空间，记为 V_λ，V_λ 中向量都是 σ 属于特征值 λ 的特征向量。

为了后续研究需要深入了解特征多项式、特征根、特征向量、特征子空间的相关性质［参见教材《高等代数》相关内容（张禾瑞、郝钠新，2007）］。

C. 对角化的条件及方法研究。根据特征根与特征向量，寻求可对角化的具体条件和方法，假设：

$$\{\beta_1, \cdots, \beta_n\} \text{ 是 } \sigma \text{ 的基，且 } \sigma(\beta_k) = \lambda_k \beta_k$$

因为诸 $\lambda_1, \cdots, \lambda_n$ 中可能有相同的，所以为了寻找规律，不妨将其进行规整：设其中有且仅有 t 个互不相同，记为：

$$\lambda_1, \cdots, \lambda_t$$

且有：

$$s_1 \text{ 个 } \lambda_1, \cdots, s_t \text{ 个 } \lambda_t \ (s_1 + \cdots + s_t = n)$$

那么 $\beta_1, \cdots, \beta_n$ 也可相应重新编号为：

$$\beta_{11}, \cdots, \beta_{1s_1}, \cdots, \beta_{t1}, \cdots, \beta_{ts_t} \text{ 并且 } \sigma(\beta_{kj}) = \lambda_k \beta_{kj} \ (j = 1, \cdots, s_k)$$

这样即可写出关系式：

$$
\sigma(\beta_{11}, \cdots, \beta_{1s_1}, \cdots, \beta_{t1}, \cdots, \beta_{ts_t}) =
$$

$$
(\beta_{11}, \cdots, \beta_{1s_1}, \cdots, \beta_{t1}, \cdots, \beta_{ts_t})
\begin{pmatrix}
\lambda_1 & & & & & & \\
 & \ddots & & & & & \\
 & & \underbrace{\lambda_1}_{s_1 \uparrow} & & & & \\
 & & & \ddots & & & \\
 & & & & \lambda_t & & \\
 & & & & & \ddots & \\
 & & & & & & \underbrace{\lambda_t}_{s_t \uparrow}
\end{pmatrix}_n \tag{3}
$$

记 $B = \mathrm{diag}\,(\underbrace{\lambda_1, \cdots, \lambda_1}_{s_1 \uparrow}, \cdots, \underbrace{\lambda_t, \cdots, \lambda_t}_{s_t \uparrow})$。

分析（3）是否符合我们的要求：

首先，B 是否为 σ 的矩阵？看样子好像是，但是应该注意的是 σ 及其特征根与特征向量都与"数域 F"有关，也就是说，当 $f_\sigma(\lambda)$ 的根不在 F 中时，就有

$B \notin M_n(F)$，这样的话，B 就不是 σ 的矩阵，σ 也就不能对角化。于是 σ 能否对角化的关键之一是 σ 的特征根是否都在 F 中。因此，为了区别，特称 σ 在 F 中的特征根为**本征值**，相应的特征向量为**本征向量**。

其次，由 $\sigma(\beta_{kj}) = \lambda_k \beta_{kj}$ 知 β_{k1}，$\cdots$，$\beta_{ks_k} \in V_{\lambda_k}$，但当 $\dim V_{\lambda_k} < s_k$ 时，感觉 β_{k1}，$\cdots$，β_{ks_k} 就不可能存在了，亦即是 B 就不可能存在。

再次，β_{11}，$\cdots$，β_{1s_1}，$\cdots$，β_{t1}，$\cdots$，β_{ts_t} 能否是 V 的基，取决于 σ 属于不同特征根的特征向量是否线性无关。

这样看来，寻求可对角化的条件和方法，应该研究以下问题：

a. 属于不同特征根的特征向量是否线性无关？

b. 是否 $\dim V_{\lambda_k} \leq s_k$？为了方便，称 $\dim V_{\lambda_k}$ 为 λ_k 的几何重数，s_k 为 λ_k 的代数重数。

c. 猜想：σ 可对角化 $\Leftrightarrow \sigma$ 特征根都在 F 中且每个特征根的几何重数 = 代数重数。

下面逐个分析：

关于 a，参照教材《高等代数》（张禾瑞、郝鈵新，2007）的定理 7.6.1 及推论 7.6.1 的证明设计研究过程。

关于 b，分析 $\dim V_{\lambda_k}$：因为

$$\forall \xi \in V_{\lambda_k} \Rightarrow \sigma(\xi) = \lambda_k \xi$$

所以感觉且易证 V_{λ_k} 是不变子空间。鉴于不变子空间的研究经验，将 V_{λ_k} 的基 α_1，$\cdots$，α_s 扩充为 V 的基，则 σ 关于此基的矩阵是

$$A = \begin{bmatrix} \lambda_k I_s & * \\ & * \end{bmatrix}$$

所以 $f_A(\lambda) = (\lambda - \lambda_k)^s g(\lambda)$，可见 λ_k 的重数不小于 s，即 $\dim V_{\lambda_k} = s \leq s_k$。如此说明：

有可能 $\dim V_{\lambda_k} < s_k$，并且这种情况下所希望的 B 就未必存在，σ 也就未必可以对角化。

关于 c，在以上讨论的基础上，参见教材《高等代数》（张禾瑞、郝鈵新，2007）的相关证明设计研究过程。

具体的 σ 可对角化的理论，可参见教材《高等代数》（张禾瑞、郝鈵新，2007）的推论 7.6.2 等。

D. 矩阵对角化问题。

从上述讨论可见，σ 对角化实质上是 σ 的关于某个基的矩阵的"对角化"，所以可相应地给出矩阵对角化的概念及结论。（略）

E. 矩阵对角化应用。

略。

F. 结论。

系统总结，给出知识结构图，且做综合应用练习［参见教材《高等代数》（张禾瑞、郝钠新，2007），并补充应用例子］。

③ 当 σ 不能对角化时，研究准对角形化问题。限于篇幅，从略，参见参考文献［137］。

2. 评述

该案例设计体现了整体性：以准对角化向下拓开而得到对角化、有理标准形、若当标准形，使学生很清楚地认识到相关知识的整体脉络。

该案例设计体现了连续性：整个思维过程都是连续的，没有产生断层，如图 3.32 所示。

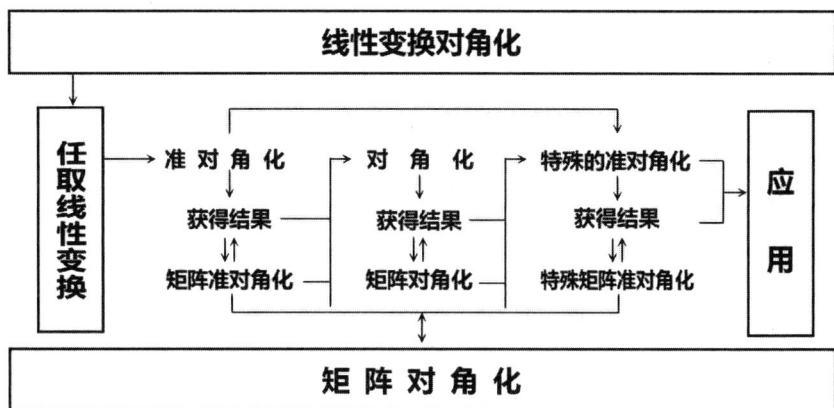

图 3.32　案例中线性变换对角化生成线路

该案例设计体现了生成性：所有概念都是在研究过程中根据需要而命名的，所有结论都是在研究过程中获得的，没有丝毫的注入行为。如：课题的提出、研究方案的拟定、对角化、准对角化的条件与结论等，都是生成的。

当然上述研究过程也可转化为教师的讲授过程或者其他的教学过程。

3.3.2.4　"过程→生成"建模式教学

建模是重要的数学方法，它不仅是问题解决的需要，也是数理科学发展的需要，更是创新世界的需要。所以提升学生素质、培养创造能力，必须使学生具有数学建模思想与能力。然而仅依靠建模竞赛，仅依靠部分学生参与的建模课程，不足以满足培养高素质、创新型人才的需求，只有使所有学生都能接受到建模思想及过程的熏陶，才能不负教育的使命，所以应该将建模思想方法应用到常规的课堂教学中。然而，建模，本来就难，如果想在普通的课堂教学中要求学生自主建模，那么必然更难。同样，也可用结论式教学思想去改良建模过程，但这样对学生的素质与能力的提升来说意义不大。于是我们仍然倡导"过程→生成"建模教学。

3.3.2.4.1 相关概念

建模式教学如何界定？如何组织实施？笔者的观点仍然是移植——移植数学模式过程。

数学模型。数学模型是对于现实世界的一个特定对象，为了一个特定目的，根据特有的内在规律，做出若干必要的假设，运用适当的数学工具，得到的一个数学结构。（姜启源、谢金星、叶俊，2003）

数学建模。建立数学模型的过程。其一般步骤为：模型准备→模型假设→模型构成→模型求解→模型分析→模型检验→模型应用。（姜启源、谢金星、叶俊，2003）

建模式教学。针对某一对象或问题，组织学生或向学生展示建模过程的教学。

建模式教学的一般步骤：

（1）模型准备：提出问题，明确目的，搜集信息，明确思路；

（2）模型假设：抓住主要因素，瞄准建模目的，作出模型假设；

（3）模型构成：根据假设，用数学方法、语言、符号描述对象的本质特征；

（4）模型验证：计算或论证所建模型的可靠性；

（5）模型分析：用数学方法分析所得结论；

（6）模型检验：理论结果回归问题，检验其合理性、实用性，如有缺陷，则修正模型假设重新建模；

（7）模型应用：分析模型的应用价值。在具体教学设计中，上述步骤未必依序而行或面面俱到，但必须遵循"过程→生成"教学的基本原则。

过程→生成"建模式教学：基于"过程→生成"教学理念践行建模式教学。亦即是在建模式教学中注重知识的生成过程，遵循整体性、连续性、创造性的基本原则，使学生既能构建能动的认知结构，又能提升建模的情感态度及思想方法。同样，一般地说，教学是师生共同实现的；具体地说，如果用 T（$0 \leqslant T \leqslant 1$）表示教师的参与度，那么当 $T=0$ 时就是纯粹的学生建模学习，当 $T=1$ 时就是纯粹的"过程→生成"式建模式讲授，当 $0 < T < 1$ 时就是教师酌情调控参与度的

可变"过程→生成"建模式教学。

3.3.2.4.2 案例设计

教学内容：剩余类及剩余类加群。

使用教材：《近世代数基础》（张禾瑞，1978）。

有关说明：教材中，剩余类概念在第一章 §10 中，剩余类加群在第二章 §7 中，案例将二者合并处理。如此不仅符合"过程→生成"之整体性、连续性的要求，而且弥补了第二章 §1 "群的定义"中有限群实例的不足。具体设计如下：

1. 教学过程设计

（1）模型准备。现实中，总会关注这样的问题：完成一项任务需要 75 个小时，如从某天上午 8 点开始不间断地轮班工作，那么任务将在几天以后的什么时刻完成？

分析：因为每天 24 小时，所以由 $75 \div 24 = 3 \cdots 3$ 即知完成任务需要 3 天零 3 小时，亦即是任务到第 3 天的 11 点钟完成。于是问题的解答是：

$$天数 = [75/24] = 3 （此处的 [x] 表示取整函数）；时刻 = 8 + (75 - 24 \times 3) = 11$$

可见天数计算符合常理，但时刻计算却不自然，因为按常规思维，似乎应有关系式：

$$完成工作的时刻 = 工作的开始时刻 + 完成工作所需的时间$$

但事实却并非如此。那么能否规定一套方法，使之也符合常规思维呢？细思之：之所以不能，是因为时刻的表示并非在整数集中进行，而是从 0 到 23 的循环（24 时计时法），于是问题的解决应从计时法入手。

（2）模型假设。本质上看 24 时计时法是对整数集的一个分类（如图 3.33 所示），分类的原则是：两数同类 ⇔ 它们被 24 除余数相同。

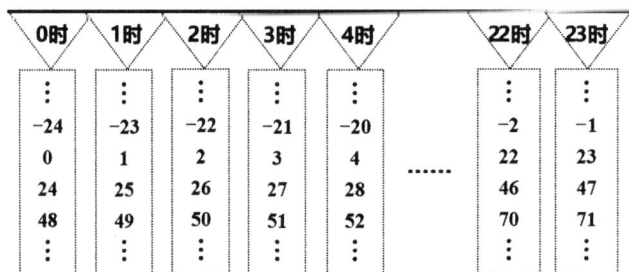

图 3.33　24 时计时法模型

这样即把整数集分为 24 个类，一个类可表示一个时刻，不同类则表示不同的时刻。并且为了方便在每个类中取一个数作为该类的代表，比如在第 s 类中取出数 s，并佩戴一个特别的标志"[ ]"，这 24 个类即可表示为：

$$[0] = \{24k \mid k \in \mathbf{Z}\}, [1] = \{24k+1 \mid k \in \mathbf{Z}\}, \cdots, [23] = \{24k+23 \mid k \in \mathbf{Z}\}$$

令

$$\mathbf{Z}_{24} = \{[0], [1], [2], \cdots, [23]\}$$

那么其中的 24 个元素即表示每天的 24 个小时。当然类代表是可以改选的，如 $[0] = [24] = [48]$、$[1] = [25] = [49]$ 等（即一个类中的任何数都可选做这个类的代表），我们将晚上的 12 点（也就是 24 点）叫作 0 点也就是这个道理。其实这样的实际意义是非常清楚的，因为：

$$[a] = [b] \Leftrightarrow a \text{ 与 } b \text{ 被 } 24 \text{ 除余数相同}$$

现尝试在 $\mathbf{Z}_{24}$ 中计算开始问题中的"时刻"，因为：

$$11 = 8 + (75 - 24 \times 3) \Leftrightarrow 75 + 8 = 24 \times 3 + 11$$

所以：

$$[11] = [75 + 8]$$

由此可见，我们如果在 $\mathbf{Z}_{24}$ 中规定一种运算：

$$[a] + [b] = [a + b]$$

那么即有结果：

$$[8] + [75] = [83] = [11]$$

时间的计算也就方便了。因此我们就有兴趣研究 $\mathbf{Z}_{24}$，或者更有兴趣研究一般的 $\mathbf{Z}_m$（m 是任意的正整数）。

（3）模型构成。对于给定的正整数 m，类似于 $\mathbf{Z}_{24}$ 的构作，令

$$\mathbf{Z}_m = \{[0], [1], [2], \cdots, [m-1]\}$$

其中

$$[a] = \{km + a \mid k \in Z\} \quad (a = 0,\ 1,\ 2,\ \cdots,\ m-1)$$

在 Z_m 中规定运算：

$$[a] + [b] = [a+b]$$

希望（Z_m，+）是一个代数系统。

（4）模型验证。要证（Z_m，+）是代数系统，需证明 $[a] + [b] = [a+b]$ 是 Z_m 上的代数运算，而要证 $[a] + [b] = [a+b]$ 是 Z_m 上的代数运算，又需要弄清 Z_m 的本质特征。参照 Z_{24}，Z_m 应是整数集的一个分类，所以确定 Z_m 的本质特征，需要研究分类。

① **研究分类**。其实，分类是生活中的常事，也就是把一些事物分门别类，不过需要注意的是分类必须做到**不重不漏**。分类，可用集合方法去描述：把集合 A 分成若干个子集，使得 A 的每个元素属于（不漏）且只属于某个子集（不重），每个子集也就叫 A 的一个类。

实际上，分类的不重不漏原则揭示出 A 中元素的一种关系：A 中任意两个元素，要么同类，要么不同类。所以研究分类需要先研究"关系"。

② **研究关系**。实际上，关系对我们来说并不陌生，如：父子关系、同学关系、师生关系、大于关系、等于关系，等等。简单说，也就是事物间的某种联系，当然也可以说是集合中元素间的某种联系。因为分类时只要将集合中的元素两两比较即可，所以在关系研究中也就只要关注两个元素间的关系即可，于是即可起个名字，称为二元关系（当然，如此说明二元关系只是描述性说法）。一个显然的事实是：关系必须具有确定性。如对二元关系来说，任意两个事物，"有"或者"没有"某种联系必须是确定的。也就是说：如果用 R 表示事物间的一个二元关系，那么对于任意的事物 a 与 b，要么 a、b 具有关系 R（记为 aRb），要么 a 与 b 不具有关系 R（记为 $a\overline{R}b$），二者有且仅有其一。将此用集合方法描述如下：

定义 1 A 是一个集合，R 是 A 中元素间的某种联系，如果 $\forall a,\ b \in A$，aRb 或者 $a\overline{R}b$ 有且仅有其一发生，就称 R 是 A 上的一个二元关系，简称为关系。

现在回过头来，用关系来研究分类。首先的问题是：是否任何关系都能进行分类？通过实例分析（例略，教学中如何举出例子，可酌情处理），答案是否定的！于是就需要研究何种关系才能用于分类。

③ **探讨能予分类的关系**。设 R 是 A 上的二元关系，尝试用 R 对 A 分类，并寻找 R 能予分类的条件。

显然，用 R 对 A 分类可以这样做：对于 $a \in A$，把所有与 a 有关系的元素分为一类记作 $[a]$，即

$$[a] = \{x \in A \mid xRa\} \tag{1}$$

具体分类的做法是：在 A 中取出一个元素 a 得到一个类 $[a]$，再取一个元素 b 又得到一个类 $[b]$，一直下去，即得到：

$$\mathfrak{A} = \{[a], [b], [c], [d], \cdots\}$$

现假设 $\mathfrak{A}$ 是 A 的一个分类，探讨 R 所需条件。

首先，既然 $\mathfrak{A}$ 是 A 的分类，那么 A 的每一个元素必然要在某一个类中，这就要求 R 必须具有性质：

$$\forall a \in A，都有 \ aRa \tag{2}$$

才会有 $a \in [a]$。这里的 "aRa" 好像是 a 走过去又返回来，具有 "自反" 的意思，所以称 (2) 为**自反性**比较恰当（也有人称之为**反身性**）。这就是说，当 R 具有自反性时，分类 $\mathfrak{A}$ 就满足 "不漏" 的要求。

其次，作为分类，必须不重，也就是 $\forall a \in A$，如果既有 $a \in [a]$ 又有 $a \in [b]$，那么就必须 $[a] = [b]$。然而，目前还不知道 $[a] = [b]$ 的条件，所以要解决 "不重" 问题，就必须先解决 "判断 $[a]$、$[b]$ 相等" 的问题。

分析：假如 $[a] = [b]$，那么因为 $a \in [a]$，所以 $a \in [b]$，所以 aRb，因此猜想：当 R 具有某种性质时，aRb 可能是 $[a] = [b]$ 的充分条件。于是，设 aRb，寻找具有某种性质的 R，使得：

$$由 \ aRb \ 能推出 \ [a] = [b] \tag{3}$$

但因为

$$[a] = [b] \Leftrightarrow [a] \subseteq [b] \ 且 \ [b] \subseteq [a]$$
$$\Leftrightarrow "x \in [a] \Rightarrow x \in [b]" \ 且 \ "x \in [b] \Rightarrow x \in [a]"$$
$$\Leftrightarrow "xRa \Rightarrow xRb" \ 且 \ "xRb \Rightarrow xRa"$$

所以 (3) 可分解为：

$$xRa \ 且 \ aRb \Rightarrow xRb \tag{4}$$

与

$$xRb \ 且 \ aRb \Rightarrow xRa \tag{5}$$

考察（4）：显然，据现有条件没办法证明（4）成立，于是只能限定（4）为 R 的一个性质。注意到 a、b、x 的任意性，所以这个性质应该对 A 中任意三个元素都成立。再注意（4）中的 a 相当于二传手，起到了传递作用，所以不妨称（4）为**传递性**。

考察（5）：（5）中没有二传手，不过仔细观察一下就会发现，如果 R 具有性质

$$\forall a、b \in A, \ aRb \Rightarrow bRa \tag{6}$$

那么（5）也就成立了，于是就把（6）限定为 R 的一个性质。注意到（6）中的"$aRb \Rightarrow bRa$"看起来是对称的，所以不妨称（6）为**对称性**。

这就是说，当 R 具有对称性与传递性时，就能证明（4）与（5）成立，进而分类 $\mathfrak{A}$ 也就能满足"不重"的要求。

综上讨论可知，可用来分类的二元关系必须具有性质：反身性、对称性、传递性。请大家想一下，常见的关系中哪些具有这三种性质（如相等关系、全等关系、相似关系等），其实这种关系蕴含着价值相等、地位相等的意思，所以可称之为等价关系。因为等价关系特殊且常用，所以将 aRb 特别地记为 $a \sim b$。

根据上面的讨论即可得到结果（定理1）：

定理1 集合 A 上的一个等价关系"$\sim$"能够决定 A 的一个分类：

$$\{[a] \mid a \in A\}, \ \text{其中} \ [a] = [b] \Leftrightarrow a \sim b$$

请大家写出定理1的证明。

当然我们应考虑定理1的逆定理是否成立？亦即集合 A 的一个分类决定 A 的一个等价关系。是否成立？若成立请写出证明。

④ **剩余类及其运算**。考查 Z_m，因为 Z_m 中的元素 $[a]$ 是被 m 除余数与 a 相同的整数的集合。这里涉及"余数相同"，为了方便，我们可规定一个表示余数相同的符号化方法：

$$\text{若} \ a \ \text{与} \ b \ \text{被} \ m \ \text{除余数相同，则记为} \ a \equiv b \ (\bmod m)$$

并自然地称之为"同余关系"，易证同余关系"$\equiv$"是等价关系。

显然，Z_m 即是由同余关系决定的整数集 Z 的一个分类，需要起个特别的名字（不过名字已有人起好了），叫作"**模 m 的剩余类**"，并且

$$\forall \ [a]、[b] \in Z_m, \ [a] = [b] \Leftrightarrow a \equiv b \ (\bmod m)$$

同时可证

$$[a]+[b]=[a+b]$$

是 Z_m 的代数运算［证明参见教材《近世代数基础》（张禾瑞，1978）］，所以（Z_m，+）是代数系统。

类比（Z，+）研究（Z_m，+）的性质可知（Z_m，+）具有性质：

A. 结合律：$[a]+[b]=[b]+[a]$。

B. 交换律：$([a]+[b])+[c]=[a]+([b]+[c])$。

C. 存在单位元 $[0]$，使得 $\forall[a]\in Z_m$，$[a]+[0]=[a]$。

D. $\forall[a]\in Z_m$，存在负元 $-[a]\in Z_m$，使得 $[a]+(-[a])=[0]$。

E. 减法：$[a]-[b]=[a]+[(-b)]$。

F. 方程：$[x]+[a]=[b]$ 有解 $[x]=[b]+[-a]$。

(5) 模型分析。我们构建了一个代数模型（Z_m，+），它是一个有限的代数系统，弥补了（Z，+）的不足（如关于时间计算问题）。

从数学体系发展来说，模型（Z_m，+）可扩展为剩余类加群、剩余类环，二者在理论与应用上都有很高的价值，相关的研究很多。

(6) 模型检验。回到 Z_{24}，因为（Z_{24}，+）是代数系统，所以其中的加、减法是畅通无阻的，因此可以解决类似于初始问题的任何问题，例如今天 10 时起，经过 12 345 个小时，将是某天的 $[10]+[12345]=[12355]=[19]$ 时；已知某件事是在今天 10 时前 12 345 个小时完成的，那么此事完成的时刻是 $[10]-[12345]=[-12335]=[1]$ 时。

(7) 模型应用。请学生寻找（Z_m，+）在现实中的其他应用。

2. 评述

该案例的设计体现了整体性：如剩余类与剩余类加群的整合处理，避免了学生面对冰冷的剩余类概念茫然不解的局面。

该案例的设计体现了连续性，整个思维过程如下：

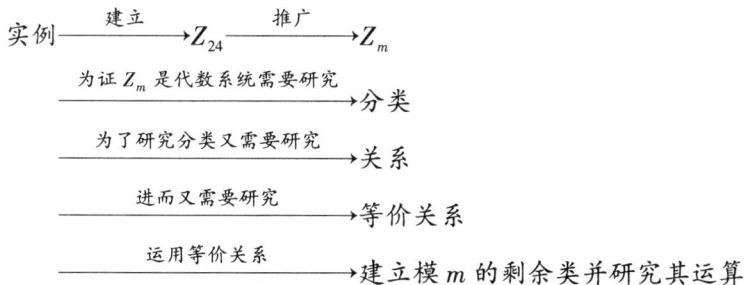

可见环节与环节之间都是连续的。

该案例的设计体现了生成性，例如：计时法、Z_m、分类、关系、反身性、对称性、传递性、等价关系、模 m 的剩余类及其运算等，都是在研究过程中生成且自己命名的。

建模式教学是将数学建模过程转化为教师指导学生建模或教师向学生展示某种建模过程的教学，以使所有学生在所有课程的学习中尽可能地在建模过程中学习建模方法、感受建模思想。这样做尽管可能不是学生亲历（比如教师讲授时），但只要教师处理得当，能使学生与教师思维共鸣，形成学生与教师共同建模的态势，每每如此，日久天长，必能丰富学生的建模思想，逐步增强学生默会知识系统的创造能力。

3.3.2.5 "过程→生成"式基克问题解决教学

培养学生的问题解决能力，已是各国教育改革中备受关注的问题，所以研究问题解决教学是教学改革必要的环节。本节研究基于"过程→生成"理念的基克问题解决教学。

3.3.2.5.1 相关概念

20 世纪以来，人们对问题解决及其相关思维、技能做了大量的研究，尤其是自皮亚杰的认知理论面世和认知心理学产生以后，人们更热衷于从认知的角度来解释人类解决问题的过程，更真实地描述了人类解决问题的过程，基克问题解决模式就是其中之一。

基克问题解决模式如图 3.34（刘儒德，1996）所示。

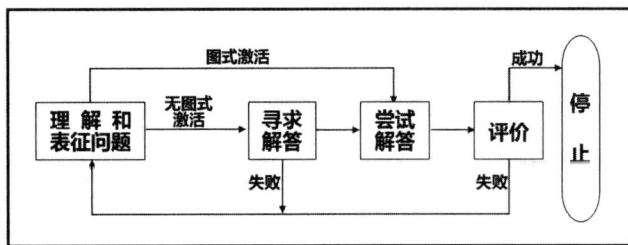

图 3.34　基克问题解决模式

基克问题解决教学：对某个问题，参照基克问题解决模式，组织学生展开或向学生展示问题解决过程的教学。

基克问题解决教学实施步骤：

第一步　提出问题。

第二步　理解表征问题。找出相关信息，忽略无关细节，分析词句含义，理解表征问题。许多问题，运用图形表征可能更有助于理解整个问题。在理解表征问题过程中，若问题的解析与头脑中已有的的解题系统产生某种匹配（即"图式激活"），则直接进入尝试解答阶段，否则需要寻求解答的路线。

第三步　寻求解答路线。寻求解答路线的一般方法可能有算法式和启发式，常用的启发式有目的分析法、逆向反推法、爬山法、类比思维法等。如果寻求失败即退回到第二步。

第四步　尝试解决方案。亦即是执行解答计划，此时要保证每一个步骤的正确。

第五步　评价总结。当完成某个解决方案后，要对结果进行评价总结。如果成功且满意就停止，那么就要对求解过程予以完善且构建；否则就退回到前面几个阶段，重新求解。

注意：如此分步，只是一种表述形式，实际的问题解决过程并非为如此线性，可能是跳来跳去的、跨步的，亦即是非线性的。

过程→生成"基克问题解决教学。即是在"过程→生成"理念指引下，践行基克问题解决教学。也就是说在基克问题解决教学过程中，必须突出知识生成过程，遵循动态性、摄入性、生成性、整体性、活力性、连续性的基本原则，使学生在感受中理解知识的生成过程，在生成中构建科学能动的认知结构，在潜移默化中提高情感态度价值观。同样，一般地说，教学是师生共同实现的，具体地说，如果用 T（$0 \leq T \leq 1$）表示教师的参与度，那么当 $T = 0$ 时就是纯粹的学生基克问题解决学习，当 $T = 1$ 时就是纯粹的"过程→生成"式基克问题解决讲授，当 $0 < T < 1$ 时就是教师酌情调控参与度的可变式"过程→生成"基克问题解决教学。

3.3.2.5.2　案例设计

在高等代数教材或教学中，关于有理系数多项式的可约性都是直接定义本原多项式，直接给出高斯引理或直接给出爱森斯坦判别法，无益于数学素质和创造能力的培养。现在我们使用"过程→生成"基克问题解决模式给出有理系数多项式的可约性问题的教学设计，意在抛砖引玉，达到弃绝结论式教学模式的目的。本设计的依托教材为参考文献 [136]。

1. 教学过程设计

（1）问题提出。我们知道，在 C 上只有一次多项式不可约多项式，在 R 上只有一次或二次不可约多项式，但在 Q 上却有任意次不可约多项式。那么就存在问题：如何判断有理系数多项式在 Q 上的可约性？

（2）理解和表征问题。

分析联想：激活基本图式。有理数，即整数之比，联想到"解分式方程去分母"而顿悟出：

$$有理系数 \xrightarrow{\text{去分母转化为}} 整系数$$

例如

$$f(x) = x^2/6 + 1/2 \xrightarrow{\text{两边同乘以系数分母的最小公倍数}} 6f(x) = x^2 + 3 \triangleq f_1(x)$$

显然 $f_1(x)$ 与 $f(x)$ 在 Q 上有相同的可约性，此例具有一般性。于是有理系数多项式在 Q 上可约性的研究可归结为整系数多项式在 Q 上的可约性来研究。

奇思异想：初拟求解路线。设 $f(x) \in Z[x]$，讨论 $f(x)$ 的可约性。因为整系数容易处理，并且

$$f(x) 在 Z 上可约 \Rightarrow f(x) 在 Q 上也可约$$

所以如果能证明

$$f(x) 在 Q 上可约 \Rightarrow f(x) 在 Z 上也可约 \tag{1}$$

那么有理系数多项式在有理数域上可约性问题即可以转化为整系数多项式在整数环上来研究。因此我们初步拟定问题解决路线：

第一步　尝试证明（1）；

第二步　当（1）成立时，寻求整系数多项式在整数环上可约性的判别方法。

(3) 寻求解答。

进行第一步：

设 $f(x) \in Z[x]$ 且在 Q 上可约 ［为方便，简写 $f(x)$ 为 f］，期望的探究过程见图 3.35 所示。图 3.35 的探究说明：只要证明 $f_1 f_2$ 的系数互素，我们的期望就能够实现。注意到

$$u_i = a_i f_i \ (i = 1, \ 2)，其中 a_i 是 u_i 系数的最大公因数$$

所以 f_i 的系数互素。于是所要证明的问题即是

$$由 f_1、f_2 的系数互素推出 f_1 f_2 的系数互素$$

为了表述方便，称系数互素的整系数多项式为"本原多项式"。这样所要证问题即可表为：

猜想 I　本原多项式的乘积是本原多项式。（注：该猜想实际上就是"高斯引理"）。

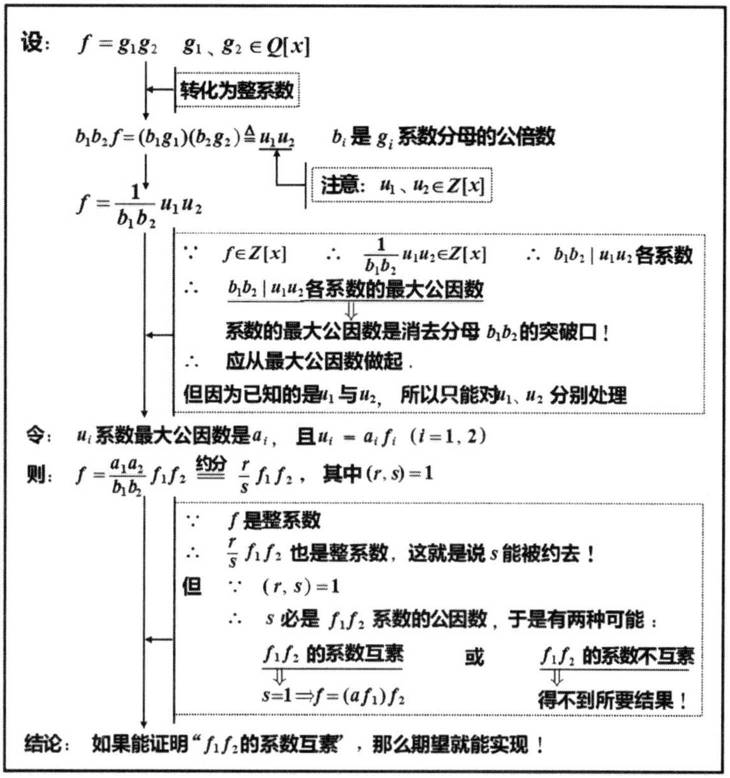

图 3.35 "f 在 Q 上可约 $\Rightarrow f$ 在 Z 上可约"探究图

（4）尝试解决方案。

① 试证猜想 I。 设

$$f = \sum_{i=0}^{m} a_i x^{m-i}, \quad g = \sum_{i=0}^{n} b_i x^{n-i}$$

都是本原多项式，且

$$fg = \sum_{i=0}^{m+n} c_i x^{m+n-i}, \quad c_k = \sum_{s+t=k} a_s b_t$$

要证 fg 是本原多项式，即需证明 $(c_0, c_1, \cdots, c_{m+n}) = 1$。但因为 fg 的系数是抽象的而无法从 $(c_0, c_1, \cdots, c_{m+n})$ 直接推演，故考虑反证。

假如 $(c_0, c_1, \cdots, c_{m+n}) = d \neq 1$，为争取更好的条件，取 d 的素因子 p 而代替 d。分析已知条件与 p 的关系：因为 f、g 都是本原多项式，所以 f 的系数中存在着不能被 p 整除的数，g 的系数中也存在着不能被 p 整除的数，于是应抓住这些不能被整除的系数来"做文章"。不过因为 f 或者 g 中不能被 p 整除的系数并不确定，所以"抓"哪个就成了问题。然而"枪打出头鸟"却隐喻着深刻的

数学哲理："抓"住第一个、最大的、最小的等都是很好的数学方法！所以不妨设

$$p \mid a_0 , \cdots , p \mid a_{i-1} \text{但} p \nmid a_i , p \mid b_0 , \cdots , p \mid b_{j-1} \text{但} p \nmid b_j$$

依此假设以及素数的性质即可推得 pFc_{i+j}，获得矛盾，所以猜想成立，亦即是得到了高斯引理。

至此我们得到结论：

$$\text{若} f(x) \in Z[x]，\text{则} f(x) \text{在} Q \text{上可约} \Leftrightarrow f(x) \text{在} Z \text{上可约}$$

于是可进入第二步。

② 进行第二步。

A. 表征问题。设：

$$f(x) \in Z[x]，\text{寻求} f(x) \text{在} Z \text{上可约性的判别方法}$$

这是毫无目标的问题，不过作为判别方法，自然应从 $f(x)$ 的系数着手。这样问题的关键词即是"系数""分解"等，因此我们联想到高斯引理及其证明：

其一，本原 × 本原 = 本原，从左往右看是乘法，但从右往左看即是因式分解；

其二，高斯引理揭示的是系数之间的关系。于是感觉到高斯引理的证明方法也许能为我们提供一个解决问题的"图式"，所以我们回顾高斯引理的证明，抽象得如图 3.36 所示的思维图式——多项式乘积问题的一种思维模式，依此图式构思，也许能够获得我们所需要的结果，由此可给我们予思维、方法上的启迪。

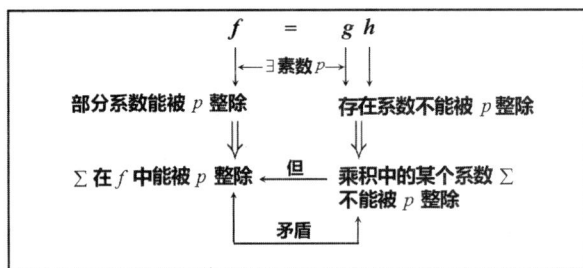

图 3.36　求解多项式乘积问题的一种思维模式

B. 寻求解答。设：

$$f = a_0 + a_1 x + \cdots + a_n x^n \in Z[x]$$

假设存在：

$$g = b_0 + b_1 x + \cdots + b_k x^k 、 h = c_0 + c_1 x + \cdots + c_l x^l \in Z[x]$$

其中 $k < n$，$l < n$，$k + l = n$，使得：

$$f = gh$$

那么依照图 3.37 的图式对 f 的系数构作条件：

首先是取素数 p，因为 f 是抽象的，所以 p 不好确定，于是只能假设有一个素数 p。

其次确定 p 与 f、g、h 系数的整除关系，因为 $a_i = b_0 c_i + b_1 c_{i-1} + \cdots + b_i c_0$，其中 $a_0 = b_0 c_0$，$a_n = b_k c_l$ 最为简单，所以即从 a_0 与 a_n 做起，一种想法是：假设存在素数 p 能够整除 a_0，a_1，$\cdots$，a_{n-1}，但不整除 $a_n = b_k c_l$，即能达到图式中整除 f 的部分系数，但不整除 g、h 的某些系数的要求。这样我们就提出：

猜想 II 设 $f = a_0 + a_1 x + \cdots + a_n x^n \in Z[x]$，如果存在素数 p，使得 p 整除 a_0，a_1，$\cdots$，a_{n-1} 但不整除 a_n，那么 f 在 Z 上不可约。

C. 尝试解答。参照高斯引理证明，用反证法证之：

如果 f 在 Z 上可约，即存在 g、$h \in Z[x]$（g、h 如上所设）使得 $f = gh$，那么由图 3.37 的分析可知，猜想不成立。

当然，不成立的原因可能是条件误差，也可能是此路不通。我们希望是前者，亦即是希望能够修改或补充条件使猜想成立。

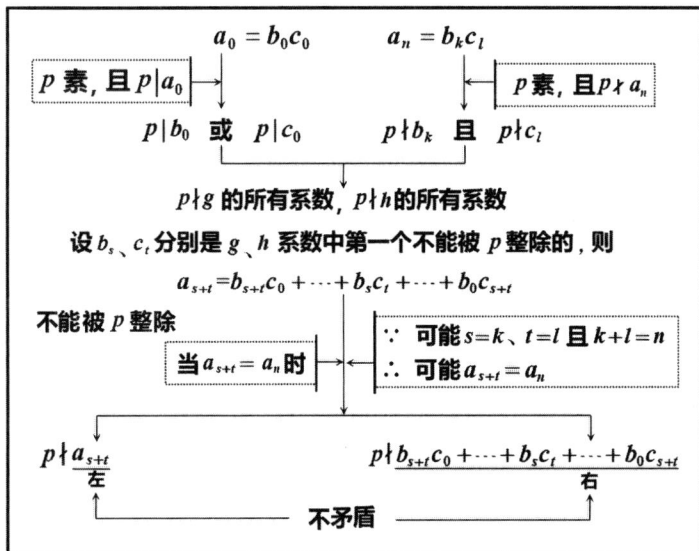

图 3.37 寻求整系数多项式不可约条件探究图

从图 3.37 可见，受挫的阻力是可能出现 "$a_{s+t} = a_n$"，而避之的直接方法是令 $t = 0$ 或者 $s = 0$，比如令 $t = 0$，亦即是令 $p \nmid c_0$，此时：

$$a_{s+t} = b_{s+t}c_0 + \cdots + b_s c_t + \cdots + b_0 c_{s+t} \xrightarrow{\text{即为}} a_s = b_s c_0 + b_{s-1}c_1 + \cdots + b_0 c_s$$

因为 $s < n$，故 $p \mid a_s$，再由 $p \nmid b_s$，$p \nmid c_0$，$p \mid b_i$ $(i = 1, 2, \cdots, s-1)$ 易见

$$p \nmid b_s c_0 + b_{s-1}c_1 + \cdots + b_0 c_s$$

这样即能得到矛盾。

如此来看，关键就成为增加何种条件以保证 $p \nmid c_0$，不过从 $a_0 = b_0 c_0$ 易见，只要让 $p^2 \nmid a_0$ 即可。这样我们即得到了整系数多项式在整数环上可约性的判别法，也就是爱森斯坦判别法。

（5）评价总结。

首先 "有理系数多项式在有理数域上的可约性可转化为整系数多项式在整数环上可约性" 是理想且重要的结论。但爱森斯坦判别法只是充分的，这就是说还应该寻求其他的判别方法。审视爱森斯坦判别法的发现过程可见，猜测：使用图 3.37 的思维图式很可能得到其他的判别方法。

相关结论的证明过程与完整的知识结构。（从略）

2. 评述

该设计给出了完整的知识生成过程：

提出问题：如何判断有理系数多项式在 Q 上的可约性？

理解和表征问题：联想、异想→确定了求解路线。

求解：生成 "本原多项式" → 进而猜想 "高斯引理" → 证明猜想 → 类比高斯引理证明思路分析证明 "爱森斯坦判别法"。

该设计体现了整体性：首先通过对问题的整体性分析，将问题分为 "高斯引理" "爱森斯坦判别法" 两个相关的部分来解决。再次，要注意对比传统的教材或教学的做法：一般都是先给出高斯引理，再用高斯引理证明爱森斯坦判别法，如此，在证明爱森斯坦判别法之前，根本不知道为何要有高斯引理，并且学习过后，至多是使用 "爱森斯坦判别法" 判别几个习题，而这样的 "判别" 毫无价值，此外也就没有任何收获了。

该设计体现了连续性：如上所述，提出问题、理解和表征问题、求解等步骤都是连续进行的。

该设计体现了生成性：生成了本原多项式，生成了求解多项式乘积问题的一种思维模式，生成了高斯引理，生成了爱森斯坦判别法，等等。

关于该模式的实施，最基本做法是教师向学生展示如此的问题解决过程，如果条件允许，则可以此为基础而采用各种适宜的教学方法来实现，效果会更好。

3. 3. 2. 6 "过程→生成"式奥苏贝尔问题解决教学

奥苏贝尔和鲁宾逊以几何问题的解决为原型，于 1969 年提出了一个解决问题的模式。这个模式表明，解决问题一般要经历四个阶段（刘儒德，1996），参见图 3.38。本段研究基于"过程→生成"理念的奥苏贝尔问题解决教学。

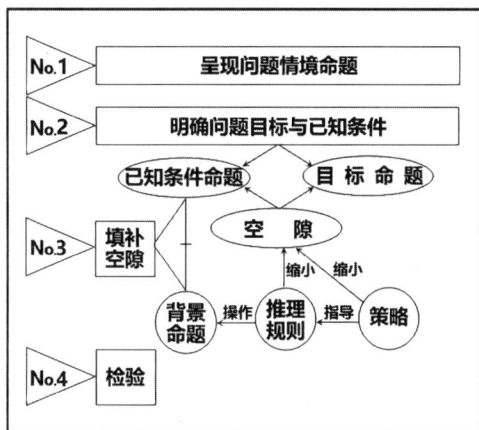

图 3.38　奥苏贝尔问题解决模式

3. 3. 2. 6. 1　相关概念

奥苏贝尔问题解决模式。奥苏贝尔问题解决模式也是人们从认知的角度来解释、描述人类解决问题的动态过程的问题解决教学模式之一，具体如图 3.38 所示。

奥苏贝尔问题解决教学。对某个问题，使用奥苏贝尔问题解决模式，组织学生展开或向学生展示问题解决过程。

奥苏贝尔问题解决教学实施步骤：

No. 1　呈现问题情景命题。

No. 2　明确问题的目标和已知条件。利用有关的知识背景使问题情境命题与它的认知结构联系起来，从而理解面临问题的性质与条件。这样一方面规定解题过程的目标或终点，另一方面明了问题的最初状况，提供进行推理的基础。

No. 3　填补空隙。这是解决问题的核心。学生看清了"已知条件"（他当时的状况）和目标（他必须达到的地方）之间的空隙和差距之后，便利用有关背景命题，根据一定的推理规则和解题策略来填补问题的固有空隙。

No. 4　解答后的检验。问题一旦解决，通常便会出现一定形式的检验，查明推理时有无错误、空隙填补的途径是否简捷，以及可否正式写下来供交流之用等。

"过程→生成^n"奥苏贝尔问题解决教学。在"过程→生成"指引下，践行奥苏贝尔问题解决教学。也就是在问题解决教学过程中，要突出知识生成过程，遵循动态性、摄入性、生成性、整体性、活力性、连续性的基本原则，使学生在感受理解知识的生成过程中构建科学能动的认知结构，潜移默化地提高情感态度价值观。同样，一般地说，教学是师生共同实现的，具体地说，如果用 T（$0 \leqslant T \leqslant 1$）表示教师的参与度，那么当 $T=0$ 时就是纯粹的学生奥苏贝尔问题解决学习，当 $T=1$ 时就是纯粹的"过程→生成"式奥苏贝尔问题解决讲授，当 $0 < T < 1$ 时就是教师酌情调控参与度的可变式"过程→生成"奥苏贝尔问题解决教学。

3.3.2.6.2　案例设计

这里以华东师范大学《数学分析》（华东师范大学数学系，2002）之曲率内容为例，给出基于过程→生成理念的奥苏贝尔问题解决教学设计如下：

1. 教学过程设计

(1) 提出问题。

一工件内表面的截面线为抛物线 $y = 0.4x^2$，现在要用砂轮打磨其内表面，问用直径为多大的砂轮比较合适。

(2) 理解表征问题：明确问题的目标和已知条件。

分析：用砂轮打磨工件的内表面时，砂轮即是工件内表面的内切圆（图3.39），

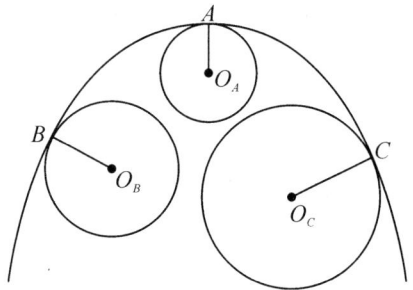

图3.39　问题的几何模型

因为工件内表面不同点处的弯曲程度不同，所以不同点处的内切圆也就不同。如此来看就需要无穷多个半径不同的砂轮，但这是不可能的，一种可行的做法是在这无穷多个砂轮中选择一个最小的，使其能打磨到所有点且不会磨伤工件。于是即需解决：

① *确定某点处的"弯曲程度"*；

② *根据某点的"弯曲程度"确定该点处的内切圆*。

(3) 填补空隙。

① *填补"曲线→曲率"之空隙*。

首先理解弯曲：因为"曲"是对"直"而言，所以理解弯曲应从直开始。一条树枝，某点受力后会产生弯曲，并且随着力度的加强，该点处的弯曲程度即随之加大，当力用到一定限度时，树枝必然在该点处折断，此时该点处就突变出"尖点"，"弯曲"也就即刻消失，所以光滑是存在弯曲的必要条件。

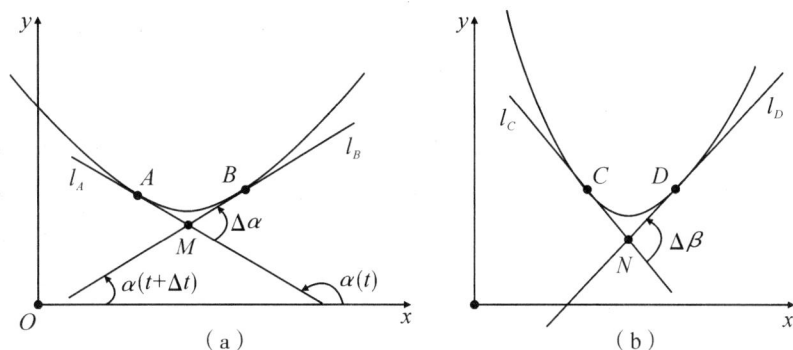

图 3.40　曲率分析示意图

其次寻求刻画弯曲程度的方法：从光滑想起，因为光滑，即存在切线，所以弯曲程度的刻画可从切线开始分析。比较图 3.40（a）、（b）中的两段弧 $\overset{\frown}{AB}$ 与 $\overset{\frown}{CD}$，目测可见 $\overset{\frown}{AB}$ 与 $\overset{\frown}{CD}$ 的长度相近，但 $\overset{\frown}{AB}$ 的弯曲程度小于 $\overset{\frown}{CD}$ 的弯曲程度，用切线来衡量：l_A 与 l_B 的夹角 AMB 大于 l_C 与 l_D 的夹角 CND，不过，尽管说 $\angle AMB$ 与 $\overset{\frown}{AB}$ 关系密切，但却与 l_A、l_B 的关系疏远，不利于推演，然而其补角 $\Delta\alpha$ 却与 l_A、l_B 关系密切，因为：若用 $\alpha(t)$ 表示 l_A 的斜率，设 A 点从 t 时刻起沿曲线运动，经过 Δt 时间后到达 B 点，那么 l_B 的斜率即为 $\alpha(t+\Delta t)$，且 $\Delta\alpha = \alpha(t+\Delta t) - \alpha(t)$。这样从 $\Delta\alpha$ 看即有：$\overset{\frown}{AB}$ 的弯曲程度 < $\overset{\frown}{CD}$ 的弯曲程度 $\Leftrightarrow \Delta\alpha < \Delta\beta$，可见用 $\Delta\alpha$ 描述弧 $\overset{\frown}{AB}$ 的弯曲程度比较合理。于是可称 $\Delta\alpha/\Delta s$ 为 $\overset{\frown}{AB}$ 的平均弯曲程度。并且可用

$$k = \lim_{\Delta t \to 0} \Delta\alpha/\Delta s = \lim_{\Delta s \to 0} \Delta\alpha/\Delta s = \mathrm{d}\alpha/\mathrm{d}s$$

来描述 A 点处的弯曲程度。依此来看弯曲程度是一种变化率，可命名为"曲率"。容易推得曲率的计算公式（请见教材[144]250-251）：

若曲线为 $x = x(t)$，$y = y(t)$，$t \in [\alpha, \beta]$，则

$$k = \left| x'y'' - x''y' \right|/(x'^2 + y'^2)^{3/2}$$

若曲线为 $y = f(x)$，则：

$$k = \left| y'' \right|/(1 + y'^2)^{3/2}$$

由此即可求得工件内表面上任一点 (x, y) 处的曲率为 $k = 0.8/(1 + 0.6x^2)^{3/2}$。

② 填补"曲率→内切圆"之空隙。

现已求得工件内表面上任一点的曲率，亦即是知道了内切圆的曲率，接下来

即是根据内切圆的曲率来确定内切圆。

因为确定内切圆，关键是确定其半径，所以即需要分析圆的曲率与半径的关系。因为对于圆

$$x = R\cos t, \quad y = R\sin t, \quad 0 \leqslant t \leqslant 2\pi$$

可求得

$$k_{圆} = 1/R$$

所以圆周上各点的曲率都相同且与其半径互为倒数，这样即知工件内表面上任一点 (x, y) 处的内切圆的半径为 $R = 1/k = (1 + 0.6x^2)^{3/2}/0.8$，进而可求出最小内切圆的半径为 $R_{\min} = 1/0.8 = 1.25$，至此问题获解。

因为曲线内切圆是由曲率确定的，故特称之为曲率圆，且称其半径称为曲率半径。

（4）解答之后的检验。

检验是对问题解决结果而言，所以从问题解决教学来说，一般来说可从略。

（5）填补空隙

略。

2. 评述

易见，该设计给出了完整的知识生成过程，而且体现了连续性和生成性。（略）关于该模式的实施，最基本做法是教师向学生展示如此的问题解决过程，如果条件允许，即可以此为基础，采用各种适宜的教学方法来实现，效果会更好。

3.3.2.7　"过程→生成"式高等数学教材改革研究

3.3.2.7.1　教材改革的紧迫性

我国《基础教育课程改革纲要（试行）》中要求：教材改革应有利于引导学生利用已有的知识与经验，主动探索知识的发生与发展，同时也应有利于教师创造性地进行教学。美国 "2061 计划" 的中学教材评估标准基于以下三个预设前提：一是教材必须面对全体学生；二是教材在使用中必须帮助学生达到学习目标；三是评价要着眼于教学实践。（刘瑞生，2003）

然而，说到教材改革，有一种说法叫作 "要用教材教，而不能教教材"，听起来十分的 "高、大、上"，然，岂不想：是否所有教师都能做到？就算是所有教师都能够做到，但是否学生能够做到 "要用教材学，而不能学教材？" 因此就不能不考虑：教材，必须适应于学生学、适应于教师教。而 "要用教材教，而不能教教材" 不能说不是教学的 "警言"，但是 "警言" 终归只是 "警言"，因为

当某人就是不会某事时，不要说"警言"，就是拿着枪对着他，他也不会做！所以，教材是重要的，它不仅是学生的学习资料，而且也是教师的参考，所以培养高素质、创新型人才，就必须有配套的教材，绝不能以"要用教材教，而不能教材教"为由而忽视教材本质上的改革。

过程→生成"教学，需要过程→生成"式教材，如果教材不配套，那么：

① 对学生来说，面临着诸多麻烦，如：

A. 因为教师所讲与教材不同，所以学生必须完整地记笔记，因此必然会影响学生的思维活动，于是学生就很难或者根本就做不到与教师思维同步，更谈不到思维共鸣，极大地影响了"过程→生成"的教学效果。

B. 因为教师所讲与教材不同，笔记又可能记录有误，所以就给学生的课后理解造成了很大的困难。

C. 学生上课听的是"过程→生成"，下课看的是结论式教材，课上课下、所闻所见截然不同，形成一种"或冷或热"的学习"幻境"，犹如成长中的幼童，如果时而看到助人为乐，时而看到冷漠无情，必然在其心灵中烙下不确定的、更可能是冷漠无情的印记……总之，"冷热"变化的"幻境"必影响学生意会知识的积淀，必影响学生素质与能力的提高。

实际上 A 与 B 是笔者在教学实践中，听到的学生所反映最多的"问题"，也就是说教材的不匹配给学生带来了听、记、习之间的麻烦或矛盾，直接影响到学生的学习情感与效果。C 则说明了教材的不匹配严重地破坏了学生的学习环境，也就是说我们的教学必须使学生始终沉浸在具有创造性能量的生态环境中，而教材则是构成如此环境的主要部分。

② 对教师来说，改革之际面临着许多困难：

A. "过程→生成"式必定比"结论"式需要更多的教学时间，然而课时是非常有限的，如何处理？首先是需要配套的教材。

B. 有的教师缺乏"过程→生成"教学的备课能力或经验，所以需要参考。

C. 教材是教师讲课的基础，纵然是"用教材教"，教材也不能远不着调。实际上教材是教师教学的参照，尤其在改革的时期，这种参照更为重要，如果像 20 世纪 50 年代初引进"苏式"教材那样[①]大力进行教材改革，新课改思想不难深得人心，新课改进程不难推向纵深。

③ 实际上，由于各种原因（如观念问题、时间问题、能力问题等）照本宣

---

① 1949 年底至 1950 年初，《人民日报》《东北教育》等就曾节译刊载过凯洛夫《教育学》的部分章节，1951 年全译本正式出版，历经修订再版，凯洛夫《教育学》1948 年版、1956 年版中译本的累计印数共达 50 多万册。1949 – 1957 年我国共翻译出版苏联教育学著作 52 种，其中最多的 1953 年一年即达 20 种，如果再加上中国学者编著的各类辅导教材等，总印量当在数百万乃至上千万册之巨，几乎是中小学教师人手一册。引自：杨旭，李剑萍. 凯洛夫《教育学》：学习苏联教育经验的样本 [EB/OL]. （2009 – 09 – 22）[2012 – 06 – 15]. http://www.jyb.cn/theory/jyls/200909/t20090922_312297.html.

科不仅杜而不绝，而且多而又多，这是无法改变的事实。于是请考虑一下："注入式"教材＋照本宣科＝？"过程→生成"型教材＋照本宣科＝？孰是孰非，不言自明。

总之，我们认为：以教材引领教学，是教育改革初、中期的必要措施。

3.3.2.7.2　教材改革的可行性

教学改革的可行性，之所以考虑这个问题，是因为某种新生事物的出现，必将受到百般的指责与刁难。正如怀特海所说："不管什么时候，只要有人写出一本具有真正教育价值的教科书，就会有某位评论家说这本教材很难用。这种教材当然不容易教。倘若容易，就应该将它付之一炬，因为它不可能有教育的价值。"（怀特海，2002）所以分析可行性，也许是企图"自我辩解"，辩解是否合理，自有时间评说。

有人会说，传统教材久经考验，绝对不能随意改变，否则即是"冒天下之大不韪"。真的吗？著名数学家、美国麻省理工学院 Gilbert Strang 教授所著的《微积分》教材，摒弃了"定义→定理→证明→例题→应用"的形式化模式，刚一出版，就为美国40多所高校所使用，并受到极高评价，被认为是近年来美国教育改革的代表作，是"至少60年内最好的新微积分教材"（魏战线，1992）。我们不妨摘录参考文献［146］之若干论述，以说明该书的部分特色：

该书的开头就令人耳目一新，不是由抽象的集合、函数、极限等概念讲起，而是一开始就由速度和路程、斜率和曲线下的面积等微积分基本问题讲起。

讲极限，是从求平均速度的极限讲起的，而极限的"$\varepsilon - N$"以及"$\varepsilon - N$"定义直到2.6节才给出，在此之前，已经讲了幂和多项式的导数、导数的四则运算法则和三角函数的导数等内容，这些运算没有因为未给出极限定义而受影响，相反却为抽象的极限定义作了大准备，对于极限定义这个既是重点又是教学难点的概念，作者的处理是高超的。

关于导数的应用，是先从几何图形上说明函数的单调性和极值与导数的关系，直接应用这些结果解决问题，而微分中值定理直到这一章的最后一节3.8才给出。

该书保留了300年来微积分教学中已证明是值得保留的东西。经典的物理、几何和工程问题贯穿全书，同时又涉及大量的微积分在经济学、生物学、金融学、天文学、人体科学、社会科学和概率论等学科中的应用问题，以及微积分中的数值方法。

特别要提到微分方程，较早地而不是按常规地给出微分方程的意义并应用微分方程，是该书的一大特色。该书早在2.2就给出了微分方程。作者认为微积分的模型是微分方程。

作者摒弃了那种"定义－定理－证明－例题－应用"的枯燥无味的讲解模

式，而代之以与读者交谈式的讲解，书中常常有大段的说明和解释，有大量的例题和提问，还有在讲解中的填空和未解决问题，引人思考。

该书结论与数学思想直接给出，不追求理论的严谨，而着眼于思想和概念。不追求理论的严谨，而着眼于思想和概念。例如，关于数 e，该书没有像我国教材那样先证明 e 的存在性，而是分别从极限、斜率、级数、面积积分以及数值计算等不同角度描述，使读者认识 e 是怎样的一个数。

…………

从以上不难看出，"过程→生成"理念"大有"与 Gilbert Strang 的观点"雷同"之嫌。

不只是魏战线《一本美国微积分教材简介及高等数学教材改革初探》[①] 的推崇，还有《北美最流行：MIT 大牛 Gilbert Strang 的微积分教材》[②] 中的褒扬。

仅仅以上，恐怕还不足以使人信服，所以再请看一下我国"网友"观看"网易视频"播放的《麻省理工公开课：线性代数重点》[③] 与《麻省理工公开课：微积分重点》[④] 的观后感，这些授课视频均 Gilbert Strang 教授执教。下面摘录其中的两个评价，一个是关于微积分的，另一个是关于线性代数的，这两个都是当天所看到的第一个评价，其中只作了少许文字上的修正。具体如下：

我觉得讲得很好，至少比国内的那些教授老师讲得通俗易懂，要是仔细学的话会学到微积分的真正的内涵，国内的老师教授都是按课本讲的，目的就是做题，考试，没有把数学的内涵和自然界的普遍规律联系起来，也许是中国的教育模式就是这样，上级压着下级，下面的老师也不敢随便创新，只能是应试教育，也许是我没上过名牌大学吧，没听过名牌大学的课，不知道的地方还请大家别喷……

国内的数学老师只是单纯地学解方程，他们还带入了矩阵，完全是一步步将同学们引入后面的内容。他们探寻本质！我们只求表面不明原理……

之所以用 Gilbert Strang 教授的案例来说事，是因为其教材其教学与笔者的观念有相同之处，或者说笔者的观念涵盖着 Gilbert Strang 教授的观念。

---

① 魏战线. 一本美国微积分教材简介及高等数学教材改革初探 [J]. 工科数学, 1992, 8 (4): 122 -125.

② 佚名. 北美最流行：MIT 大牛 Gilbert Strang 的微积分教材 [J/OL]. [2012 - 08 - 24]. 人大经济论坛经管（书评版）. http://bbs. pinggu. org/forum. php? mod = viewthread&tid = 1401198&page = 1&fromuid =1722588.

③ STRANG G. 麻省理工公开课：线性代数重点 [EB/OL]. [2012 - 08 - 24]. http://v. 163. com/special/opencourse/daishu. html.

④ STRANG G. 麻省理工公开课：微积分重点 [EB/OL]. [2012 - 08 - 24]. http://v. 163. com/special/opencourse/weijifen. html.

不知道大家看了感想如何？不过笔者心无愧疚、尚有宽慰，因为笔者已经做了，教学几十年皆是如此一路走来。笔者始终认为，教学，一定要适应于学生的思维，不能强制，强制式学习是很累的，是很辛苦的。之所以如此，正因为笔者当初自学初、高中课程时深受形式化的注入式课本所折磨——它不按照人的思维发展而进行，当时笔者对它的定论就是"不讲道理"，经常为之恼火：一种想通了就是如此简单的原理，为何写得那么"深奥"？所以从教小学所有课程开始，到教中学数理化，再到教大学数学专业课程、计算机专业课程，就是违背常规，按照自己的感受来教学。

关于教材，笔者和杨晓鹏曾撰著《高等代数典型问题精讲》（王积社、杨晓鹏，2010）一书（该书是在考研指导课程讲义基础上形成），其中不少内容采用了"过程→生成"思想。例如若当标准形，一般教材都是直接定义若当块、给出若当标准形定理再予以证明，因此学生面对此总有许多神秘与困惑，更不可能体会到它的理论、思想、方法的意义，至多只是记住其结论而模仿解题。但笔者和杨晓鹏之《高等代数典型问题精讲》一书中是在研究问题"寻找向量空间 V 的一个基，使其线性变换关于此基的矩阵尽可能简单"的过程中，发现了问题的解决需要研究含有字母 λ 的矩阵，于是首先定义了 λ 矩阵，研究了 λ 矩阵的性质，推得了矩阵相似的充要条件及矩阵的有理标准形，并且为了弥补有理标准形的不足又推得了若当标准形，其中概念、结论、方法都是生成的。同样，哈密尔顿—凯莱定理、最小多项式等相关概念及结论也都是生成的。

总之，"过程→生成"教学、"过程→生成"教材是可行的！

3.3.2.7.3　数学"过程→生成"教材的思考

数学"过程→生成"教材如何编写，其实所能说的只是：遵循"过程→生成"理念与原则。不过还有几点思考：

① 不用章节式，而用"部分→单元"式。亦即是全书可分为几个部分，每个部分由若干单元构成，单元之间是相关的。具体说：可能一个部分是从一个问题开始而分叉出多个单元；也可能是从一个小问题而逐级抽象出一个部分；还可能是每个单元相对独立地研究一个小问题，而若干个单元相关地形成一个部分，等等。每个单元要生成知识结构，每个部分也要生成知识结构，这种知识结构不是孤独的，而是与其他相关的、具有外推能力的。在这里所说的问题可能是源于实际背景，也可能是解决实际问题，还可能是基于已有知识而提出的问题，等等。

② 教材内容的处理可"难则详"——形成完整的知识生成过程；"简则略"——形成轮廓，细节问题留给学生解决；既有重点讲解内容，又有研究性自学内容；既有必要的传统式习题，更有可能的问题解决或研究性课题；既要给教师自主处理的权利，又要充分地给予学生思考、研究的空间。具体如何需要认真研究，教材不是简单的编写，而是创作，是著书立说——这需要改变观念，尤其

是领导者的观念。

③ 数学机械化融入知识的生成过程。吴文俊先生开创了数学机械化之路，但是我国数学机械化的研究、普及、重视程度却远远不够，甚至许多数学老师都不知道这个概念，非常遗憾！

1998 年 3 月，笔者在山西省数学学会年会上所做的大会报告——《关于素质教育的思考》中就大声疾呼：让计算机走进数学课堂！（王峰，2001）参考文献［30］原本是笔者在山西省数学学会年会上所做的大会报告，当时大会邀请笔者做大会报告，所以临时写了《关于素质教育的思考》一文，过后也没有考虑发表，直到 2001 年被收录于由人民日报理论部副主任卢继传教授主编，并且由人民日报出版社出版的大型理论文集《中国当代论文选》，收录后笔者才知道。

2003 年笔者在《素质教育我设计》（王峰，2003）一文，就将计算机用到初中数学中做了一些具体的讨论。

笔者认为：数学机械化方法是每个数学教师、数学工作者，甚至是每个公民都应该掌握的工具。在高科技时代，离开计算机，数学即难当重任。所以，在未来的世界中，问题的研究、问题的解决、知识的生成、教师的教学、学生的学习等都离不开计算机。说到教学、学习离不开计算机，难免担忧学生的计算机能力。不过，也不必过虑，因为学生对计算机是感兴趣的，让他们使用计算机解决一个人力难及的问题，他会非常高兴，会觉得自己了不起。玩游戏不就这样，面对游戏，小学生也无师自通，因为他们感兴趣，因为他们喜欢。只要喜欢，就能学会。

需要强调，我们的观点是"数学机械化融入知识的生成过程"，而不是在教材中"独写"一段计算机程序应用于数学，因为那样失去了数学素养与创新能力；也不能依靠单独的"数学实验"课程，因为那样是"割裂"知识、"割裂"思维，并且也是事倍功半的做法。如何融入，仍无定法，比如《素质教育我设计》一文中笔者曾试举一例，尽管写得粗糙，但是可以参考，它是可行的，因为笔者曾如此教过自己的儿子。

④ 传统的教材的某些东西也不能丢。传统的数学教材从理论的严谨性来说非常精湛，作为学生的学习参考书是有价值的，因为形式化训练也非常必要，"过程→生成"理念绝不否认严谨的数学思维与方法。如何处理，可以教辅的形式进行。

3.3.2.8 "过程→生成"教学的学业评价

学业评价是学校教育的重要环节，它往往左右着教学方法与学习方法，所以学业评价改革也是教学改革重要环节。"过程→生成"教学理念，如果有相应的学业评价方案，那么就会更展雄风。我们试设计基于"过程→生成"理念的学业评价方案。

不过，学习评价是一个复杂的问题，本书也只是略谈了一些思考。实际上还有教学评价问题，本文也没有提及。这些问题都有待于将来深入研究。

3.3.2.8.1　评价的目标

依据"过程→生成"教学理念，达到促进基础与能力共同发展的基本要求。

3.3.2.8.2　评价的内容

据"过程→生成"理念的教学目标，应测评学生在"知识、技能、方法与能力"及"情感态度价值观"方面的发展变化程度。不过因为情感、态度与价值观具有内隐性，所以很难测评，因此笔者认为，一方面作为教育的维度，情感、态度与价值目标重在培养过程，而不在于如何测评，所能做到的也只是通过某些实在的表现，如作业态度、努力程度、科学态度、创新精神等方面给予一些尽可能的区分。另一方面，知识、技能、方法与能力的测评结果本身就也蕴涵着态度、情感与价值观的成分。

3.3.2.8.3　评价的方法

① **期末考试**。考试仍是重要的，比如从高等数学来讲：

考试目标一是测评学生对基本概念、思维和方法的掌握程度，二是考查学生的综合应用、问题解决以及创新意识的高低程度。

考试内容要保证基础、突出应用、力求创新。

考试方法可取"闭卷＋开卷"方式，比如假如每门课程考试 150 分钟，那么可以前 60 分钟闭卷考查基本概念、思维、方法，后 90 分钟开卷考查综合应用、问题解决以及创新能力。

② **行为考查**。行为，指的是学习行为，主要是考勤与考查过程参与状况，重要的是后者。首先，考勤是必需的，如怀特海所说"通往知识的唯一途径是在获取有条理的事实时保持纪律"。其次，教学中要记录学生的参与度、表现度、能力度等。具体如何做，应该是各自发挥，也应给予深入研究。记录要公开透明。

③ **作业考查**。作业要考查其完成情况、问题解答质量、语言表述质量、书写质量，亦予等级区分。

④ **能力考查**。根据课程内容情况提出一些能力考查问题（选做，各显神通），譬如：设计某个概念的形成过程、设计某个定理的发现过程、给出某个证明的思路分析、解决某些难度较大的问题并且描述解题过程、自命题创作小论文等。可以是个人的，也可以是合作的，但要严禁雷同及抄袭。

3.3.2.8.4　评价的实施

评价实施必须保证公平、公正、公开，只有如此才能发挥促进学习作用，亦能培养学生的高尚品质。

实施模式一　类似于网络教育模式，将表现行为置于网上进行（需要设计学业评价系统），比如必做作业与选做作业均在系统中提交，且先由大家互评，再由教师点评定级。此处可规定"积分"规则以实现量化（如表 3.2 所示，表中数据只是参考样本）。但所有问题或评论必须与课程相关，否则视所发言论无效且予以删除。此模式具有多元、多主体评价功能，值得尝试。

　　实施模式二　在没有学业评价系统情况下，可由学生组成课程评价组负责考评记录、公示、量化（制定易操作的积分规则）等工作，具体操作可用 QQ、微信等 App 实现。

3.3.2.8.5　评价的计算

　　总评成绩 = 闭卷成绩（$x\%$）+ 开卷成绩（$y\%$）+ 个人积分 × （100/最高积分）（$z\%$）

　　其中：$x\% + y\% + z\% = 1$。

　　特殊成绩可另外计算。

表 3.2　学生评价积分参考规则

项　　目	分值	项　　目	分值	项　　目	分值	项　目	分值
查看公告	[0,2]	选做作业无效评论	[-2,0]	问题解答优秀	[0,4]	迟到／旷课	-2/-4
提交必做作业	[0,4]	选做作业等级(4级)	[0,16]	查看作业评语	[0,1]	必答：错//对	[-1,3]
必做作业有效评论	[0,1]	抄袭、拷贝作业	[-10,0]	查看优秀作业	[0,1]	抢答：错//对	[0,6]
必做作业无效评论	[-2,0]	提出问题有效	[0,4]	上传资料有效	[0,2]	特别奖励	酌情
必做作业等级(4级)	[0,4]	提出问题无效	[-5,0]	上传资料无效	[-3,0]	特别处罚	酌情
提交选做作业	[0,8]	问题讨论有效	[0,4]	评论上传资料	[0,1]	其他	酌情
选做作业有效评论	[0,1]	问题讨论无效	[-4,0]	上传资料优秀	[0,4]		

4 结论、设想、问题及研究方向

4.1 研究结论概述

本书的研究是建立在笔者自学、教学的经验基础之上，有充分的实践基础。

本书的研究认为，我国教育的现状是"基础无力，创新缺失"，所以我国教育、教学改革应该以"夯实基础，力求创新，为培养高素质、创新型人才而努力奋斗"为基本目标。

目前我国教育改革存在的问题是：旧观念根深蒂固、除之不去，旧方法难舍难弃、盘踞课堂；新观念普遍缺失、亟待确立，新方法研究不少、难以落实。

观念，无非静、动两类。传统观念是静态的——实体观、预成观、还原观等都是如此，随着时代的发展已然显露出严重缺陷，所以观念的改革只能走向动态。系统科学、过程哲学、意会哲学都持动态观念，它们在本质上是一致的。实际上，过程哲学是"动态生成"、意会哲学是从"动态识知"，它们都具有系统科学思想。于是我们基于系统科学思想，以过程哲学为指导，以生成思维为核心，以意会认知为准则构建新的教学理念。在这里，过程哲学是主要的世界观，因为世界如何存在、知识如何存在与如何展开教学密切相关，而怀特海创造性地提出了动态本体论：过程就是实在，实在就是生成，正好为我们提供了视物、识知的崭新视角。

关于教法，目前研究的新型教法（如建构主义教学、研究性学习等）的确有益于数学素质与创新能力培养，但遗憾的是限于客观条件根本不可能全面实施。所以我们需要的是一种基本适应于素质教育与创新能力培养的教学理念，在此理念下适当地选择教学方法，以使学生在学习的全程中饱受创造性能量的熏陶。

所以我们基于系统科学、过程哲学、意会哲学、三维目标提出了"过程→生成"教学理念，并讨论了它的基本讲授模式。简单说：教学就是要学生感受、理解知识的生成过程，从而建立必要的认识结构。知识的生成过程应该具有整体性、动态性、连续性、摄入性、活力性、生成性。"过程→生成"是最基本的理念，无论采用何种教学方法都应该遵循它。

4.2 "过程→生成"教学设想

实施"过程→生成"教学最大的困难也是课时问题，尽管"过程→生成"讲授法较"开放性"教学少用很多时间，但较"结论式"讲授用时仍然会多。因此如何落实仍然需要继续研究。

有几个设想：

（1）使用配套的教材，采用"重点讲授＋指导自学"的做法，以"自学"弥补课时的不足。所以，"过程→生成"型教材的研究与撰著，"过程→生成"教学案例的研究与设计，是教学改革的当务之急！

（2）利用课外时间，适当地开展研究性学习、建模学习、自主合作探究性学习等实践性学习活动。

（3）利用微课、慕课、课堂翻转等现代教育手段弥补课时的不足，但微课、慕课、课堂翻转一定要坚持"过程→生成"理念。不能不说，目前网络流传的许多教学视频或微课视频基本上都是结论式的——要不得！

4.3 存在问题

（1）缺少教学评价研究。

（2）囿于实际情况，学业评价不足且未能够付诸实践。

（3）鉴于时间关系未应用心理学理论论证。

这些有待于继续研究。

4.4 今后研究方向

（1）解决存在的问题；

（2）撰著"过程→生成"型教材；

（3）进行"过程→生成"教学案例研究。

研究中，我们研读了许多哲学论著，但由于我们的哲学理论功底浅薄，故难免理解有误。又由于时间紧张，本书撰写不够精细，尽管许多论述及措辞都不尽如人意却未能仔细推敲修改，同时也由于我们水平有限，所述也难免有错……诸多问题，请专家、同行、读者多多赐教，希望"过程→生成"教学能够发扬光大。

附录 A 逻辑图表:"过程→生成" 教学的基本工具
——逻辑图表在实际教学中的应用
王积社

(2019 年 12 月)

1 逻辑图表简介

知识,有其结构,那么,知识结构如何表述为好?曰:逻辑图表!

教学,需要思维,那么,思维过程如何展现为好?曰:逻辑图表!

教学,需要板书,那么,板书形式如何设计为好?曰:逻辑图表!

教学,需要多媒体辅助,那么,辅助中文字内容如何展现为好?曰:逻辑图表!

过程→生成:需要描述具有整体性、连续性、创造性的知识的生成过程,需要动态地描述具有思想性、思维性、应用性的知识结构,那么使用何种工具为好?曰:逻辑图表!

实际上,在本书正文中已多次用到逻辑图表。

20 世纪 90 年代前,笔者在小学、中学、大学多个学科的教学中,经常使用图表的方式表述教学内容,效果很好。

20 世纪 90 年代初,笔者总结自己 20 多年的教学经验,经过研究提出了"逻辑图表"教学法,曾发几篇相关的论文。首篇是《"逻辑图表教学法"及其在高等代数教学中的尝试》,该文经过两年多的研究,于 1993 年刊出,具体请见附录 B。

逻辑图表,就是具有逻辑结构的图或表,至少可以说"逻辑图表"与"思维导图"异曲同工。但实际上,逻辑图表不仅有图而且有表(有的情况下表可能才是最好的表达方式);不仅强调结构性而且更强调逻辑性、思维性(旨在发展学生的思维能力和创造能力);不仅表示知识结构而且要表达思维结构(用图表揭示思维过程)。

逻辑图表的类型

针对数学教学来说,逻辑图表给出了学习导向图、启导发现图、思路分析图、知识结构图四种类型。但一般地说,可酌情将逻辑图表推广应用于各个领域、各种工作中。

逻辑图表的设计原则

逻辑性：逻辑性，是逻辑图表的首要原则，相关因素的组合方式要尽可能呈现出其之间的逻辑关系及思维方式。

结构化：图表要具有良好的结构，否则会影响记忆、扩充、检索、应用，犹如图书馆的藏书，如果不按照分类法做出良好的存储结构，那么寻找一本书就困难万分。

科学性：图表的设计要遵循客观规律与科学规律。

实用性：图表的设计既要美观又要杜绝华而不实。

逻辑图表的特性与价值

简，简能加速：简明扼要的图表能提高记忆率与检索率，增大认知结构的容量，提升认知结构的操作的灵敏度。

趣，趣能提神：意趣盎然的图表能吸引注意力，激发求知欲，培养兴趣，改善智力与非智力品质。

优，优能增效：提纲挈领的图表能使人更好地领会实质、抓住重点；感悟顿悟、提升能力；同化顺应、良好构建。

美，美能入心：优美漂亮的图表能使人记忆犹新。

2　逻辑图表在实际教学中的应用

下面举两例，展示逻辑图表在"过程→生成"教学中的应用。例子取自 2019 年笔者为某职业技术学院小学教育专业学生讲授的小学教师"公招考试"辅导课。

在辅导课中，解题分析是动态生成的，生成过程是用逻辑图表表达的，而图表是在教学过程中边讲边画的。

例 1　题目是（实际教学中的例 4）：一个三位小数精确到百分位是 2.45，这个三位小数最大是（　　　），最小是（　　　）。

分析：分析的要点如图 1 所示：

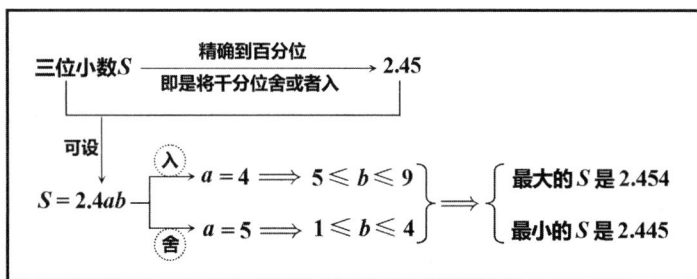

图 1　例 1 的思路分析图

此要点的具体实施，若时间不够，则可通过讲授而完成（当然要是"过程→生成"式讲授）；若时间充分，则可通过师生会话完成，如以下的会话过程：

首先提出问题："谁来说说解决这个问题的大概想法？"若有人能说出"先设这个三位小数为 $2.4ab$，然后再根据四舍五入的规则确定 a、b 的值"，即得到理想的结果；否则，就进行下面的会话：

当学生在较长时间内回答不出时，就自言自语地说（**语言暗示**）："四舍五入，2.45。"（意图：期望学生分析条件，搞清已知与未知）。

若无反应，则继续自言自语地说（**语言诱导**）："三位小数，四舍五入处理后得到 2.45。"（意图：期望学生考虑这个三位小数与 2.45 间的关系）。

若仍无反应，则**提问式引导**："能说一下将这个三位小数用四舍五入方法变成 2.45 的过程吗？"（意图：期望有学生能做出具体分析，若有，则已靠近理想目标；若无，则可能因这个三位小数的千分位上数码的未知而受困）。

若被困，则**开放式提问**："有什么困难吗？"（意图：期望说出"千分位上的数不知道"的困难，一般地说，达此目的的问题不大）。

若有意外，则**半开放提问**："千分位上的数不知道，未知的，可怎么处理？"（意图：期望学生想到用字母表示）。

若实在是想不到，则**封闭式提问**："未知的，能用字母表示吗？该怎么表示？"（意图：使学生回忆起"用字母表示数"的方法，并想到把这个三位小数表示为 $2.4ab$）。

提问："能说一下将 $2.4ab$ 用四舍五入方法变成 2.45 的过程吗？"（意图：期望得到"当 $5 \leqslant b \leqslant 9$ 时，$a=4$；当 $1 \leqslant b \leqslant 4$ 时，$a=5$"的结果，若能，也就基本得到理想结果了）。

如若仍不行，就**封闭式讲授**。（略）

实际上，上面的会话过程，就是**渐进辅导**过程。

结果：通过分析，得到图 2 的思路分析图，其中包含着解题结果。

注意，图 1 的内容是不板书的，图 2 是备课时预设的板书内容，但实际教学中却未必与图 2 完全一致，只能根据教学的具体情况而逐步地生成，例如图 3 即是笔者在一次授课过程中生成的思路分析图。

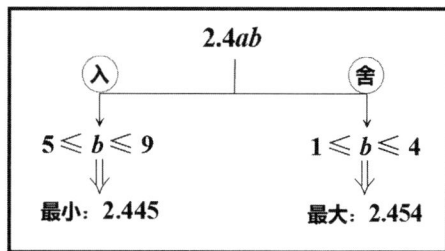

图2　例1的预设板书思路分析图

图 3　课堂上生成的例 1 的思路分析图

例 2　问题是（实际教学中的例 6）：由 4 和 5 组成的四位数中，能被 6 整除的最大的四位数是（　　　）。

分析：分析的要点如下所示：

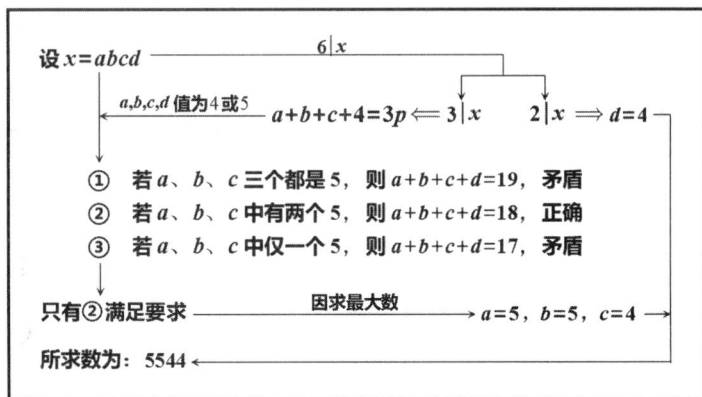

图 4　例 2 的思路分析图

结果：通过分析，得到图 2 的思路分析图，其中包含着解题结果。下面的图 5 是例 2 的预设板书思路分析图。

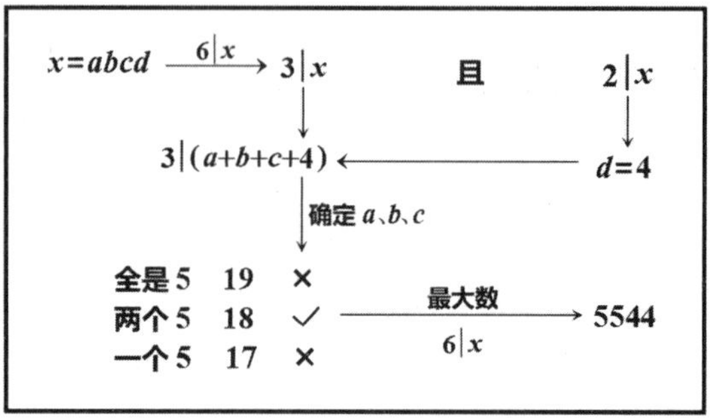

图5　例2预设板书思路分析图

而课堂上生成的思路分析图如图6所示：

图6　课堂上生成的例2的思路分析图

从上面两幅课堂教学截图可见一个问题：屏幕过多地遮住了黑板，致使黑板面积太小，无法更好地设计"图表"，这是非常遗憾的事。这种遗憾应该来自对"多媒体辅助教学"的误解，不少人认为：现代化教育、多媒体辅助教学就是"多媒体"取代黑板，不用多媒体的教学就是"传统的教学"，真乃荒唐至极！岂不知抄书的PPT毫无价值，预设的PPT不利于素质与能力的提升。

以上两例中的思路分析图，是在教学过程中实实在在地生成的，其中既有"思维元素"的结构，又有清楚的"思维线索"，并与预设图表不甚相同。

此二例说明，逻辑图表适合于表述"知识的生成过程"，并且也只有它才能有效地展示"知识的生成过程"，因此"逻辑图表"是"过程→生成"教学的基本工具。

更具体的"逻辑图表"介绍，请看附录 B。

再次说明，附录 B《"逻辑图表教学法"及其在高等代数教学中的尝试》一文成文于 20 世纪 90 年代初，其中某些说法可能与现在的思想有些出入，相悖之处，以"过程→生成"理念为准。因为"过程→生成"教学需要逻辑图表，而逻辑图表也适用于"过程→生成"教学，所以将此文原文附录于本书。

附录 B "逻辑图表教学法"及其在高等代数教学中的尝试①

——逻辑图表在实际教学中的应用

王　峰

（晋东南师专）

摘要：本文根据心理学、教育学的理论，总结作者二十多年来的数学教学经验，提出了一种"逻辑图表教学法"，并介绍了该教学法在高等代数教学中的实施情况。

关键词：逻辑图表；教学法；高等代数

在过去二十多年的教学生涯中，我常设计一些图表来辅助教学，很受学生的欢迎。

近年来，我从事高等代数课程教学，由于高代是数学专业一年级学生必学的一门基础课，与其他课程相比，它的内容抽象，概念杂乱，解无定法，使刚步入高校门槛的学生都望之生畏，于是如何使学生适应抽象的数学思维，系统掌握高代知识，提高逻辑思维能力，是值得深思的问题。我总结自己以往的教学经验，根据心理学、教育学的理论，设计了"逻辑图表教学法"，并在高代教学中进行了尝试。下面介绍一下这方面很不成熟的做法，敬请专家及同行们指教。

1　逻辑图表概述

美国心理学家布鲁纳认为：每个学科无论它有多么困难，总是可以归结成为一系列基本概念、原理、法则等基本规律性的知识，它有助于领会知识的整体，容易记忆，有利于知识的广泛迁移，还可以缩小"基础"知识与"高级"知识之间的差距，提高学习效率。教学要采取最佳方式，把大量的教材组织成理想的知识结构。

逻辑图表教学法即是依照这一原理，要求把数学知识、数学方法、数学思想、思维过程用科学、简练、有趣的图表"组织成理想的知识结构"，以达到提高学习效率、培养学生的逻辑思维能力和创造性思维能力的目的。

---

①　王峰. "逻辑图表教学法"及其在高等代数教学中的尝试［J］. 华中师范大学学报（自然科学版），1993（专辑）：113－121. 作者"王峰"是笔者的曾用名。此文于1994年获山西省高等教育学会论文二等奖。

2　逻辑图表的设计原则

2.1　直观性原则

直观性原则,即要求图表的设计要清晰、形象,能使学生一目了然。

捷克教育家夸美纽斯在《大教学论》中说:"在可能的范围以内,一切事物都应该尽量地放在感官眼前。"

然而,在数学教学中,首先,大部分数学知识都不可能以实物形式展示给学生;其次在教材中都是密密麻麻的文字叙述,学生看起来思路不清,线条不明,所以以形象的图表去帮助学生认识教材、理解概念、思维推理,则能使枯燥抽象的内容直观形象化,有利于学生获得鲜明生动的印象,有利于发展学生的观察能力和形象思维能力,有利于开发学生大脑的潜力以提高抽象思维能力,同时也有利于学生的记忆。

2.2　趣味性原则

趣味性原则,即图表的设计要优美、有趣。

心理学认为:学习是紧张而又艰巨的劳动,学习中的大多数时刻都必须强制自己学习那些不感兴趣但又必须学习的知识,然而单凭有意注意去学习,则难以持久,时间长了,就会感到疲劳。

所以如果在教学中使用优美、有趣的图表,则一方面可提高学生的学习兴趣,增强有意注意,另一方面则能激发学生的无意注意,使学生在学习过程中的有意识活动和无意识活动得到协调统一,从而提高学习效率。

2.3　简单性原则

简单性原则,即图表的设计要尽可能简明扼要,以达到以简御繁,方便记忆的目的。

心理学认为:"材料数量越大,记识后遗忘也较多。"

波兰物理学家费尔德说过:"爱因斯坦有这样的信念'有可能把自然规律归结为一种简单原理,评价一个理论美不美,标准正是原理上的简单性'。"

所以,用简要的图表去表达数学内容,不仅能增强直观性,大大地提高学生的记忆率,而且也体现出一种数学美。

2.4　结构化原则

结构化原则,即要求图表要把数学内容组织成一个知识网络,使之系统化、整体化。

布鲁纳认为:"将大量数学知识组织起来的最理想的方式,便是把数学知识结构化,根据这种结构化的知识可以有效地推出该知识体系的其余部分,因此,一个好的知识结构含有种种力量，具有经济性（去除了多余信息，便于记忆）、生产性（可以外推）和操作性。"

此外还应该说，一个好的知识结构还具有逻辑性和思想性。

因此，根据结构性知识的教学思想，强调数学知识的结构性、强调整体知识结构教学，则便于学生提纲挈领地掌握各部分数学知识，可使他们对于数学知识的认识得到进一步深化，同时也是对学生进行方法论教育、掌握数学思想方法的重要环节。

2.5　逻辑性原则

逻辑性原则，即是要遵照逻辑思维的基本规则、按照数学推理的基本方法设计图表去揭示思维过程，以使学生思路正确、流畅，逻辑严谨，以达到培养学生的逻辑思维能力和创造性思维能力的目的。

荷兰数学家弗洛登泰尔认为：教学的价值不限于记住往昔的知识，还在于"有助于思维训练"。

现代数学教学理论认为：数学是思维活动的过程，数学教学就是数学思维活动的教学。

因此，数学教师就要致力于揭示思维过程——数学家的思维过程、学生的思维过程、教师自己的思维过程。欲达此目的，使用简要、直观、生动、形象的逻辑图表可谓是强有力的手段，于是"逻辑性"是设计逻辑图表的首要原则。

3　逻辑图表的基本类型

3.1　图表符号说明

（1）逻辑符号。

¬	否定词	∨	析取量词	∧	合取量词
∀	全称量词	∃	存在量词	∃!	存在唯一量词

（2）元语言符号。

⟹	蕴含(推出)	⟺	等价	≙	定义

（3）流程符号。

◯	终止符号	◇	分支判断	⟶	流 程 线
Ⓧ→ ←Ⓧ		呼应流程线，因流程线过度交叉而不易画出时使用，其中 x 为数字，表示远程呼应对应点。			

（4）特定符号。

（　）	条件	＜　＞	结论	⌐￣ ⌐	功能	▷	功能框标签
｛　｝	需证结论	｜　｜			已知命题	-----→	指示线
√	结论成立	×	结论不成立	［　］			注释

3.2　图表类型

3.2.1　学习导向图

学习过程中有意注意是主体，心理学认为"有意注意是服从于一定目的、任务的注意，人们对于活动的目的、任务越明确，对完成任务的意义认识越深刻，完成任务的愿望就强烈，就越能克服内外干扰，把注意集中在与完成任务有关的事物上"。

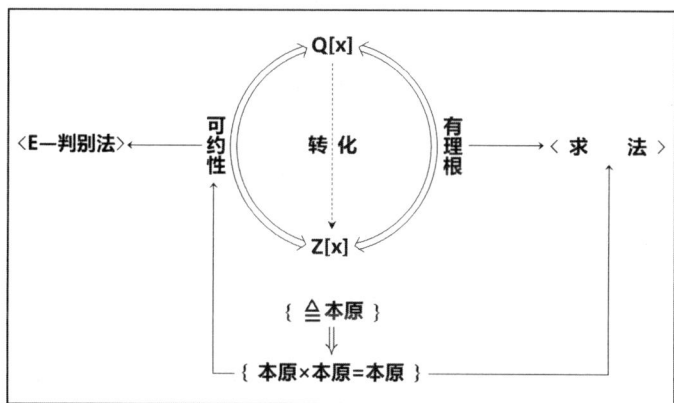

图 1　学习导向图

根据这个原理，必要时①，讲授前先把学习内容作一纲领性介绍，则能使学生有的放矢，提高学习效率，如在讲"有理数域上的多项式"一节时，设计了这样的"学习导向图"（图 1），它直观、形象地告诉了学生本节课所要讲的内容及其逻辑关系，给学生的学习起到了导向作用。

---

①　这里说的是"必要时"，也就是真正需要时。之所以如此说，是因为从培养创新能力来看，让学生"摸着黑"学习更好。另外，当时如此写，也因为当时的认知还处于用逻辑图表揭示思维过程阶段。

3.2.2 启导发现图

德国数学家克莱因主张"教育必须是发生的方法"。

荷兰数学家弗洛登泰尔也指出："数学科学必须由教师能动地处理反映在教科书中的材料，并且按照所谓苏格拉底再创造方法来进行。"

根据这些思想及启发性教学原则和布鲁纳的发现法教学原则，笔者精心设计"启导发现图"去启发、引导学生发现所讲知识，目的是尽量发展学生认识的可能性，使他们在掌握知识的过程中逐步提高研究、探讨和创造的能力。

如在讲"实二次型的正交标准形"一节时，设计了图2、图3所示的启导发现图，图2引出了课题，图3找到解决问题的途径：只要证明1）、2）即可。

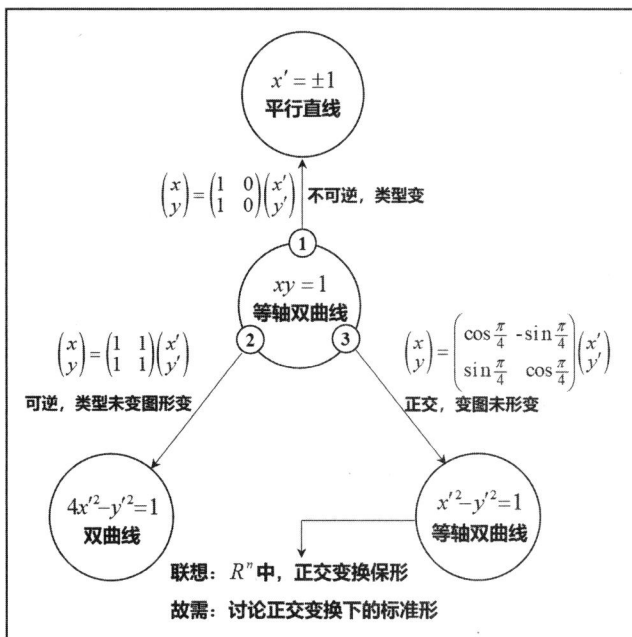

图2　启导发现图（a）

$$A \in S_n(R)$$

(1) 实例　存在合同变换　　　　　　　　　　　证明猜想 ←---(11)--- 联想到

(2) 猜想：存在正交阵 U，使得 $X'AX \xrightarrow{X=UY} \lambda_1 y_1^2 + \cdots + \lambda_n y_n^2$　标准形证法

(10)① 尝试用

(12) 归纳法证明

(5) $U' = U^{-1}$　　(4) $U'AU = D = \begin{pmatrix} \lambda_1 & \\ & \lambda_n \end{pmatrix}$

提出问题

(8) $A \xrightarrow{[合同变换]} D$　A 的确合同于 B

(13) $n = 1$ √

(6) $U^{-1}AU = D$

设 $n-1$ √，往证 n

[据相似对角化方法] (7)

[转化为 $n-1$]

$(\xi_{11} \cdots \xi_{1r_1} \cdots \xi_{m1} \cdots \xi_{mr_m})^{-1} A(\xi_{11} \cdots \xi_{1r_1} \cdots \xi_{m1} \cdots \xi_{mr_m}) = \begin{pmatrix} \lambda_1 \ddots \lambda_1 \\ \ddots \\ \lambda_m \ddots \lambda_m \end{pmatrix}$

希望：找到正交 $U_1 = (\eta_{i1} \cdots \eta_{ir_i})$

使得 $U_1'AU_1 = \begin{pmatrix} \lambda_1 & \\ & B \end{pmatrix}$

F''_{λ_1} 标准正交基　F''_{λ_m} 标准正交基

应有：$A\eta_1 = \lambda_1 \eta_1$

推理证明

(8) [说明当 A 合同于 B 时，具有性质 1)、2)]

1) A 不同特征根的特征向量正交．　2) $f_A(x)$ 的根均为实数

[由2)]想到 取 A 的特征根 λ_1，特征向量 ξ_1，令 $\eta_1 = \frac{1}{|\xi_1|} \xi_1$，扩充为 R_n 标准正交基 $\eta_1, \cdots, \eta_n$

① (10) 只要证明 A 合同于 B，那么据 1)、2) 可由以下方法求出 U、D.

令 $U_1 = (\eta_1, \cdots, \eta_n)$

1° 求出 $f_A(\lambda)$ 的根 λ_i 及重数若 $r_i (i = 1, \cdots, m)$

$U_1'AU_1 = U_1^{-1}AU_1 = U_1^{-1}A(\eta_1, \cdots, \eta_n)$

2° $\forall \lambda_i$，求出 $(\lambda_i I - A)X = 0$ 的基础解系 $\eta_{i1}, \cdots, \eta_{ir_i}$ $(i = 1, \cdots, m)$

$= U_1^{-1}(A\eta_1, \cdots, A\eta_n) = (\lambda_1 \eta_1, \cdots, \lambda_n \eta_n)$

再标准正交化得：$\xi_{i1}, \cdots, \xi_{ir_i}$ $(i = 1, \cdots, m)$

$= (\lambda_1 U_1^{-1}\eta_1, U_1^{-1}A\eta_2, \cdots, U_1^{-1}A\eta_n)$

[$U_1^{-1}U_1 = 1$] $\longrightarrow = (\lambda_1 \varepsilon_1, U_1^{-1}A\eta_2, \cdots, U_1^{-1}A\eta_n)$

3° 令：$U = (\xi_{11}, \cdots, \xi_{1r_1}, \cdots, \xi_{m1}, \cdots, \xi_{mr_m})$

[合同变换保对称] $\longrightarrow = \begin{pmatrix} \lambda_1 & \\ & B \end{pmatrix}$ ←[归纳假设]

$D = \begin{pmatrix} \lambda_1 \ddots \lambda_1 \\ \ddots \\ \lambda_m \ddots \lambda_m \end{pmatrix}$

$\exists$ 正交 U_2，使 $U_2'BU_2 = \begin{pmatrix} \lambda_1 & \\ & \ddots & \\ & & \lambda_n \end{pmatrix}$

[令 $U_3 = (1 \ U_2)$]

即得 D、U.

$U_3'U_1'AU_3U_1 = \begin{pmatrix} 1 & \\ & U_2' \end{pmatrix}\begin{pmatrix} \lambda_1 & \\ & B \end{pmatrix}\begin{pmatrix} 1 & \\ & U_2 \end{pmatrix}$

求解方法

$= \begin{pmatrix} 1 & \\ & U_2'BU_2 \end{pmatrix} = \begin{pmatrix} \lambda_1 & \\ & \ddots & \\ & & \lambda_n \end{pmatrix}$

只要证明 1)、2)，即得所需结果．

(14) 取 $U = U_1U_3$，则满足要求．

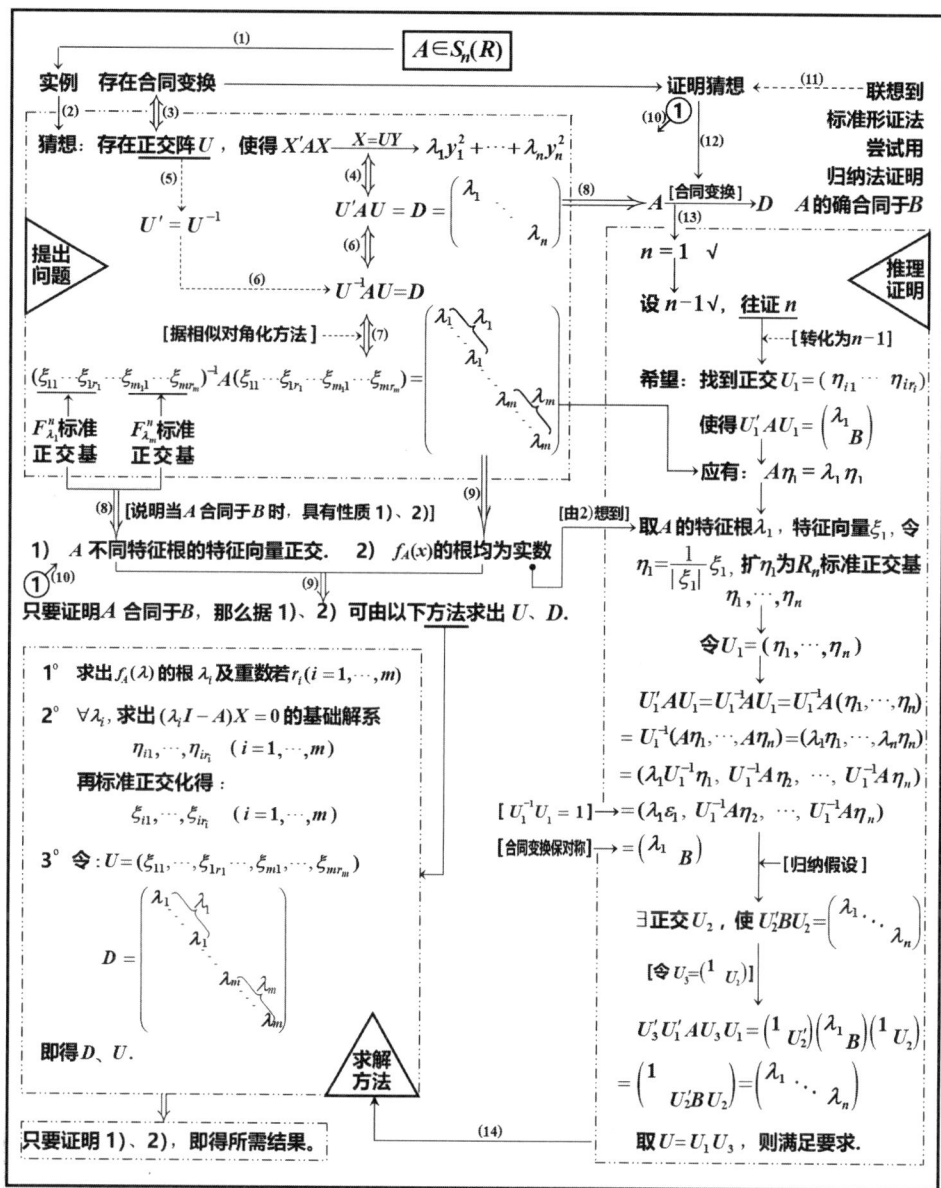

图 3　启导发现图（b）

3.2.3　思路分析图

华罗庚先生认为"教知识重要，教思维方法更重要，从书本上学好形式推理重要，而学好书本上所没有的思维过程也重要"。华老精辟地指出了定理、例题的证明的教学原则：不要只拱手奉送书中已给出的"形式推理"，而更要注意发现这个形式推理的"思维过程"，正如德国教育家第斯多惠所说："一个坏教师

奉送真理，一个好教师教人发现真理。"这即是"思路分析图"的寓意。如为证明图 3 中所提出的问题 1）与 2），分别设计了图 4 与图 5 所示的思路分析图。

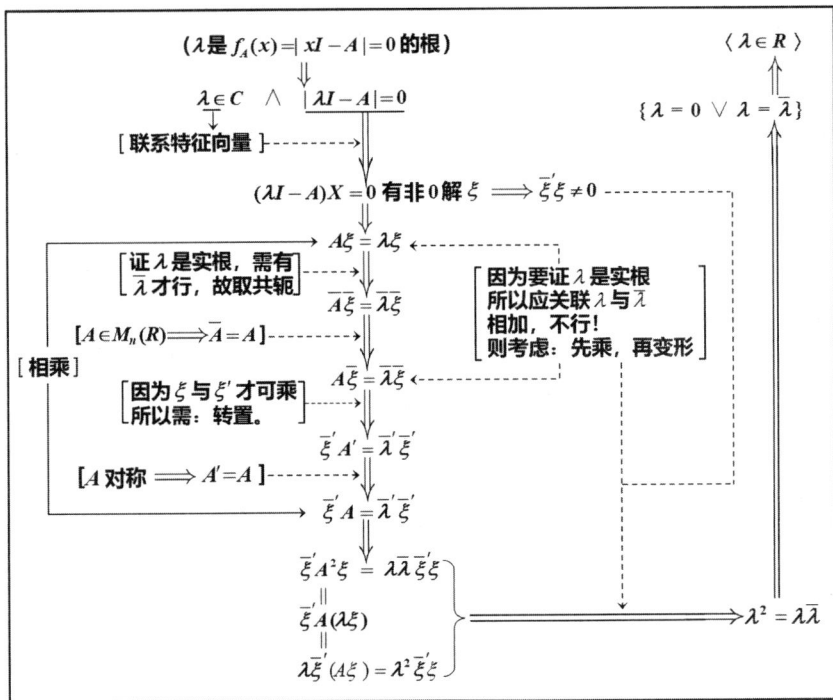

图 4　思路分析图（a）

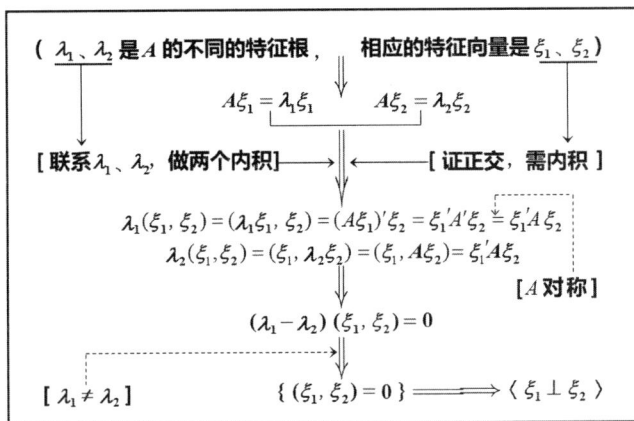

图 5　思路分析图（b）

再如数学归纳法原理的证明，学生一看就懂，却只是看懂了"这样证"，并不想或根本想不出"为何这样证"。因此在教学中笔者设计了图 6 所示的"思路分析图"。

分析法:

$\langle \forall n,\ P(n),\ \surd \rangle \dashleftarrow$ [n：无限,无法直证,故反证]

$\exists s,\ P(s),\ \times$ $\dashleftarrow$ [联想(ii),考虑$P(s-1)$]

(i) $\Rightarrow$ $s \neq 1$ $\quad$ $s-1 \in N$?

$P(s-1),\surd$? $\xrightarrow{Y}$ $P(s)\ \surd$ (ii) $\quad$ 矛 盾

N

(i) $\Rightarrow$ $s-1 \neq 1$ $\quad$ $s-2 \in N$?

$P(s-2),\surd$? $\xrightarrow{Y}$ $P(s-1)\ \surd$ (ii) $\quad$ 矛 盾

N

$s-3 \in N$?

Y

若能找到 m，使 $P(m-1)\ \surd$，$P(m)\ \times$，即得矛盾

思考：若 m 是使 $P(m)$ 不成立的最小数，那么 $P(m-1)$ 就一定不成立

应从 $S=\{\,s\mid s \in N,\ P(s),\ \times\,\}$ 中的最小数 "m" 证起

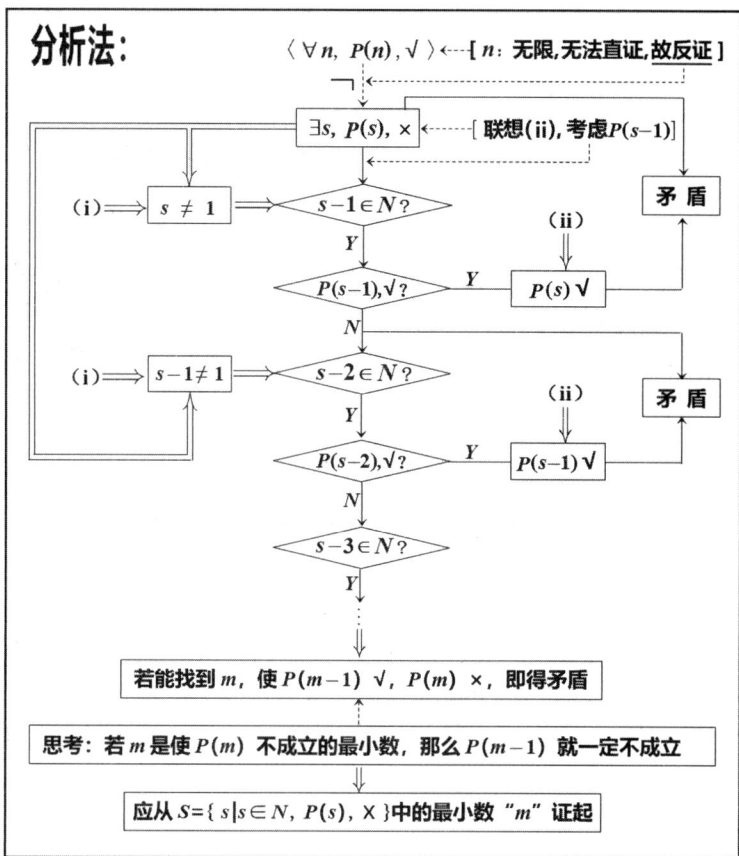

图 6　思路分析图 （c）

3.2.4　知识结构图

知识结构图是根据结构教学的思想，把数学概念、定理、法则、公式乃至证题方法、技巧按定的逻辑顺序组织起来的图表。它可使学生系统地掌握知识、记忆且"检索"知识（布鲁纳指出：记忆的作用不仅在于存储，还在于检索）。

如图 7 是"实二次型的标准正交形"一节的知识结构图（至此图 2、3、4、5、7 已完成了该节的教学）。

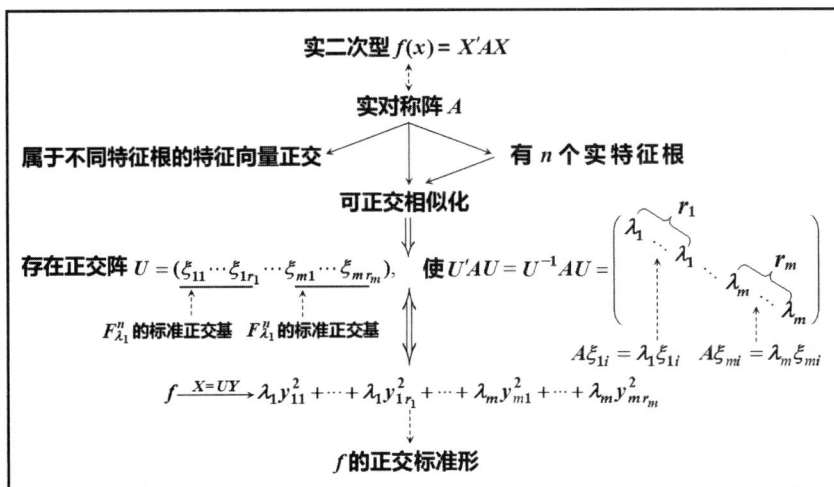

图7　实二次型的标准正交形的知识结构图

又如图8是矩阵的知识结构图，矩阵是线性代数的重要工具，它的理论和方法在数学的其他分支及许多科学领域中都有广泛的应用。然而矩阵的内容在教材中却极为分散，所以系统总结出矩阵的知识结构图是很有意义的，它可用来指导学生理解掌握矩阵的基本理论，同时它的局部图式也可抽出来部分使用。

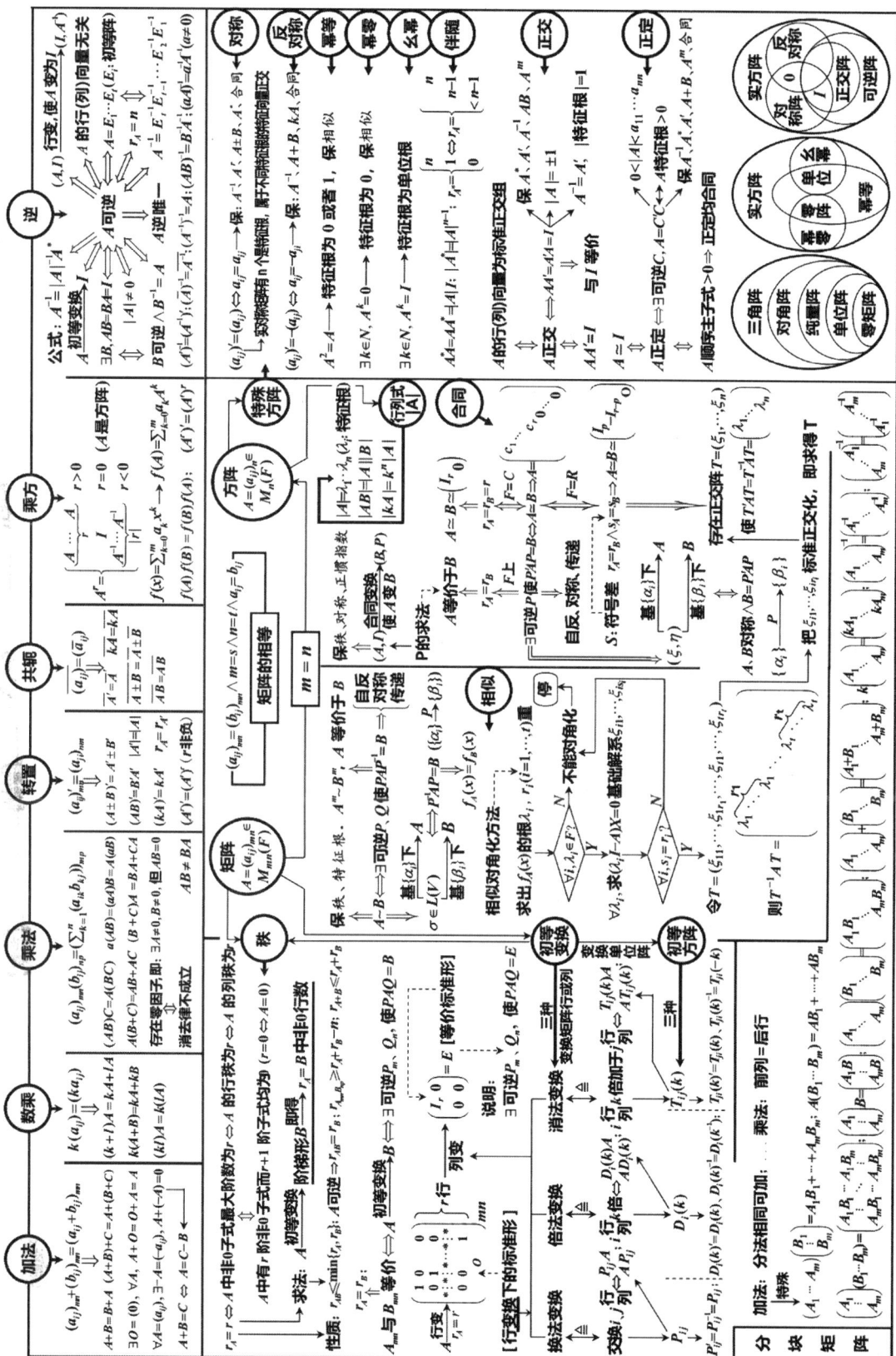

图 8 矩阵的知识结构图

4   逻辑图表的具体实施

4.1   图表的使用方法

(1) 即时生成。亦即在教学过程中采用现想现推的方式生成图表，目的在于更好地使用启发式和发现式教学方法。

（2）制作挂图。目的在于节约教学时间，同时挂图可在教室保留一定的时间，便于学生记录、复习、讨论等使用。

（3）印发图表。目的在于指导学生自学。

（4）施于电化教学。在有条件时，可借助于幻灯片机、投影仪或计算机①来实现，从而使图表的变化更生动、灵活。尤其是计算机更具备有语言、声音、音乐、人机对话等独特的优点，同时图表更易于被计算机实现。这样通过学生与计算机间的交互作用，可使图表教学更加丰富多彩。

4.2   遵循教学原则

4.2.1   启发性原则

这个被广泛接受的成功的课堂教学原则，是实施逻辑图表教学的重要原则，实施要求是"现想现推、启导发现、生成图表、揭示思维"，具体做法至少有二：

（1）既定图表教学。

此要求备课、图表设计、讲课的过程中要以学生的思维活动为依据，激起学生"想"的兴趣，估计学生"想"的方向，提高学生"想"的质量，争取做到"道而弗牵，强而弗抑，开而弗达"②。如果实际情况与原来的设想有出入，即应随机应变，以使学生的思维活动积极、主动地发展，此时即把教法转向第二种做法。

（2）即兴作图教学。

此时的要求除第一种做法中所要求的以外，主要的即是要放手发动学生去探究思路，其中的关键是要放得开收得住，具体地讲即是要求把学生发散性思维和集中性思维结合、协调起来。

比如在解决一个问题时首先要求学生在分析问题中要明确目标（集中性思维），然后为了寻求目标产生大量联想（发散性思维），再进一步设想几个可能的达标方案（发散性思维），最后再进行比较、试验，找到问题的解或最佳方案（集中性思维）。

在这个过程中，重要的是要把整个思维过程用图表描绘出来，最终得到一棵

①   特别说明：本文是1992年完稿，1993年刊出，关于使用计算机实现图表的教学，完全是笔者自己的设想，因为20世纪90年代初还没有"多媒体""计算机辅助教学"等概念。

②   出自西汉戴圣的《礼记·学记》。

"思维树",树中有主干(问题的解),也可能有多枝并发(一题多解),还可能有短小枝杈(此路不通),通过这棵树可使学生清楚地看到思维过程,通过这棵树的培育,发展了学生的智力,培养了学生的能力,总之这样做提高了教学效率。

4.2.2 循序渐进原则

循序渐进,这个符合学生认知规律的教学原则,在逻辑图表教学中当然必不可少。从图表的设计到其教学实施,都必须注意把握好学习内容的逻辑次序,把握好学生的认知次序与认知能力的发展次序,正确处理好学生由不知到知、由少知到多知、由浅知到深知、由不系统的知到系统的知之间的矛盾,使学生逐步掌握系统的科学知识技能。

4.2.3 尽量少讲原则

这个抵制"满堂灌"①的教学原则,在逻辑图表教学中当然也是举足轻重的。"尽量少讲",并不是讲得越少越好,确切地说是凡能学生开动脑筋自己看懂的即可不讲,让学生自学或者印发图表指导学生自学,但是难点、重点、疑点、易错点则必须精讲,因为"伤其十指不如断其一指",这样做不仅可以更有效地利用教学时间,而且可以提高学生的自学能力。

4.2.4 结构教学原则

结构教学,这个在目前教学论中不断发展的原则,可以说是逻辑图表教学法的核心,对于数学的结构教学来说,主要是探讨教学系统的结构如何实现整体化、有机化、能动化。

第一,整体化是系统结构的客观属性,是对教学内容提出的要求,这点已由逻辑图表本身得以实现。

第二,有机化则是学生主观的认识属性,要对教学和学习方法提出要求,即要使系统结构有机化而进入学生的认知结构,这个问题由逻辑图表的基本设计原则——"揭示思维过程,强化思维训练"业已能够实现。

第三,能动化则是主观认知属性在操作中的客观体现。在逻辑图表教学法中,采用以下两种基本的操作模式:

---

① 此处的"满堂灌",本义是指"结论式"的满堂灌,当时在概念上未能充分说明。

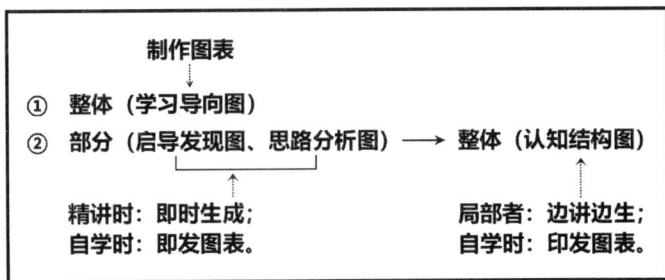

图 9 两种基本操作模式

以使学生掌握系统的知识结构，开拓思维能力。

以上四个原则是重点强调的，其余教学原则也都要顾及，在此不多赘述。

4.3 融合各种教法

常言道："教有定规，但无定法。"事实上每种具体的教法各有长短，不存在万能教法。所以逻辑图表法的实施原则是：以图表为核心、以教学原则为准绳、网罗各种教法、融合优化组合。如结合使用讲授法、发现法、自学辅导法、知识结构单元法等效果较好。

4.4 注重板书设计

板书设计是课意教学的重要环节，在逻辑图表法中要求更高，基本要求是图表占据黑板，实施要求是：

（1）板书要有计划。比如可把黑板分为三部分：其一用作生成本节内容的知识结构图，其二用作启导发现图或思路分析图（完成后可擦掉），其三用作解释说明。

（2）确保图表质量。要做到整齐、规范、清晰，并合理使用彩色粉笔。

5 逻辑图表的实效

实践证明，用逻辑图表法教学收效甚好.

其一，它可提高学生的学习兴趣，可使抽象的内容直观形象化，可提高信息的记忆率、存储率和检索率，可使学生系统地掌握知识、产生迁移，可开拓思维、培养能力。

其二，它可有效地抵制结论式的"注入式""满堂灌"和照本宣科（这三种方式在目前高等数学教学中更为普遍）。

其三，它更适用于中小学数学教学，同时也适用于其他各科的教学（这是我以前从事中小学课程教学的体会）。

其四，易于实现电化教学，尤其是易于实现计算机辅助教学，这是值得探讨的课题。

参考文献

[1] 温家宝. 教育大计 教师为本 [N]. 人民日报, 2009 - 10 - 12 (2).

[2] 涂元季, 顾吉环, 李明. 钱学森的最后一次系统谈话：谈科技创新人才的培养问题 [N]. 人民日报, 2009 - 11 - 05 (11).

[3] 孙武臣. 是什么束缚了想象的翅膀 [N]. 光明日报, 2009 - 08 - 20 (6).

[4] 余晓洁. 为什么中国孩子计算能力第一创新能力倒数？ [EB/OL]. [2012 - 4 - 10]. http：//news. xinhuanet. com/tech/2012 - 03/30/c_122908168. htm.

[5] 王丹红, 季理真. 越南数学家吴宝珠：从奥数冠军到菲尔茨奖获得者 [N]. 科学时报, 2011 - 10 - 18 (A3).

[6] 佚名. 奥数金牌逾百, 英才出了几个？ [N]. 解放日报, 2009 - 10 - 27 (02).

[7] 蔡文清. 国际数学奥赛中国少年四连冠 [N]. 北京晚报, 2011 - 08 - 02 (11).

[8] 卢荻秋. 15 次国际奥数冠军何以换不回一个菲尔兹奖？ [EB/OL]. (2009 - 07 - 26) [2012 - 05 - 09]. http：//lu-diqiu. blog. sohu. com/124647617. html.

[9] 邢婷. 高考状元为何少成顶尖人才 [J]. 决策与信息, 2010 (1)：65 - 66.

[10] 黄全愈. 素质教育在美国——留美博士眼里的中美教育 [M]. 广州：广东教育出版社, 1999.

[11] 罗德宏. 11 所知名大学启动"珠峰计划" [N]. 北京晨报, 2009 - 11 - 25 (A02).

[12] 施剑松. 钱学森之问催热高校实验班 [N]. 北京晨报, 2010 - 04 - 06 (A08).

[13] 孙金鑫. 解读"钱学森之问" 英才教育研究渐成热点 [J]. 北京师范大学学报 (社会科学版), 2004 (1)：5 - 13.

[14] 卢瑞. 数学成绩不佳的数学大师：埃尔米特 [J]. 数学爱好者, 2007 (1)：52 - 53.

[15] 王志军. 华罗庚：自学成才的大师 [J]. 老年人, 2005 (12)：37.

[16] 中国驻美国大使馆教育处. 美国基础教育发展拟借鉴国际经验 [J]. 基础教育参考, 2007 (6)：24 - 25.

[17] 屈建成, 朱建华, 杨陈. 教育专家周满生痛斥"功名为本" [N]. 武

汉晚报，2009 - 09 - 27（18）．

[18] 中华人民共和国教育部．教育部关于印发《基础教育课程改革纲要（试行）》的通知 [EB/OL]．（2001 - 6 - 8）[2012 - 5 - 19]．http：//www.gov.cn/gongbao/content/2002/content_61386.htm.

[19] 李鹏程，罗兵．三维目标只是提法创新 [J]．四川教育，2004（Z1）：62．

[20] 邓友超．从目标分类学的角度审视新课程的"三维目标" [J]．教育理论与实践，2007（12）：21 - 23．

[21] 魏宏聚．新课程三维目标表述方式商榷 [J]．教育科学研究，2010（4）：10 - 12．

[22] 顾明远．论苏联教育理论对中国教育的影响 [J]．中小学管理，2011（11）：23．

[23] 中国社会科学院语言研究所词典编辑室．现代汉语词典 [M]．修订第3版（增补本）．北京：商务印书馆，2002．

[24] 汉典．[2012 - 05 - 20]．http：//www.zdic.net/cd/ci/14/ZdicE7Zdic86Zdic8F329670.htm.

[25] 王峰．逻辑图表教学法及其在高等代数教学中的尝试 [J]．华中师范大学学报（自然科学版），1993（专辑）：113 - 121．

[26] 王峰．设计问题解决课题："问题解决"在中学数学教学中的渗透 [J]．数学教学研究，1994（专辑）：24 - 25．

[27] 王峰．培养跨世纪的数学教师：高等师范专科学校数学系课程改革的设想 [J]．晋东南师专学报，1995（3）：35 - 37．

[28] 王峰．教学改革燃眉之急 [C]//刘小阳，逄忠孔，张得敏．全国高等学校教学与科研新进展论文集．北京：中国科学技术出版社，1996：36 - 38．

[29] 王峰．新世纪·新要求·新变革 [C]//薛瑞丰．中国高校科学．成都：成都科技大学出版社，1996：540 - 543．

[30] 王峰．关于素质教育的思考 [C]//卢继传．中国当代文论选．北京：人民日报出版社，2001：160 - 162．

[31] 王峰．素质教育我设计 [J]．晋东南师范专科学校学报，2003（4）：79 - 87．

[32] 张悦群．三维目标尴尬处境的归因探析 [J]．江苏教育研究，2009（1A）：30 - 34．

[33] 吴红耘，皮连生．修订的布卢姆认知教育目标分类学的理论意义与实践意义 [J]．课程·教材·教法，2009，29（2）：92 - 96．

[34] 钟启泉．研究性学习理论基础 [M]．上海：上海教育出版社，2003：110．

［35］姚轶崭，于景元．系统科学的探索之路［J］．系统科学学报，2009，17（2）：12 – 19.

［36］高剑平．从"实体"的科学到"关系"的科学［J］．科学学研究，2008，26（1）：25 – 33.

［37］孙美堂．从实体思维到实践思维［J］．哲学动态，2003（9）：6 – 11.

［38］杨寿堪．实体主义和现象主义［J］．中国人民大学学报，2001（5）：67 – 73.

［39］金炳华．哲学大辞典［M］．修订本．上海：上海辞书出版社，2001.

［40］于景元．钱学森综合集成体系［J］．西安交通大学学报（社会科学版），2006，26（6）：40 – 47.

［41］苗东升．系统科学精要［M］．北京：中国人民大学出版社，1998.

［42］章红宝．钱学森开放复杂巨系统思想研究［D］．北京：中共中央党校研究生院，2005.

［43］刘锋．系统思维方式论纲［J］．上海交通大学学报（社科版），2001，9（4）：12 – 16.

［44］苗东升．把系统作为过程来对待［J］．湖南科技大学学报（社会科学版），2004，7（5）：45 – 50.

［45］戴汝为．复杂性科学研究重在应用［N］．光明日报，2005 – 12 – 15（006）.

［46］姚诗煌，江世亮．以人为主发展大成智慧工程：钱学森先生接受本报记者采访时谈系统工程和系统科学［N］．文汇报，2001 – 03 – 20（1 – 2）.

［47］黄欣荣．复杂性科学研究方法论纲［J］．科学技术与辩证法，2006，23（1）：32 – 36.

［48］王有英．系统科学方法论与教育研究［J］．雁北师范学院学报，2004，20（3）：1 – 5.

［49］赵泽宗．简论钱学森大成智慧教育思想与教育实践：解读"钱学森之问"和"钱学森成才之道"［J］．汉字文化，2011（3）：7 – 20.

［50］钱学敏．钱学森对教育事业的设想：实行大成智慧教育培养全面发展的新人［J］．西安交通大学学报（社会科学版），2005，25（3）：57 – 64.

［51］课程教材研究所，中学数学课程教材研究开发中心．数学：七年级上册［M］．3 版．北京：人民教育出版社，2006.

［52］中国大百科全书总编辑委员会《教育》编辑委员会．中国大百科全书：教育［M］．北京：中国大百科全书出版社，1988.

［53］杨富斌．过程哲学要义［N］．光明日报，2011 – 07 – 05（11）.

［54］怀特海．过程与实在：宇宙论研究［M］．杨富斌，译．北京：中国城市出版社，2003.

［55］王成兵，刘同辉. 略论怀特海的实体观 ［J］. 江汉论坛，2009（3）：52－55.

［56］怀特海. 怀特海过程哲学观概要 ［J］. 艾彦，译. 世界哲学，2003（1）：2－19.

［57］杨富斌. 怀特海过程哲学思想述评 ［J］. 国外社会科学，2003（4）：75－82.

［58］怀特海. 数学与善 ［C］//刘明. 怀特海文录. 杭州：浙江文艺出版社，1999：245－263.

［59］曲跃厚. 怀特海哲学若干术语简释 ［J］. 世界哲学，2003（1）：19－25.

［60］金吾伦. 知识生成论 ［J］. 中国社会科学院研究生院学报，2003（2）：48－54.

［61］怀特海. 科学与现代世界 ［M］. 何钦，译. 北京：商务印书馆，1989.

［62］怀特海. 教育的目的 ［M］. 徐汝舟，译. 北京：生活·读书·新知三联书店，2002.

［63］怀特海. 教育与自我教育 ［C］//刘明. 怀特海文录. 杭州：浙江文艺出版社，1999：104－113.

［64］罗大文. 怀特海的机体哲学 ［J］. 动态哲学，1985（5）：33－36.

［65］王治河，樊美筠. 过程哲学与时代的急难：第八届国际怀特海大会综述 ［EB/OL］. （2012－03－09）［2012－06－15］. http：//www. chinasdn. org. cn/n1249550/n1249735/13749708. html.

［66］曲跃厚. 第五届国际怀特海哲学大会在韩国召开 ［J］. 哲学动态，2004（11）：36－37.

［67］麦克丹尼尔. 过程哲学及其对世界的适用性 ［C］//"哲学：基础理论与当代问题"国际学术研讨会论文集，2007：69－78.

［68］张秀华. 过程哲学的生态文明意蕴 ［N］. 光明日报，2011－01－04（11）.

［69］廖晓翔. 智慧教育：怀特海教育思想解读 ［J］. 教育导刊，2004（5）：50－52.

［70］怀特海. 观念的冒险 ［M］. 周邦宪，译. 贵阳：贵州人民出版社，2000.

［71］董立河. 怀特海价值理论初探 ［J］. 天津社会科学，2003（6）：50－55.

［72］曲跃厚，王治河. 走向一种后现代教育哲学：怀特海的过程教育哲学 ［J］. 哲学研究，2004（5）：85－91.

［73］周谷平，徐立清. 凯洛夫《教育学》在中国［J］. 河北师范大学学报：教育科学版，2003，5（1）：14－19.

［74］潘涌. 凯洛夫教育思想与指令型课程范式的形成［N］. 教师报，2006－09－17（001）.

［75］叶澜. 重建课堂教学过程观［J］. 教育研究，2002（10）：24－30.

［76］杨大伟. 凯洛夫《教育学》的沉浮［J］. 全球教育展望，2009（2）：3－10.

［77］凯洛夫. 教育学［M］. 沈颖，南致善，贝璋衡，译. 北京：人民教育出版社，1953.

［78］中国大百科全书总编辑委员会《教育》编辑委员会. 中国大百科全书：教育［M］. 北京：中国大百科全书出版社，1988.

［79］邢红军，陈清梅. 论"智力－技能－认知结构"能力理论［J］. 首都师范大学学报（自然科学版），2005，26（3）：42－47.

［80］崔永杰，张梅. 洛克实体学说探析［J］. 山东社会科学，2001（5）：42－44.

［81］陈伙平. 洛克"感觉论"和"反省论"哲学心理学思想述评［J］. 福建师范大学学报（哲学社会科学版），1988（2）：110－115.

［82］杨寿堪. 实体主义和现象主义［J］. 中国人民大学学报，2001（5）：67－73.

［83］张志祥，黎春娴. 谈谈实证主义［J］. 河北理工大学学报（社会科学版），2006，6（1）：21－25.

［84］丁春华. 马克思主义哲学本体论研究简析［J］. 理论界，2009（12）：14－16.

［85］中共中央马克思恩格斯列宁斯大林著作编译局. 马克思恩格斯选集：第1卷［M］. 北京：人民出版社，1972.

［86］费劳德. 马克思与怀特海：对中国和世界的意义［J］. 王治河，杨富斌，译. 求是学刊，2004，31（6）：12－19.

［87］闫顺利，敦鹏. 马克思与怀特海过程思想比较研究［J］. 燕山大学学报（哲学社会科学版），2009，9（3）：12－15.

［88］李祎. 从"课程标准"到"课程焦点"［J］. 外国中小学教育，2007（7）：20－24.

［89］博仔. 科学教育最坚定的发言人：斯宾塞［J］. 湖南教育，2005（12）：6－7.

［90］钟启泉. 凯洛夫教育学批判：兼评"凯洛夫教育学情结"［J］. 全球教育展望，2009（1）：3－17.

［91］李纬. 从"预成论"到"生成论"：教学观念的重要变革［J］. 全球

教育展望，2006，（5）：7－12.

　　［92］罗祖兵. 从"预成"到"生成"：境遇性教学导论［D］. 武汉：华中师范大学，2007.

　　［93］金吾伦. 生成哲学［M］. 保定：河北大学出版社，2000：2.

　　［94］李文阁. 生成性思维现代哲学的思维方式［J］. 中国社会科学，2000（6）：45－53.

　　［95］中共中央马克思恩格斯列宁斯大林著作编译局. 马克思恩格斯选集：42 卷［M］. 北京：人民出版社，1979.

　　［96］金吾伦. 生成哲学应用于学习［J］. 河池学院学报，2003，25（3）：6－9.

　　［97］苗东升. 论涌现［J］. 河池学院学报，2008，28（1）：6－12.

　　［98］霍兰. 涌现：从混沌到有序［M］. 陈禹，译. 上海：上海科学技术出版社，2006.

　　［99］安乐哲. 当代西方的过程哲学与中国古代哲学［J］. 中国思想史研究通讯，2004（3）：2－6.

　　［100］倪梁康. 柏拉图的知识定义？［EB/OL］. ［2012－07－15］. http：//data. book. hexun. com/chapter－236－2－3. shtml.

　　［101］马士岭. 知识的概念分析与信念［J］. 山东大学学报（哲学社会科学版），2005（2）：90－97.

　　［102］韦宏霞. 浅谈"第二代认知科学"的认知观［J］. 科技传播，2010（4）：82－83.

　　［103］李恒威，黄华新. "第二代认知科学"的认知观［J］. 科学哲学，2006（6）：92－99.

　　［104］黄颂杰，宋宽锋. 再论知识论的精神实质及其出路［J］. 哲学研究，1999（2）：23－31.

　　［105］波兰尼. 科学、信仰与社会［M］. 王靖华，译. 南京：南京大学出版社，2004.

　　［106］波兰尼. 个人知识［M］. 许泽民，译. 贵阳：贵州人民出版社，2000.

　　［107］POLANYI M. Knowing and being［M］. Chicago：The University of Chicago Press，1969：138.

　　［108］郭秀艳. 内隐学习和意会知识［J］. 教育研究，2003（12）：31－36.

　　［109］钱振华. 从宗教维度看科学发现［J］. 科学技术与辩证法，2005，22（1）：17－21.

　　［110］石中英. 波兰尼的知识理论及其教育意义［J］. 华东师范大学学报

（教育科学版），2001，20（2）：36－45.

[111] 程瑞娟. 论意会知识对教师教学行为优化的意义 [J]. 当代教育论坛，2008（10）：11－13.

[112] 波兰尼. 人类的意会知识 [J]. 刘仲林，译. 自然科学哲学问题丛刊，1984（3）.

[113] 郁振华. 波兰尼的默会认识论 [J]. 自然辩证法研究，2001，17（8）：5－10.

[114] 谭兆敏，段作章. 近年来关于教师意会知识的研究综述 [J]. 上海教育科研，2006（10）：15－17.

[115] 刘梁剑. 库恩范式的诠释学意蕴和默会维度 [J]. 江海学刊，2004（3）：40－45.

[116] 库恩. 科学革命的结构 [M]. 金吾伦，胡新和，译. 北京：北京大学出版社，2003.

[117] 郁振华. 范例、规则和默会认识 [J]. 华东师范大学学报（哲学社会科学版），2008（4）：47－54.

[118] 佚名. 有理数知识结构图 [EB/OL]. （2010－08－17）[2012－08－13]. http：//xueke. maboshi. net/sx/sxsc/cz/zss/14551. html.

[119] 课程教材研究所，中学数学课程教材研究开发中心. 数学：七年级上册 [M]. 3 版. 人民教育出版社，2007：50.

[120] 张玉台. 面向全体美国人的科学. 序 [EB/OL]. [2012－07－18]. http：//2061. cast. org. cn/n11115958/n11117730/n11153356/11158401. html.

[121] 罗斯曼. 关于"2061 计划" [EB/OL]. [2012－07－18]. http：//2061. cast. org. cn/n11115958/n11117695/11144621. html.

[122] ESLER W K，ESLER M K. Teaching elementary science [M]. Wadworth Publishing Company，1993：8.

[123] 赵学漱. 中小学科学教育改革 [M]. 广州：广东教育出版社，1995：1，37－39.

[124] 美国国家科学基金会教育与人力资源部中小学教育及校外教育处. 探究：小学科学教学的思想、观点与策略 [M]. 罗星凯，李萍昌，吴娴，译. 北京：人民教育出版社，2003.

[125] 陈琴，庞丽娟. 论科学的本质与科学教育 [J]. 北京大学教育评论，2005，3（2）：71－74.

[126] 钟圣校. 自然与科技课程教材教法 [M]. 台北：五南图书出版公司，2000：10－11.

[127] 梁英豪. 科学素养初探 [J]. 课程·教材·教法，2001（12）：59－63.

［128］陆书怀，傅海伦. 数学教学论 ［M］. 北京：科学出版社，2004.

［129］课程教材研究所，中学数学课程教材研究开发中心. 数学：八年级上册 ［M］. 2 版. 北京：人民教育出版社，2008：70.

［130］刘书生，董燕桥，张永泰. 教学法大全 ［M］. 北京：经济日报出版社，1990.

［131］王积社，谢文勇. 基于"过程→生成"理念的讲授法教学设计：以同济大学线性代数之"逆矩阵"一节为例 ［J］. 新课程：教育学术，2012（2）：87 -88.

［132］同济大学数学系. 工程数学线性代数 ［M］. 北京：高等教育出版社，1978.

［133］教育部. 普通高中"研究性学习"实施指南（试行）［EB/OL］.（2001 - 04 - 09）［2011 - 10 - 26］. http：//www. moe. gov. cn/publicfiles/business/htmlfiles/moe/s3329/201001/xxgk_82009. html.

［134］崔允漷，安桂清. 试论普通高中研究性学习的课程框架 ［J］. 教育发展研究，2003（6）：24 -29.

［135］王积社. 基于"过程→生成"理念的研究性教学设计：以矩阵对角化问题为例 ［J］. 教育教学论坛，2012（17）：191 -193.

［136］张禾瑞，郝鈵新. 高等代数 ［M］. 5 版. 北京：高等教育出版社，2007：275 -297.

［137］王积社，杨晓鹏. 高等代数典型问题精讲 ［M］. 北京：科学出版社，2010.

［138］姜启源，谢金星，叶俊. 数学模型 ［M］. 3 版. 北京：高等教育出版社，2003.

［139］王积社. 基于"过程→生成"理念的建模式教学设计 ［J］. 教学研究，2012，35（3）：52 -54.

［140］张禾瑞. 近世代数基础 ［M］. 北京：高等教育出版社，1978.

［141］刘儒德. 论问题解决过程的模式 ［J］. 北京师范大学学报（社会科学版），1996（1）：22 -29.

［142］王积社. 基于"过程→生成"的教学理念 ［J］. 读写算，2012，2（5）：15 -16.

［143］王积社. 基于"过程→生成"理念的奥苏贝尔问题解决教学设计：以曲率问题为例 ［J］. 新课程（教育学术），2012（1）：67 -68.

［144］华东师范大学数学系. 数学分析 ［M］. 3 版. 北京：高等教育出版社，2002.

［145］刘瑞生. 美国"2061 计划"的中学教材评估 ［J］. 比较教育研究，2003（10）：56 -61.

［146］魏战线. 一本美国微积分教材简介及高等数学教材改革初探［J］.
工科数学，1992，8（4）：122－125.

［147］佚名. 北美最流行：MIT 大牛 Gilbert Strang 的微积分教材［J/OL］.
［2012－08－24］. 人大经济论坛经管（书评版）. http：//bbs. pinggu. org/forum.
php？mod＝viewthread&tid＝1401198&page＝1&fromuid＝1722588.

［148］STRANG G. 麻省理工公开课：线性代数重点［EB/OL］.［2012－
08－24］. http：//v. 163. com/special/opencourse/daishu. html.

［149］STRANG G. 麻省理工公开课：微积分重点［EB/OL］.［2012－08－
24］. http：//v. 163. com/special/opencourse/weijifen. html.

［150］郭思乐. 加强知识发生过程的教学把传授数学知识和培养能力统一起
来［J］. 数学通报，1982（9）：7－12.

［151］马向真. 论维特罗克的生成学习模式［J］. 华东师范大学学报（教
育科学版）. 1995（2）：73－81.

［152］王鉴，张晓洁. 论教学的二重性［J］. 高等教育研究，2007，28（1）：
67－72.

［153］伊丽莎白·琼斯，约翰·尼莫. 生成课程［M］. 周欣，等译. 上海：
华东师范大学出版社，2004.

［154］叶澜. 让课堂焕发出生命活力［J］. 教育研究，1997（9）：3－8.

［155］张广君，孙琳，许萍. 论生成教育［J］. 中国教育学刊，2008（2）：
6－9.

［156］李祎. 生成性教学研究述评［J］. 宁波大学学报（教育科学版），
2006，28（4）：19－23.

［157］林天伦. 论生成教学的特征、原则与实施［J］. 教育研究，2010（6）：
103－107.

［158］金吾伦. 复杂适应系统中的生成观念［J］. 江汉论坛，2007（8）：
18－23.

后　记

本书内容，尤其是"过程→生成"教学理念，是我从教 53 年来（1969—2022）的自学方法、自学经验、自学感受、教学经验、教学感受、教学思考的理性升华，所以书中很多地方都涉及自己的自学与教学。尽管所写绝无虚构，但仔细想想，还是需要写个"后记"介绍自己的学习、自学与教学经历，亦可谓书中相关部分的佐证。

我的家乡在太行山上一个偏远的小山村。

1954 年 1 月，我出生在山西省晋城县城七府阁底（现在的七府巷）。

1960 年 9 月至 11 月，我在晋城师范附小 53 班就读，当时正值基于布鲁纳发现学习理论的全球性的教学改革，53 班恰好是试点班，我记得当时语文的第一课就是《开学了》：开学了，开学了，今年春天来得早，花儿开，鸟儿叫，妈妈送我到学校，打开书本细细瞧，共产主义无限好。

1960 年 12 月，我父亲因身体问题请求退职，我即随全家转回到家乡的小学上学。

1960 年 12 月至 1964 年 7 月，我在家乡读小学 1–4 年级。

1964 年 9 月又转回到晋师附小 53 班读小学 5、6 年级。

1966 年小学毕业，考到了晋城一中。但因"借钱"而晚报到了一个月。入学后，因"文化大革命"开始，根本没上课，只是在校劳动了一个多月，然后就给初一新生放假，放假时间大概是 1966 年 11 月。放假后我即回到家乡，一边参加劳动一边坚持自学，这是真正的自学，因为没有得到任何人的指导。

1966 年底至 1968 年底我自学完了初中数理化，1969 年初至 1971 年底我自学完了高中数理化，同时还自学了乐器、书法、美术等艺术，自学了木工、石匠、油漆工等技术。

1968 年秋，晋城一中通知复课，但由于家庭极度困难，只好退学。

1969 年 5 月 1 日，15 岁的我担任民办教师，走上了讲台。1969 年 5 月至 1971 底担任小学 1–5 年级所有课程（数学、语文、政史、常识、音乐、体育、美术）的五级复式教学及班主任工作，1972 年至 1978 年 3 月担任初中数理化课程教学（兼班主任），有时还同时兼任小学数学课程教学。

1977 年，参加高考（"文革"后的第一届高考），因当过民办教师被录取到刚准备复校的晋东南师专数学系学习（我们入学时"晋东南师专"还没有被批准复校，但当时的晋东南地委为了恢复晋东南师专将我们留了下来），毕业后留校任教。毕业前的实习期间代过 2 个多月毕业班的高中数学课。

1980 年底留校任教，其中 1981 年至 1997 年担任数学系专业课程的教学，1998 年计算机系成立后即担任计算机系专业课程的教学至 2003 年。需要说明：1983 年，因要求数学系学生要开设计算机课程，但系里没有计算机老师，所以系领导要求我准备计算机课程的教学，于是我就开始了计算机课程的自学，1984 年即开始担任"逻辑代数与电子计算机"课程的教学，从此也就走上了计算机专业课程的自学道路。2003 年作为人才引进调动到了韩山师范学院，在数学与信息学院担任数学专业课程教学，同时也为数学专业及信息计算专业学生新开设了数学实验课程（用计算机解决数学问题）。

1981 年 9 月至 1982 年 7 月，在北京师范大学普通进修一年；1985 年 9 月至 1986 年 12 月在华东师范大学读助教进修班（学习研究生运筹学方向课程）一年半。

我的一生中，大多数知识都是自学的：自学了初、高中课程，自学了音乐、美术技能，自学了许多感兴趣的数学前沿知识（如组合数论、有限群论、分形、混沌、模糊数学等）；自学了计算机专业的所有知识，从 1983 年开始，就一直紧跟计算机的发展学习计算机所有的知识（软件的、硬件的、网络的、各种程序语言、图形图像处理等），直至 2003 年调动到广东后才停止了计算机其他方面知识的学习，而开始专攻科学计算软件，如 Mathematica、MATLAB、LINGO、SAS 等，这也是教学的需要，因到韩师后为数学系学生新开设了"数学实验"与"科学计算软件"两门课程。

自学，我确有深刻的感受与体会，并有自己的学习方法，如"跟踪学习"，尤其是"粗、精、融"自学法的确是一种快速而深刻的自学方法。

我从登上讲台的第一天起，就下定决心要教好学生，形成了"宁亏自己不亏学生，宁负其他不负教学"的信念。可以说，从 15 岁开始我就从来没有"玩"过，而总在思考学生、思考教学、思考提高自己的水平与能力。因此，在教学中就总在琢磨如何教才更好，并根据自己自学和教学的感受与经验形成了自己的教学思想与方法，于是在 1990 年开始了自己的教学研究工作。

最后，对支持本书出版的所有领导及同志们致以真切的感谢！对暨南大学出版社及参与本书出版的编辑老师、工作人员致以真切的感谢！

王积社

2022 年 10 月于重庆大学城